Antonio Alvarez Lopez
Sermais en Lage
December 99

COLLECTION
FOLIO/ESSAIS

Maurice Blanchot

De Kafka
à Kafka

Gallimard

Dans la même collection

LE LIVRE À VENIR, n° 48.
L'ESPACE LITTÉRAIRE, n° 89.

© *Éditions Gallimard, 1981.*

Maurice Blanchot, romancier et critique, est né en 1907. Sa vie est entièrement vouée à la littérature et au silence qui lui est propre.

« *Ce que Kafka nous donne, don que nous ne recevons pas, c'est une sorte de combat par la littérature pour la littérature, combat dont en même temps la finalité échappe et qui est si différent de ce que nous connaissons sous ce nom ou sous d'autres noms que l'inconnu même ne suffit pas à nous le rendre sensible, puisqu'il nous est aussi familier qu'étranger...* »

L'écriture du désastre

LA LITTÉRATURE
ET LE DROIT A LA MORT

   On peut assurément écrire sans se demander pourquoi l'on écrit. Un écrivain, qui regarde sa plume tracer des lettres, a-t-il même le droit de la suspendre pour lui dire : Arrête-toi ! que sais-tu sur toi-même ? en vue de quoi avances-tu ? Pourquoi ne vois-tu pas que ton encre ne laisse pas de traces, que tu vas librement de l'avant, mais dans le vide, que si tu ne rencontres pas d'obstacle, c'est que tu n'as jamais quitté ton point de départ ? Et pourtant tu écris : tu écris sans relâche, me découvrant ce que je te dicte et me révélant ce que je sais ; les autres, en lisant, t'enrichissent de ce qu'ils te prennent et te donnent ce que tu leur apprends. Maintenant, ce que tu n'as pas fait, tu l'as fait ; ce que tu n'as pas écrit est écrit : tu es condamnée à l'ineffaçable.
   Admettons que la littérature commence au moment où la littérature devient une question. Cette question ne se confond pas avec les doutes ou les scrupules de l'écrivain. S'il arrive à celui-ci de s'interroger en écrivant, cela le regarde ; qu'il soit absorbé par ce qu'il écrit et indifférent à la possibilité de l'écrire, que même il ne songe à rien, c'est son droit et c'est son bonheur. Mais ceci reste : une fois la page écrite, est présente dans cette page la question qui, peut-être à son insu, n'a cessé d'interroger l'écrivain tandis qu'il écrivait ; et mainte-

nant, au sein de l'œuvre, attendant l'approche d'un lecteur — de n'importe quel lecteur, profond ou vain — repose silencieusement la même interrogation, adressée au langage, derrière l'homme qui écrit et lit, par le langage devenu littérature.

On peut condamner comme une infatuation ce souci que la littérature entretient sur elle-même. Ce souci a beau parler à la littérature de son néant, de son peu de sérieux, de sa mauvaise foi ; c'est là justement l'abus qu'on lui reproche. Elle se donne pour importante en se prenant pour objet de doute. Elle se confirme en se dépréciant. Elle se cherche : c'est plus qu'elle ne doit. Car elle est peut-être de ces choses qui méritent d'être trouvées, mais non d'être cherchées.

La littérature n'a peut-être pas le droit de se tenir pour illégitime. Mais la question qu'elle renferme ne concerne pas, à proprement parler, sa valeur ou son droit. S'il est si difficile de découvrir le sens de cette question, c'est que celle-ci tend à se transformer en un procès de l'art, de ses pouvoirs et de ses fins. La littérature s'édifie sur ses ruines : ce paradoxe nous est un lieu commun. Mais encore faudrait-il rechercher si cette mise en cause de l'art, que représente la partie la plus illustre de l'art depuis trente ans, ne suppose pas le glissement, le déplacement d'une puissance au travail dans le secret des œuvres et répugnant à venir au grand jour, travail originellement fort distinct de toute dépréciation de l'activité ou de la Chose littéraires.

Remarquons que la littérature, comme négation d'elle-même, n'a jamais signifié la simple dénonciation de l'art ou de l'artiste comme mystification et tromperie. Que la littérature soit illégitime, qu'il y ait en elle un fond d'imposture, oui, sans doute. Mais certains ont découvert davantage : la littérature n'est pas seulement illégitime, mais nulle, et cette nullité constitue peut-être une force extraordinaire, merveilleuse, à la condition d'être *isolée à l'état pur. Faire en sorte que la littérature devînt la mise à découvert de ce dedans vide, que tout entière elle s'ouvrît à sa part de néant, qu'elle réalisât sa propre irréalité, c'est là l'une des tâches qu'a poursuivies le surréalisme, de telle manière qu'il est exact de reconnaître en lui un puissant mouvement négateur, mais qu'il n'est pas moins vrai de lui attribuer la plus grande ambition créatrice, car que la littérature un instant coïncide avec rien, et immédiatement elle est tout, le tout commence d'exister : grande merveille.*

Il ne s'agit pas de maltraiter la littérature, mais de chercher à la comprendre et de voir pourquoi on ne la comprend qu'en la dépréciant. On a constaté avec surprise que la question : « Qu'est-ce que la littérature ? » n'avait jamais reçu que des réponses insignifiantes. Mais voici plus étrange : dans la forme d'une pareille question, quelque chose apparaît qui lui retire tout sérieux. Demander : qu'est-ce que la poésie ? qu'est-ce que l'art ? ou même : qu'est-ce que le roman ? on peut le faire et on l'a fait. Mais la littérature qui est poème et roman, semble l'élément de vide, présent dans toutes ces choses graves, et sur lequel la réflexion, avec sa propre gravité, ne peut se retourner sans perdre son sérieux. Si la réflexion imposante s'approche de la littérature, la littérature devient une force caustique, capable de détruire ce qui en elle et dans la réflexion pouvait en imposer. Si la réflexion s'éloigne, alors la littérature redevient, en effet, quelque chose d'important, d'essentiel, de plus important que la philosophie, la religion et la vie du monde qu'elle embrasse. Mais que la réflexion, étonnée de cet empire, revienne sur cette puissance et lui demande ce qu'elle est, pénétrée aussitôt par un élément corrosif, volatil, elle ne peut que mépriser une Chose aussi vaine, aussi vague et aussi impure et dans ce mépris et cette vanité se consumer à son tour, comme l'a bien montré l'histoire de Monsieur Teste.

L'on se tromperait en rendant les puissants mouvements négateurs contemporains responsables de cette force volatilisante et volatile que semble être devenue la littérature. Il y a environ cent cinquante ans, un homme qui avait de l'art la plus haute idée qu'on en puisse former — puisqu'il voyait comment l'art peut devenir religion et la religion art —, cet homme (appelé Hegel) a décrit tous les mouvements par lesquels celui qui choisit d'être un littérateur se condamne à appartenir au « règne animal de l'esprit ». Dès son premier pas, dit à peu près Hegel[1], l'individu qui veut écrire est arrêté par une contradiction : pour écrire, il lui faut le talent d'écrire. Mais, en eux-mêmes, les dons ne sont rien. Tant que ne s'étant pas mis à sa table, il n'a pas écrit une œuvre, l'écrivain n'est pas écrivain et il ne sait pas s'il a des capacités pour le devenir. Il n'a du talent qu'après avoir écrit, mais il lui en faut pour écrire.

Cette difficulté éclaire, dès le commencement, l'anomalie qui est l'essence de l'activité littéraire et que l'écrivain doit et ne doit pas surmonter. L'écrivain n'est pas un rêveur idéaliste, il ne se contemple pas dans l'intimité de sa belle âme, il ne s'enfonce pas dans la certitude intérieure de ses talents. Ses talents, il les met en œuvre, c'est-à-dire qu'il a besoin de l'œuvre qu'il produit pour avoir conscience d'eux et de lui-même. L'écrivain ne se trouve, ne se réalise que par son œuvre ; avant son œuvre, non seulement il ignore qui il est, mais il n'est rien. Il n'existe qu'à partir de l'œuvre, mais alors, comment l'œuvre peut-elle exister ? « L'individu, dit Hegel, ne peut savoir ce qu'il est, tant qu'il ne s'est pas

---

1. Hegel dans ce développement considère l'œuvre humaine en général. Il est entendu que les remarques qui suivent restent fort loin du texte de *La Phénoménologie* et ne cherchent pas à l'éclairer. On peut le lire dans la traduction de *La Phénoménologie* qu'a publiée Jean Hyppolite et le suivre dans son important livre : *Genèse et structure de la Phénoménologie de l'esprit de Hegel*.

porté, à travers l'opération, jusqu'à la réalité effective ; il semble alors ne pouvoir déterminer le but de son opération avant d'avoir opéré ; et toutefois, il doit, étant conscience, avoir auparavant devant soi l'action comme intégralement sienne, c'est-à-dire comme but. » Or, il en est de même pour chaque nouvelle œuvre, car tout recommence à partir de rien. Et il en est de même encore, quand il réalise l'œuvre partie par partie : s'il n'a pas devant soi son ouvrage en un projet déjà tout formé, comment peut-il se le donner pour le but conscient de ses actes conscients ? Mais si l'œuvre est déjà tout entière présente dans son esprit et si cette présence est l'essentiel de l'œuvre (les mots étant tenus ici pour inessentiels), pourquoi la réaliserait-il davantage ? Ou bien, comme projet intérieur, elle est tout ce qu'elle sera et l'écrivain, dès cet instant, sait d'elle tout ce qu'il en peut apprendre, il la laissera donc reposer dans son crépuscule, sans la traduire en mots, sans l'écrire, — mais, alors, il n'écrira pas, il ne sera pas écrivain. Ou bien, prenant conscience que l'œuvre ne peut pas être projetée, mais seulement réalisée, qu'elle n'a de valeur, de vérité et de réalité que par les mots qui la déroulent dans le temps et l'inscrivent dans l'espace, il se mettra à écrire, mais à partir de rien et en vue de rien — et, suivant une expression de Hegel, comme un néant travaillant dans le néant.

En fait, ce problème ne pourrait jamais être dépassé, si l'homme qui écrit attendait de sa solution le droit de se mettre à écrire. *« C'est justement pour cela,* remarque Hegel, *que celui-ci doit commencer immédiatement et passer immédiatement à l'acte, quelles que soient les circonstances, et sans penser davantage au début et au moyen et à la fin. »* Il rompt ainsi le cercle, car les circonstances dans lesquelles il se met à écrire deviennent à ses yeux la même chose que son talent, et l'intérêt qu'il y trouve, le mouvement qui le porte en avant, l'engagent à les reconnaître pour siennes, à y voir son but

propre. Valéry nous a rappelé souvent que ses meilleures
œuvres étaient nées d'une commande fortuite et non
d'une exigence personnelle. Mais que trouvait-il là de
remarquable ? S'il se fût mis à écrire Eupalinos de lui-
même, il l'eût fait pour quelles raisons ? Pour avoir tenu
dans sa main un fragment de coquille ? Ou parce
qu'ouvrant un dictionnaire, il lui est arrivé un matin de
lire dans La Grande Encyclopédie le nom d'Eupalinos ?
Ou parce que, désirant essayer la forme du dialogue, par
hasard il dispose d'un papier qui se prête à cette forme ?
On peut supposer, au point de départ de la plus grande
œuvre, la circonstance la plus futile ; cette futilité ne
compromet rien : le mouvement par lequel l'auteur en
fait une circonstance décisive suffit à l'incorporer à son
génie et à son œuvre. En ce sens, la publication Architec-
tures, qui lui a commandé Eupalinos, est bien la forme
sous laquelle originellement Valéry a eu le talent pour
l'écrire : cette commande a été le début de ce talent, a été
ce talent même, mais il faut ajouter aussi que la
commande n'a pris forme réelle, n'est devenue un projet
véritable que par l'existence, le talent de Valéry, ses
conversations dans le monde et l'intérêt qu'il avait déjà
montré pour un tel sujet. Toute œuvre est œuvre de
circonstance : cela veut simplement dire que cette œuvre
a eu un début, qu'elle a commencé dans le temps et que ce
moment du temps fait partie de l'œuvre, puisque, sans
lui, elle n'aurait été qu'un problème indépassable, rien de
plus que l'impossibilité de l'écrire.

    Supposons l'œuvre écrite : avec elle est né l'écrivain.
Avant, il n'y avait personne pour l'écrire ; à partir du
livre existe un auteur qui se confond avec son livre.
Quand Kafka écrit au hasard la phrase : « Il regardait
par la fenêtre », il se trouve, dit-il, dans un genre
d'inspiration tel que cette phrase est déjà parfaite. C'est
qu'il en est l'auteur — ou, plus exactement, grâce à elle, il
est auteur : c'est d'elle qu'il tire son existence, il l'a faite

et elle le fait, elle est lui-même et il est tout entier ce qu'elle est. De là sa joie, joie sans mélange, sans défaut. Quoi qu'il puisse écrire, « la phrase est déjà parfaite. » Telle est la certitude profonde et étrange dont l'art se fait un but. Ce qui est écrit n'est ni bien ni mal écrit, ni important ni vain, ni mémorable ni digne d'oubli : c'est le mouvement parfait par lequel ce qui au-dedans n'était rien est venu dans la réalité monumentale du dehors comme quelque chose de nécessairement vrai, comme une traduction nécessairement fidèle, puisque celui qu'elle traduit n'existe que par elle et qu'en elle. On peut dire que cette certitude est comme le paradis intérieur de l'écrivain et que l'écriture automatique n'a été qu'un moyen pour rendre réel cet âge d'or, ce que Hegel appelle le pur bonheur de passer de la nuit de la possibilité au jour de la présence, ou encore la certitude que ce qui surgit dans la lumière n'est pas autre chose que ce qui dormait dans la nuit. Mais qu'en résulte-t-il ? A l'écrivain qui tout entier se rassemble et se renferme dans la phrase « Il regardait par la fenêtre », en apparence nulle justification ne peut être demandée sur cette phrase, puisque pour lui rien n'existe qu'elle. Mais, elle, du moins, existe, et si elle existe vraiment au point de faire de celui qui l'a écrite un écrivain, c'est qu'elle n'est pas seulement sa phrase, mais la phrase d'autres hommes, capables de la lire, une phrase universelle.

C'est alors que commence une épreuve déconcertante. L'auteur voit les autres s'intéresser à son œuvre, mais l'intérêt qu'ils y portent est un intérêt autre que celui qui avait fait d'elle la pure traduction de lui-même, et cet intérêt autre change l'œuvre, la transforme en quelque chose d'autre où il ne reconnaît pas la perfection première. L'œuvre pour lui a disparu, elle devient l'œuvre des autres, l'œuvre où ils sont et où il n'est pas, un livre qui prend sa valeur d'autres livres, qui est original s'il ne leur ressemble pas, qui est compris parce qu'il est *leur reflet. Or, cette nouvelle étape, l'écrivain ne peut la négliger. Nous l'avons vu, il n'existe que dans son œuvre, mais l'œuvre n'existe que lorsqu'elle est devenue cette réalité publique, étrangère, faite et défaite par le contre-choc des réalités. Ainsi, il se trouve bien dans l'œuvre, mais l'œuvre elle-même disparaît. Ce moment de l'expérience est particulièrement critique. Pour le surmonter, toutes sortes d'interprétations entrent en jeu. L'écrivain, par exemple, voudrait protéger la perfection de la Chose écrite en la tenant aussi éloignée que possible de la vie extérieure. L'œuvre, c'est ce qu'il a fait, ce n'est pas ce livre acheté, lu, trituré, exalté ou écrasé par le cours du monde. Mais, alors, où commence, où finit l'œuvre ? A quel moment existe-t-elle ? Pourquoi la rendre publique ? Pourquoi, s'il faut préserver en elle la splendeur du pur moi, la faire passer à l'extérieur, la réaliser dans des mots qui sont ceux de tous ? Pourquoi ne pas se retirer dans une intimité fermée et secrète, sans rien produire d'autre qu'un objet vide et un écho mourant ? Autre solution, l'écrivain accepte de se supprimer lui-même : seul compte dans l'œuvre celui qui la lit. Le lecteur fait l'œuvre ; en la lisant, il la crée ; il en est l'auteur véritable, il est la conscience et la substance vivante de la Chose écrite ; aussi l'auteur n'a-t-il plus qu'un but, écrire pour ce lecteur et se confondre avec lui. Tentative sans espoir. Car le lecteur ne veut pas d'une œuvre écrite pour lui, il veut justement une œuvre étrangère où il découvre quelque chose d'inconnu, une réalité différente, un esprit séparé qui puisse le transformer et qu'il puisse transformer en soi. L'auteur qui écrit précisément pour un public, à la vérité, n'écrit pas : c'est ce public qui écrit et, pour cette raison, ce public ne peut plus être lecteur ; la lecture n'est que d'apparence, en réalité elle est nulle. De là, l'insignifiance des œuvres faites pour être lues, personne ne les lit. De là, le danger d'écrire pour les autres, pour éveiller la parole des autres et les découvrir* à eux-mêmes : c'est que les autres ne veulent pas entendre leur propre voix, mais la voix d'un autre, une voix réelle, profonde, gênante comme la vérité.

L'écrivain ne peut pas se retirer en lui-même, ou il lui faut renoncer à écrire. Il ne peut pas, en écrivant, sacrifier la pure nuit de ses possibilités propres, car l'œuvre n'est vivante que si cette nuit — et nulle autre — devient jour, que si ce qu'il a de plus singulier et de plus éloigné de l'existence déjà révélée se révèle dans l'existence commune. L'écrivain peut à la vérité tenter de se justifier, en se donnant pour tâche d'écrire : la simple opération d'écrire, rendue consciente à elle-même indépendamment de ses résultats. Tel est, on s'en souvient, le moyen de salut de Valéry. Admettons-le. Admettons que l'écrivain s'intéresse à l'art comme à une pure technique, à la technique comme à la seule recherche des moyens par lesquels est écrit ce qui jusque-là n'était pas écrit. Mais, si elle veut être vraie, l'expérience ne peut pas séparer l'opération de ses résultats, et les résultats ne sont jamais stables ni définitifs, mais infiniment variés et engrenés en un avenir insaisissable. L'écrivain qui prétend ne s'intéresser qu'à la manière dont l'œuvre se fait, voit son intérêt s'enliser dans le monde, se perdre dans l'histoire tout entière ; car l'œuvre se fait aussi en dehors de lui, et toute la rigueur qu'il avait mise dans la conscience de ses opérations méditées, de sa rhétorique réfléchie, est bientôt absorbée dans le jeu d'une contingence vivante qu'il n'est capable ni de maîtriser ni même d'observer. Cependant son expérience n'est pas nulle : en écrivant, il a fait l'épreuve de lui-même comme d'un néant au travail et, après avoir écrit, il fait l'épreuve de son œuvre comme de quelque chose qui disparaît. L'œuvre disparaît, mais le fait de disparaître se maintient, apparaît comme l'essentiel, comme le mouvement qui permet à l'œuvre de se réaliser en entrant dans le cours de l'histoire, de se réaliser en disparaissant. Dans cette expérience, le but propre de l'écrivain n'est plus l'œuvre éphémère, mais, par-delà l'œuvre, la vérité de cette œuvre, où semblent s'unir l'individu qui écrit, puissance de négation créatrice, et l'œuvre en mouvement avec laquelle s'affirme cette puissance de négation et de dépassement.

Cette notion nouvelle, que Hegel appelle la Chose même, joue un rôle capital dans l'entreprise littéraire. Il n'importe qu'elle prenne les significations les plus variées : c'est l'art qui est au-dessus de l'œuvre, l'idéal que celle-ci cherche à représenter, le Monde tel qu'il s'y ébauche, les valeurs en jeu dans l'effort de création, l'authenticité de cet effort ; c'est tout ce qui, au-dessus de l'œuvre toujours en dissolution dans les choses, maintient le modèle, l'essence et la vérité spirituelle de cette œuvre telle que la liberté de l'écrivain a voulu la manifester et peut la reconnaître pour sienne. Le but n'est pas ce que l'écrivain fait, mais la vérité de ce qu'il fait. En cela, il mérite d'être appelé conscience honnête, désintéressée : l'honnête homme. Mais, attention : dès qu'en littérature la probité entre en jeu, l'imposture est déjà là. La mauvaise foi est ici vérité, et plus grande est la prétention à la morale et au sérieux, plus sûrement l'emportent mystification et tromperie. Certes, la littérature est le monde des valeurs, puisque au-dessus de la médiocrité des œuvres faites s'élève sans cesse, comme leur vérité, tout ce qui manque à ces œuvres. Mais qu'en résulte-t-il ? Un leurre perpétuel, une extraordinaire partie de cache-cache où, sous prétexte que ce qu'il a en vue, ce n'est pas l'œuvre éphémère, mais l'esprit de cette œuvre et de toute œuvre, quoi qu'il fasse, quoi qu'il n'ait pu faire, l'écrivain s'en accommode et son honnête conscience en tire enseignement et gloire. Écoutons-la, cette honnête conscience ; nous la connaissons, elle veille en chacun de nous. L'ouvrage a-t-il échoué, elle n'est pas en peine : le voilà pleinement accompli, se dit-elle, car l'échec en est l'essence, sa disparition fait qu'il se réalise, et elle en est heureuse, l'insuccès la comble. Mais si le livre n'arrive même pas à naître, demeure un pur néant ? Eh bien, c'est encore mieux : le silence, le néant, c'est bien là l'essence de la littérature, « la Chose même ». Il est vrai, l'écrivain attache volontiers le plus grand prix au sens que son œuvre a pour lui seul. Il n'importe donc qu'elle soit bonne ou mauvaise, célèbre ou oubliée. Que les circonstances la négligent, et il s'en félicite, lui qui ne l'a écrite que pour nier les circonstances. Mais que d'un livre né au hasard, produit d'un moment d'abandon et de lassitude, sans valeur et sans signification, les événements fassent tout à coup un chef-d'œuvre, quel auteur, au fond de son esprit, ne s'en attribuera la gloire, ne verra dans cette gloire son mérite, dans ce don de la fortune son ouvrage même, le travail de son esprit en accord providentiel avec son temps ?

L'écrivain est sa première dupe, et il se trompe dans le moment même qu'il trompe les autres. Écoutons-le encore : il affirme maintenant que sa fonction est d'écrire pour autrui, qu'en écrivant, il n'a en vue que l'intérêt du lecteur. Il l'affirme et il le croit. Mais il n'en est rien. Car s'il n'était pas attentif d'abord à ce qu'il fait, s'il ne s'intéressait pas à la littérature comme à sa propre opération, il ne pourrait même pas écrire : ce ne serait pas lui qui écrirait, mais personne. C'est pourquoi, il a beau prendre pour caution le sérieux d'un idéal, il a beau se réclamer de valeurs stables, ce sérieux n'est pas son sérieux et il ne peut jamais se fixer définitivement là où il se croit être. Par exemple : il écrit des romans, ces romans impliquent certaines affirmations politiques, de sorte qu'il semble avoir partie liée avec cette Cause. Les autres, ceux qui ont directement partie liée avec cette Cause, sont alors tentés de reconnaître en lui l'un des leurs, de voir dans son œuvre la preuve que la Cause, c'est bien sa cause, mais, dès qu'ils la revendiquent, dès qu'ils veulent se mêler de cette activité et se l'approprier, ils s'aperçoivent que l'écrivain n'a pas partie liée, que la partie ne se joue qu'avec lui-même, que ce qui l'intéresse dans la Cause, c'est sa propre opération, — et les voilà mystifiés. On comprend la méfiance qu'inspirent aux hommes engagés dans un parti, ayant pris parti, les écrivains qui partagent leur vue ; car ces derniers ont également pris parti pour la littérature, et la littérature, par son mouvement, nie en fin de compte la substance de ce qu'elle représente. C'est là sa loi et sa vérité. Si elle y renonce pour s'attacher définitivement à une vérité extérieure, alors elle cesse d'être littérature et l'écrivain qui prétend l'être encore, entre dans un autre aspect de la mauvaise foi. Faut-il donc renoncer à avoir d'intérêt à quoi que ce soit et se tourner vers le mur ? Mais le fait-on, l'équivoque n'est pas moins grande. D'abord, regarder le mur, c'est aussi se tourner vers le monde, c'est en faire le monde. Quand un écrivain s'enfonce dans l'intimité pure d'une œuvre qui n'intéresse que lui, il peut sembler aux autres — aux autres écrivains et aux hommes d'une autre activité — qu'au moins les voilà tranquilles dans leur Chose et leur travail à eux. Mais pas du tout. L'œuvre créée par le solitaire et enfermée dans la solitude porte en elle une vue qui intéresse tout le monde, porte un jugement implicite sur les autres œuvres, sur les problèmes du temps, se fait complice de ce qu'elle néglige, l'ennemie de ce qu'elle abandonne, et son indifférence se mêle hypocritement à la passion de tous.

Ce qui est frappant, c'est que, dans la littérature, la tromperie et la mystification non seulement sont inévitables, mais forment l'honnêteté de l'écrivain, la part d'espérance et de vérité qu'il y a en lui. Souvent, en ces jours, on parle de la maladie des mots, on s'irrite même de ceux qui en parlent, on les soupçonne de rendre les mots malades pour pouvoir en parler. Il se peut. L'ennui, c'est que cette maladie est aussi la santé des mots.

L'équivoque les déchire ? Heureuse équivoque sans laquelle il n'y aurait pas de dialogue. Le malentendu les fausse ? Mais ce malentendu est la possibilité de notre entente. Le vide les pénètre ? Ce vide est leur sens même. Naturellement, un écrivain peut toujours se donner pour idéal d'appeler un chat un chat. Mais ce qu'il ne peut pas obtenir, c'est de se croire alors sur la voie de la guérison et de la sincérité. Il est au contraire plus mystificateur que jamais, car le chat n'est pas un chat, et celui qui l'affirme n'a rien d'autre en vue que cette hypocrite violence : Rolet est un fripon.

L'imposture a plusieurs causes. La première, nous venons de la voir : la littérature est faite de moments différents, qui se distinguent et qui s'opposent. Ces moments, l'honnêteté qui est analytique parce qu'elle veut voir clair, les sépare. Devant son regard passent successivement l'auteur, l'œuvre, le lecteur ; successivement l'art d'écrire, la chose écrite, la vérité de cette chose ou la Chose même ; successivement encore l'écrivain sans nom, pure absence de lui-même, pure oisiveté, ensuite l'écrivain qui est travail, mouvement d'une réalisation indifférente à ce qu'elle réalise, ensuite l'écrivain qui est le résultat de ce travail et vaut par ce résultat et non par ce travail, réel autant qu'est réelle la chose faite, ensuite l'écrivain, non plus affirmé mais nié par ce résultat et sauvant l'œuvre éphémère en sauvant d'elle l'idéal, la vérité de l'œuvre, etc. L'écrivain n'est pas seulement l'un de ces moments à l'exclusion des autres, ni même leur ensemble posé dans leur succession indifférente, mais le mouvement qui les rassemble et les unifie. Il en résulte que, lorsque la conscience honnête juge l'écrivain en l'immobilisant dans une de ces formes, prétend, par exemple, condamner l'œuvre parce que celle-ci est un échec, l'autre honnêteté de l'écrivain proteste au nom des autres moments, au nom de la pureté de l'art, laquelle voit dans l'échec son triomphe — et de même, chaque fois que l'écrivain est mis en cause sous l'un de ses aspects, il ne peut que se reconnaître toujours autre et, interpellé comme auteur d'une belle œuvre, renier cette œuvre et, admiré comme inspiration et génie, ne voir en soi qu'exercice et travail et, lu par tous, dire : qui peut me lire ? je n'ai rien écrit. Ce glissement fait de l'écrivain un perpétuel absent et un irresponsable sans conscience, mais ce glissement fait aussi l'étendue de sa présence, de ses risques et de sa responsabilité.

La difficulté, c'est que l'écrivain n'est pas seulement plusieurs en un seul, mais que chaque moment de lui-même nie tous les autres, exige tout pour soi seul et ne supporte ni conciliation ni compromis. L'écrivain doit en même temps répondre à plusieurs commandements absolus et absolument différents, et sa moralité est faite de la rencontre et de l'opposition de règles implacablement hostiles.

L'une lui dit : Tu n'écriras pas, tu resteras néant, tu garderas le silence, tu ignoreras les mots.

L'autre : Ne connais que les mots.

— Écris pour ne rien dire.

— Écris pour dire quelque chose.

— Pas d'œuvre, mais l'expérience de toi-même, la connaissance de ce qui t'est inconnu.

— Une œuvre ! Une œuvre réelle, reconnue par les autres et important aux autres.

— Efface le lecteur.

— Efface-toi devant le lecteur.

— Écris pour être vrai.

— Écris pour la vérité.

— Alors, sois mensonge, car écrire en vue de la vérité, c'est écrire ce qui n'est pas encore vrai et peut-être ne le sera jamais.

— N'importe, écris pour agir.

— Écris, toi qui as peur d'agir.

— Laisse en toi la liberté parler.

La littérature et le droit à la mort

— Oh! en toi, ne laisse pas la liberté devenir mot. Quelle loi suivre ? Quelle voix entendre ? Mais, il doit les suivre toutes ! Quelle confusion, alors ; la clarté n'est-elle pas sa loi ? Oui, la clarté aussi. Il doit donc s'opposer à lui-même, se nier en s'affirmant, trouver dans la facilité du jour la profondeur de la nuit, dans les ténèbres qui jamais ne commencent la lumière certaine qui ne peut finir. Il doit sauver le monde et être l'abîme, justifier l'existence et donner la parole à ce qui n'existe pas; il doit être à la fin des temps, dans la plénitude universelle et il est l'origine, la naissance de ce qui ne fait que naître. Est-il tout cela ? La littérature est tout cela en lui. Mais n'est-ce pas plutôt ce qu'elle voudrait être, ce qu'en réalité elle n'est pas ? Alors, elle n'est rien. Mais n'est-elle rien ?

La littérature n'est pas rien. Ceux qui la méprisent, ont le tort de croire la condamner en la tenant pour rien. « Tout cela n'est que littérature. » On oppose ainsi l'action, qui est intervention concrète dans le monde, et la parole écrite qui serait manifestation passive à la surface du monde, et ceux qui sont du côté de l'action, rejettent la littérature qui n'agit pas, et ceux qui cherchent la passion se font écrivains pour ne pas agir. Mais c'est là condamner et aimer par abus. Si l'on voit dans le travail la puissance de l'histoire, celle qui transforme l'homme en transformant le monde, il faut bien reconnaître dans l'activité de l'écrivain la forme par excellence du travail. Que fait l'homme qui travaille ? Il produit un objet. Cet objet est la réalisation d'un projet jusque-là irréel ; il est l'affirmation d'une réalité différente des éléments qui la constituent et l'avenir d'objets nouveaux, dans la mesure où il deviendra l'instrument capable de fabriquer d'autres objets. Par exemple, j'ai le projet de me chauffer. Tant que ce projet n'est qu'un désir, je puis le tourner sous toutes ses faces, il ne me chauffe pas. Mais, voici que je fabrique un poêle : le poêle transforme en vérité l'idéal vide qu'était mon désir ; il affirme dans le monde la présence de quelque chose qui n'y était pas, et il l'affirme en niant ce qui auparavant s'y trouvait ; auparavant, j'avais devant moi des pierres, de la fonte ; à présent, il n'y a plus ni pierres ni fonte, mais le résultat de ces éléments transformés, c'est-à-dire niés et détruits par le travail. Avec cet objet, voilà le monde changé. Changé d'autant plus que ce poêle va me permettre de fabriquer d'autres objets qui, à leur tour, nieront l'état passé du monde et en prépareront l'avenir. Ces objets que j'ai produits en changeant l'état des choses, à leur tour vont me changer. L'idée de la chaleur n'est rien, mais la chaleur réelle va faire de mon existence une autre existence, et tout ce que, désormais, grâce à cette chaleur, je pourrai faire de nouveau, fera encore de moi quelqu'un d'autre. Ainsi, disent Hegel et Marx, se forme l'histoire, par le travail qui réalise l'être en le niant et le révèle au terme de la négation[1].

Mais que fait l'écrivain qui écrit ? Tout ce que fait l'homme qui travaille, mais à un degré éminent. Lui aussi produit quelque chose : c'est par excellence l'ouvrage. Cet ouvrage, il le produit en modifiant des réalités naturelles et humaines. Il écrit à partir d'un certain état du langage, d'une certaine forme de la culture, de certains livres, à partir aussi d'éléments objectifs, encre, papier, imprimerie. Pour écrire, il lui faut détruire le langage tel qu'il est et le réaliser sous une autre forme, nier les livres en faisant un livre avec ce qu'ils ne sont pas. Ce livre nouveau est assurément une réalité : on le voit, on le touche, on peut même le lire. De toute manière, ce n'est pas rien. Avant de l'écrire, j'en avais une idée, j'avais au moins le projet de l'écrire, mais entre

---

1. Cette interprétation de Hegel est exposée par Alexandre Kojève dans *Introduction à la lecture de Hegel* (Leçons sur *La Phénoménologie de l'Esprit*, réunies et publiées par Raymond Queneau).

La littérature et le droit à la mort   27

cette idée et le volume où elle se réalise, je trouve la même différence qu'entre le désir de la chaleur et le poêle qui me chauffe. Le volume écrit est pour moi une innovation extraordinaire, imprévisible et telle qu'il m'est impossible, sans l'écrire, de me représenter ce qu'il pourra être. C'est pourquoi il m'apparaît comme une expérience, dont les effets, si consciemment qu'ils soient produits, m'échappent, en face de laquelle je ne pourrai pas me retrouver le même, pour cette raison : c'est qu'en présence de quelque chose d'autre je deviens autre, mais pour cette raison plus décisive encore : c'est que cette chose autre — le livre —, dont je n'avais qu'une idée et que rien ne me permettait de connaître à l'avance, c'est justement moi-même devenu autre.

Le livre, chose écrite, entre dans le monde où il accomplit son œuvre de transformation et de négation. Lui aussi est l'avenir de beaucoup d'autres choses, et non seulement de livres, mais, par les projets qui en peuvent naître, les entreprises qu'il favorise, l'ensemble du monde dont il est le reflet changé, il est source infinie de réalités nouvelles, à partir de quoi l'existence sera ce qu'elle n'était pas.

Le livre n'est-il donc rien ? Pourquoi alors l'action de fabriquer un poêle peut-elle passer pour le travail qui forme et entraîne l'histoire et pourquoi l'acte d'écrire apparaît-il comme une pure passivité qui demeure en marge de l'histoire et que l'histoire entraîne malgré elle ? La question paraît déraisonnable, et pourtant, elle pèse sur l'écrivain d'un poids accablant. A première vue, on se dit que la puissance formatrice des œuvres écrites est incomparable ; on se dit aussi que l'écrivain est un homme doué de plus de capacité d'action qu'aucun autre, car il agit sans mesure, sans limites : nous le savons (ou nous aimons à le croire), une seule œuvre peut changer le cours du monde. Mais justement c'est là ce qui donne à réfléchir. L'influence des auteurs est très grande, elle dépasse infiniment leur action, elle la dépasse à tel point que ce qu'il y a de réel dans cette action ne passe pas dans cette influence et que cette influence ne trouve pas dans ce peu de réalité la substance vraie qui serait nécessaire à son étendue. Que peut un auteur ? Tout, d'abord tout : il est dans les fers, l'esclavage le presse, mais qu'il trouve, pour écrire, quelques instants de liberté, et le voici libre de créer un monde sans esclave, un monde où l'esclave, devenu maître, fonde la loi nouvelle ; ainsi, écrivant, l'homme enchaîné obtient immédiatement la liberté pour lui et pour le monde ; il nie tout ce qu'il est pour devenir tout ce qu'il n'est pas. En ce sens, son œuvre est une action prodigieuse, la plus grande et la plus importante qui soit. Mais regardons-y de plus près. Pour autant qu'il se donne immédiatement la liberté qu'il n'a pas, il néglige les conditions vraies de son affranchissement, il néglige ce qui doit être fait de réel pour que l'idée abstraite de liberté se réalise. Sa négation à lui est globale. Elle ne nie pas seulement sa situation d'homme muré, mais elle passe par-dessus le temps qui dans ce mur doit ouvrir les brèches, elle nie la négation du temps, elle nie la négation des limites. C'est pourquoi, en fin de compte, elle ne nie rien et l'œuvre où elle se réalise n'est pas elle-même une action réellement négative, destructrice et transformatrice, mais réalise plutôt l'impuissance à nier, le refus d'intervenir dans le monde et transforme la liberté qu'il faudrait incarner dans les choses selon les voies du temps en un idéal au-dessus du temps, vide et inaccessible.

L'influence de l'écrivain est liée à ce privilège d'être maître de tout. Mais il n'est maître que de tout, il ne possède que l'infini, le fini lui manque, la limite lui échappe. Or, on n'agit pas dans l'infini, on n'accomplit rien dans l'illimité, de sorte que, si l'écrivain agit bien réellement en produisant cette chose réelle qui s'appelle un livre, il discrédite aussi, par cette action, toute action, en substituant au monde des choses déterminées et du travail défini un monde où tout est tout de suite *donné et rien n'est à faire qu'à en jouir par la lecture.*

En général, l'écrivain apparaît soumis à l'inaction parce qu'il est le maître de l'imaginaire où ceux qui entrent à sa suite perdent de vue les problèmes de leur vie vraie. Mais le danger qu'il représente est bien plus sérieux. La vérité, c'est qu'il ruine l'action, non parce qu'il dispose de l'irréel, mais parce qu'il met à notre disposition toute la réalité. L'irréalité commence avec le tout. L'imaginaire n'est pas une étrange région située par-delà le monde, il est le monde même, mais le monde comme ensemble, comme tout. C'est pourquoi il n'est pas dans le monde, car il est le monde, saisi et réalisé dans son ensemble par la négation globale de toutes les réalités particulières qui s'y trouvent, par leur mise hors de jeu, leur absence, par la réalisation de cette absence elle-même, avec laquelle commence la création littéraire, qui se donne l'illusion, lorsqu'elle revient sur chaque chose et sur chaque être, de les créer, parce que maintenant elle les voit et les nomme à partir du tout, à partir de l'absence de tout, c'est-à-dire de rien.

La littérature, dite de pure imagination, a certes ses dangers. D'abord, elle n'est pas pure imagination. Elle se croit à l'écart des réalités quotidiennes et des événements actuels, mais précisément elle s'en est écartée, elle est cet écart, ce recul devant le quotidien qui nécessairement en tient compte et qui le décrit comme éloignement, pure étrangeté. En outre, de cette mise à l'écart, elle fait une valeur absolue, et cet éloignement semble alors source de compréhension générale, pouvoir de tout saisir et de tout atteindre immédiatement pour les hommes qui en subissent l'enchantement au point de sortir et de leur vie qui, elle, n'est que compréhension limitée et du temps qui n'est qu'une perspective étranglée. Tout cela est le mensonge d'une fiction. Mais enfin, une telle littérature a pour elle de ne pas nous abuser : elle se donne pour imaginaire, elle n'endort que ceux qui cherchent le sommeil.

Bien plus mystificatrice est la littérature d'action. Celle-ci appelle les hommes à faire quelque chose. Mais si elle veut être encore littérature authentique, elle leur représente ce quelque chose à faire, ce but déterminé et concret, à partir d'un monde où une telle action renvoie à l'irréalité d'une valeur abstraite et absolue. Le « quelque chose à faire », tel qu'il peut être exprimé dans une œuvre de littérature, n'est jamais qu'un « tout est à faire », soit qu'il s'affirme comme ce tout, c'est-à-dire valeur absolue, soit que pour se justifier et se recommander il ait besoin de ce tout dans lequel il disparaît. Le langage de l'écrivain, même révolutionnaire, n'est pas le langage du commandement. Il ne commande pas, il présente, et il ne présente pas en rendant présent ce qu'il montre, mais en le montrant derrière tout, comme le sens et l'absence de ce tout. Il en résulte ou que l'appel de l'auteur au lecteur n'est qu'un appel vide, n'exprimant que l'effort d'un homme privé de monde pour rentrer dans le monde en se tenant discrètement à sa périphérie — ou que le « quelque chose à faire », ne pouvant être ressaisi qu'à partir de valeurs absolues, apparaît au lecteur précisément comme ce qui ne peut pas se faire ou comme ce qui ne demande pour se faire ni travail ni action

On le sait, les principales tentations de l'écrivain s'appellent stoïcisme, scepticisme, conscience malheureuse. Ce sont là des attitudes de pensée que l'écrivain adopte pour des raisons qu'il croit réfléchies, mais que seule la littérature réfléchit en lui. Stoïque : il est l'homme de l'univers, lequel n'existe que sur le papier et, prisonnier ou misérable, il supporte stoïquement sa condition parce qu'il peut écrire et que la minute de

La littérature et le droit à la mort

liberté où il écrit suffit à le rendre puissant et libre, à lui donner, non sa propre liberté dont il se moque, mais la liberté universelle. Nihiliste, car il ne nie pas seulement ceci et cela par le travail méthodique qui transforme lentement chaque chose, mais il nie tout, à la fois, et il ne peut que tout nier, n'ayant affaire qu'à tout. Conscience malheureuse ! On ne le voit que trop, ce malheur est son plus profond talent, s'il n'est écrivain que par la conscience déchirée de moments inconciliables qui s'appellent : inspiration, — qui nie tout travail ; travail, — qui nie le néant du génie ; œuvre éphémère, — où il s'accomplit en se niant ; œuvre comme tout, — où il se retire et retire aux autres tout ce qu'en apparence il se donne et leur donne. Mais il est une autre tentation.

Reconnaissons dans l'écrivain ce mouvement allant sans arrêt et presque sans intermédiaire de rien à tout. Voyons en lui cette négation qui ne se satisfait pas de l'irréalité où elle se meut, car elle veut se réaliser et elle ne le peut qu'en niant quelque chose de réel, de plus réel que les mots, de plus vrai que l'individu isolé dont elle dispose : aussi ne cesse-t-elle de le pousser vers la vie du monde et l'existence publique pour l'amener à concevoir comment, tout en écrivant, il peut devenir cette existence même. C'est alors qu'il rencontre dans l'histoire ces moments décisifs où tout paraît mis en question, où loi, foi, État, monde d'en haut, monde d'hier, tout s'enfonce sans effort, sans travail, dans le néant. L'homme sait qu'il n'a pas quitté l'histoire, mais l'histoire est maintenant le vide, elle est le vide qui se réalise, elle est la liberté absolue *devenue événement*. De telles époques, on les appelle Révolution. A cet instant, la liberté prétend se réaliser sous la forme immédiate du *tout est possible, tout peut se faire*. Moment fabuleux, dont celui qui l'a connu ne peut tout à fait revenir, car il a connu l'histoire comme sa propre histoire et sa propre liberté comme la liberté universelle. Moments fabuleux en effet : en eux *parle la fable, en eux la parole de la fable se fait action. Qu'ils tentent l'écrivain, rien de plus justifié. L'action révolutionnaire est en tous points analogue à l'action telle que l'incarne la littérature : passage du rien à tout, affirmation de l'absolu comme événement et de chaque événement comme absolu. L'action révolutionnaire se déchaîne avec la même puissance et la même facilité que l'écrivain qui pour changer le monde n'a besoin que d'aligner quelques mots. Elle a aussi la même exigence de pureté et cette certitude que tout ce qu'elle fait vaut absolument, n'est pas une action quelconque se rapportant à quelque fin désirable et estimable, mais est la fin dernière, le Dernier Acte. Ce dernier acte est la liberté, et il n'y a plus de choix qu'entre la liberté et rien. C'est pourquoi, alors, la seule parole supportable est : la liberté ou la mort. Ainsi apparaît la Terreur. Chaque homme cesse d'être un individu travaillant à une tâche déterminée, agissant ici et seulement maintenant : il est la liberté universelle qui ne connaît ni ailleurs ni demain, ni travail ni œuvre. Dans de tels moments, personne n'a plus rien à faire, car tout est fait. Personne n'a plus droit à une vie privée, tout est public, et l'homme le plus coupable est le suspect, celui qui a un secret, qui garde pour soi seul une pensée, une intimité. Et, enfin, personne n'a plus droit à sa vie, à son existence effectivement séparée et physiquement distincte. Tel est le sens de la Terreur. Chaque citoyen a pour ainsi dire droit à la mort : la mort n'est pas sa condamnation, c'est l'essence de son droit ; il n'est pas supprimé comme coupable, mais il a besoin de la mort pour s'affirmer citoyen et c'est dans la disparition de la mort que la liberté le fait naître. En cela, la Révolution française a une signification plus manifeste que toutes les autres. La mort de la Terreur n'y est pas le seul châtiment des factieux, mais, devenue l'échéance inéluctable, comme voulue, de tous, elle semble le travail même de la liberté dans les hommes libres. Quand le couteau tombe sur Saint-Just et sur Robespierre, il n'atteint en quelque sorte personne. La vertu de Robespierre, la rigueur de Saint-Just ne sont rien d'autre que leur existence déjà supprimée, la présence anticipée de leur mort, la décision de laisser la liberté s'affirmer complètement en eux et nier, par son caractère universel, la réalité propre de leur vie. Peut-être font-ils régner la Terreur. Mais la Terreur qu'ils incarnent ne vient pas de la mort qu'ils donnent, mais de la mort qu'ils se donnent. Ils en portent les traits, ils pensent et décident avec la mort sur les épaules, et c'est pourquoi leur pensée est froide, implacable, elle a la liberté d'une tête coupée. Les Terroristes sont ceux qui, voulant la liberté absolue, savent qu'ils veulent par là même leur mort, qui ont conscience de cette liberté qu'ils affirment comme de leur mort qu'ils réalisent, et qui, par conséquent, dès leur vivant, agissent, non pas comme des hommes vivants au milieu d'hommes vivants, mais comme des êtres privés d'être, des pensées universelles, de pures abstractions jugeant et décidant, par-delà l'histoire, au nom de l'histoire tout entière.*

L'événement même de la mort n'a plus d'importance. Dans la Terreur, les individus meurent et c'est insignifiant. « C'est, dit Hegel dans une phrase célèbre, la mort la plus froide, la plus plate, sans plus de signification que de trancher une tête de chou ou de boire une gorgée d'eau. » Pourquoi ? La mort n'est-elle pas l'accomplissement de la liberté, c'est-à-dire le moment de signification le plus riche ? Mais elle n'est aussi que le point vide de cette liberté, la manifestation de ce fait qu'une telle liberté est encore abstraite, idéale (littéraire), indigente et platitude. Chacun meurt, mais tout le monde vit, et à la vérité cela signifie aussi tout le monde est mort. Mais le « est mort », c'est le côté positif de la liberté faite monde : l'être s'y révèle comme absolu. Au contraire, « mourir » est pure insignifiance, événement sans réalité concrète, qui a perdu toute valeur de drame personnel et intérieur, car il n'y a plus d'intérieur. C'est le moment où Je meurs signifie pour moi qui meurs une banalité dont il n'y a pas à tenir compte : dans le monde libre et dans ces moments où la liberté est apparition absolue, mourir est sans importance et la mort est sans profondeur. Cela, la Terreur et la révolution — non la guerre — nous l'ont appris.

L'écrivain se reconnaît dans la Révolution. Elle l'attire parce qu'elle est le temps où la littérature se fait histoire. Elle est sa vérité. Tout écrivain qui, par le fait même d'écrire, n'est pas conduit à penser : je suis la révolution, seule la liberté me fait écrire, en réalité n'écrit pas. En 1793, il y a un homme qui s'identifie parfaitement avec la révolution et la Terreur. C'est un aristocrate, attaché aux créneaux de son château moyenâgeux, homme tolérant, plutôt timide et d'une politesse obséquieuse : mais il écrit, il ne fait qu'écrire, et la liberté a beau le remettre dans la Bastille d'où elle l'avait retiré, il est celui qui la comprend le mieux, comprenant qu'elle est ce moment où les passions les plus aberrantes peuvent se transformer en réalité politique, ont droit au jour, sont la loi. Il est aussi celui pour qui la mort est la plus grande passion et la dernière des platitudes, qui coupe les têtes comme on coupe une tête de chou, avec une indifférence si grande que rien n'est plus irréel que la mort qu'il donne, et cependant personne n'a senti plus vivement que la souveraineté était dans la mort, que la liberté était mort. Sade est l'écrivain par excellence, il en a réuni toutes les contradictions. Seul : de tous les hommes le plus seul, et toutefois personnage public et homme politique important. Perpétuellement enfermé et absolument libre, théoricien et symbole de la liberté absolue. Il écrit une œuvre immense, et cette œuvre n'existe pour personne. Inconnu, mais ce qu'il représente a pour tous une signification immédiate. Rien de plus qu'un écrivain, et il figure la vie élevée jusqu'à la passion, la passion devenue cruauté et folie. Du sentiment le plus singulier, le plus caché et le plus privé de sens commun, il fait une affirmation universelle, la réalité d'une parole publique qui, livrée à l'histoire, devient une explication légitime de la condition de l'homme dans son ensemble. Enfin, il est la négation même : son œuvre n'est que le travail de la négation, son expérience le mouvement d'une négation acharnée, poussée au sang, qui nie les autres, nie Dieu, nie la nature et, dans ce cercle sans cesse parcouru, jouit d'elle-même comme de l'absolue souveraineté.

La littérature se regarde dans la révolution, elle s'y justifie, et si on l'a appelée Terreur, c'est qu'elle a bien pour idéal ce moment historique, où « la vie porte la mort et se maintient dans la mort même » pour obtenir d'elle la possibilité et la vérité de la parole. C'est là la « question » qui cherche à s'accomplir dans la littérature et qui est son être. La littérature est liée au langage. Le langage est à la fois rassurant et inquiétant. Quand nous parlons, nous nous rendons maîtres des choses avec une facilité qui nous satisfait. Je dis : cette femme, et immédiatement je dispose d'elle, je l'éloigne, la rapproche, elle est tout ce que je désire qu'elle soit, elle devient le lieu des transformations et des actions les plus surprenantes : la parole est la facilité et la sécurité de la vie. D'un objet sans nom, nous ne savons rien faire. L'être primitif sait que la possession des mots lui donne la maîtrise des choses, mais entre les mots et le monde les relations sont pour lui si complètes que le maniement du langage reste aussi difficile et aussi périlleux que le contact des êtres : le nom n'est pas sorti de la chose, il en est le dedans mis dangereusement au jour et toutefois demeuré l'intimité cachée de la chose ; celle-ci n'est donc pas encore nommée. Plus l'homme devient homme d'une civilisation, plus il manie les mots avec innocence et sang-froid. C'est que les mots ont perdu toutes relations avec ce qu'ils désignent ? Mais cette absence de rapports n'est pas un défaut, et si c'est un défaut, de lui seul le langage tire sa valeur, au point que de tous le plus parfait est le langage mathématique, qui se parle rigoureusement et auquel ne correspond aucun être.

Je dis : cette femme. Hölderlin, Mallarmé et, en général, tous ceux dont la poésie a pour thème l'essence de la poésie ont vu dans l'acte de nommer une merveille inquiétante. Le mot me donne ce qu'il signifie, mais d'abord il le supprime. Pour que je puisse dire : cette femme, il faut que d'une manière ou d'une autre je lui retire sa réalité d'os et de chair, la rende absente et l'anéantisse. Le mot me donne l'être, mais il me le donne privé d'être. Il est l'absence de cet être, son néant, ce qui demeure de lui lorsqu'il a perdu l'être, c'est-à-dire le seul fait qu'il n'est pas. De ce point de vue, parler est un droit étrange. Hegel, en cela l'ami et le prochain de Hölderlin, dans un texte antérieur à La Phénoménologie, a écrit : « Le premier acte, par lequel Adam se rendit maître des animaux, fut de leur imposer un nom, c'est-à-dire qu'il les anéantit dans leur existence (en tant qu'existants)[1]. » Hegel veut dire qu'à partir de cet instant, le chat cessa d'être un chat uniquement réel, pour devenir aussi une idée. Le sens de la parole exige donc, comme préface à toute parole, une sorte d'immense hécatombe, un déluge préalable, plongeant dans une mer complète toute la création. Dieu avait créé les êtres, mais l'homme dut les anéantir. C'est alors qu'ils prirent un sens pour lui, et il les créa à son tour à partir de cette mort où ils avaient disparu ; seulement, au lieu des êtres et, comme on dit, des existants, il n'y eut plus que de l'être, et l'homme fut

---

1. Essais réunis sous le nom de *Système de 1803-1804*. Dans *Introduction à la lecture de Hegel*, A. Kojève, interprétant un passage de *La Phénoménologie*, montre d'une manière remarquable comment pour Hegel la compréhension équivalut à un meurtre.

condamné à ne pouvoir rien approcher et rien vivre que par le sens qu'il lui fallait faire naître. Il se vit enfermé dans le jour, et il sut que ce jour ne pouvait pas finir, car la fin elle-même était lumière, puisque c'est de la fin des êtres qu'était venue leur signification, qui est l'être.

Sans doute, mon langage ne tue personne. Cependant : quand je dis « cette femme », la mort réelle est annoncée et déjà présente dans mon langage ; mon langage veut dire que cette personne-ci, qui est là, maintenant, peut être séparée d'elle-même, soustraite à son existence et à sa présence et plongée soudain dans un néant d'existence et de présence ; mon langage signifie essentiellement la possibilité de cette destruction ; il est, à tout moment, une allusion résolue à un tel événement. Mon langage ne tue personne. Mais, si cette femme n'était pas réellement capable de mourir, si elle n'était pas à chaque moment de sa vie menacée de la mort, liée et unie à elle par un lien d'essence, je ne pourrais pas accomplir cette négation idéale, cet assassinat différé qu'est mon langage.

Il est donc précisément exact de dire : quand je parle, la mort parle en moi. Ma parole est l'avertissement que la mort est, en ce moment même, lâchée dans le monde, qu'entre moi qui parle et l'être que j'interpelle elle a brusquement surgi : elle est entre nous comme la distance qui nous sépare, mais cette distance est aussi ce qui nous empêche d'être séparés, car en elle est la condition de toute entente. Seule, la mort me permet de saisir ce que je veux atteindre ; elle est dans les mots la seule possibilité de leur sens. Sans la mort, tout s'effondrerait dans l'absurde et dans le néant.

De cette situation, il résulte diverses conséquences. Il est clair qu'en moi le pouvoir de parler est lié aussi à mon absence d'être. Je me nomme, c'est comme si je prononçais mon chant funèbre : je me sépare de moi-même, je ne suis plus ma présence ni ma réalité, mais une presence objective, impersonnelle, celle de mon nom, qui me dépasse et dont l'immobilité pétrifiée fait exactement pour moi l'office d'une pierre tombale pesant sur le vide. Quand je parle, je nie l'existence de ce que je dis, mais je nie aussi l'existence de celui qui le dit : ma parole, si elle révèle l'être dans son inexistence, affirme de cette révélation qu'elle se fait à partir de l'inexistence de celui qui la fait, de son pouvoir de s'éloigner de soi, d'être autre que son être. C'est pourquoi, pour que le langage vrai commence, il faut que la vie qui va porter ce langage ait fait l'expérience de son néant, qu'elle ait « tremblé dans les profondeurs et que tout ce qui en elle était fixe et stable ait vacillé ». Le langage ne commence qu'avec le vide ; nulle plénitude, nulle certitude ne parle ; à qui s'exprime, quelque chose d'essentiel fait défaut. La négation est liée au langage. Au point de départ, je ne parle pas pour dire quelque chose, mais c'est un rien qui demande à parler, rien ne parle, rien trouve son être dans la parole et l'être de la parole n'est rien. Cette formule explique pourquoi l'idéal de la littérature a pu être celui-ci : ne rien dire, parler pour ne rien dire. Ce n'est pas là la rêverie d'un nihilisme de luxe. Le langage aperçoit qu'il doit son sens, non à ce qui existe, mais à son recul devant l'existence, et il subit la tentation de s'en tenir à ce recul, de vouloir atteindre la négation en elle-même et de faire de rien tout. Si des choses on ne parle qu'en disant d'elles ce par quoi elles ne sont rien, eh bien, ne rien dire, voilà le seul espoir d'en tout dire.

Espoir naturellement malaisé. Le langage courant appelle un chat un chat, comme si le chat vivant et son nom étaient identiques, comme si le fait de le nommer ne consistait pas à ne retenir de lui que son absence, ce qu'il n'est pas. Toutefois, le langage courant a momentanément raison en ceci que le mot, s'il exclut l'existence de ce qu'il désigne, s'y rapporte encore par l'inexistence devenue l'essence de cette chose. Nommer le chat, c'est, si *l'on veut, en faire un non-chat, un chat qui a cessé d'exister, d'être le chat vivant, mais ce n'est pas pour autant en faire un chien, ni même un non-chien. Telle est la première différence entre langage commun et langage littéraire. Le premier admet que, la non-existence du chat une fois passée dans le mot, le chat lui-même ressuscite pleinement et certainement comme son idée (son être) et comme son sens : le mot lui restitue, sur le plan de l'être (l'idée), toute la certitude qu'il avait sur le plan de l'existence. Et même cette certitude est beaucoup plus grande : à la rigueur, les choses peuvent se transformer, il leur arrive de cesser d'être ce qu'elles sont, elles demeurent hostiles, inutilisables, inaccessibles ; mais l'être de ces choses, leur idée, ne change pas : l'idée est définitive, sûre, on la dit même éternelle. Tenons donc les mots sans revenir aux choses, ne les lâchons pas, n'allons pas les croire malades. Alors, nous serons tranquilles.*

Le langage commun a sans doute raison, la tranquillité est à ce prix. Mais le langage littéraire est fait d'inquiétude, il est fait aussi de contradictions. Sa position est peu stable et peu solide. D'un côté, dans une chose, il ne s'intéresse qu'à son sens, à son absence, et cette absence, il voudrait l'atteindre absolument en elle-même et pour elle-même, voulant atteindre dans son ensemble le mouvement indéfini de la compréhension. En outre, il observe que le mot chat n'est pas seulement la non-existence du chat, mais la non-existence devenue mot, c'est-à-dire une réalité parfaitement déterminée et objective. Il voit là une difficulté et même un mensonge. Comment peut-il espérer avoir accompli sa mission, parce qu'il a transposé l'irréalité de la chose dans la réalité du langage ? Comment l'absence infinie de la compréhension pourrait-elle accepter de se confondre avec la présence limitée et bornée d'un mot seul ? Et le langage de chaque jour qui veut nous en persuader ne se tromperait-il pas ? En effet, il se trompe et il nous trompe. La parole ne suffit pas à la vérité qu'elle contient. Qu'on se donne la peine d'écouter un mot : en lui le néant lutte et travaille, sans relâche il creuse, s'efforce, cherchant une issue, rendant nul ce qui l'enferme, infinie inquiétude, vigilance sans forme et sans nom. Déjà le sceau qui retenait ce néant dans les limites du mot et sous les espèces de son sens s'est brisé ; voici ouvert l'accès d'autres noms, moins fixes, encore indécis, plus capables de se concilier avec la liberté sauvage de l'essence négative, des ensembles instables, non plus des termes, mais leur mouvement, glissement sans fin de « tournures » qui n'aboutissent nulle part. Ainsi naît l'image qui ne désigne pas directement la chose, mais ce que la chose n'est pas, qui parle du chien au lieu du chat. Ainsi commence cette poursuite, par laquelle tout le langage, en mouvement, est appelé pour faire droit à l'exigence inquiète d'une seule chose privée d'être, laquelle, après avoir oscillé entre chaque mot, cherche à les ressaisir tous pour les nier tous à la fois, afin que ceux-ci désignent, en s'y engloutissant, ce vide qu'ils ne peuvent ni combler ni représenter.

La littérature, si elle s'en tenait là, aurait déjà une tâche étrange et embarrassante. Mais elle ne s'en tient pas là. Elle se rappelle le premier nom qui aurait été ce meurtre dont parle Hegel. « L'existant », par le mot, a été appelé hors de son existence et est devenu être. Le Lazare, veni foras a fait sortir l'obscure réalité cadavérique de son fond originel et, en échange, ne lui a donné que la vie de l'esprit. Le langage sait que son royaume, c'est le jour et non pas l'intimité de l'irrévélé ; il sait que, pour que le jour commence, pour qu'il soit cet Orient qu'a entrevu Hölderlin, non pas la lumière devenue le repos de midi, mais la force terrible par laquelle les êtres arrivent au monde et s'éclairent, quelque chose doit être exclu. La négation ne peut se réaliser qu'à partir de la réalité de ce qu'elle nie ; le langage tire sa valeur et son orgueil d'être l'accomplissement de cette négation ; mais, au départ, que s'est-il perdu ? Le tourment du langage est ce qu'il manque par la nécessité où il est d'en être le manque. Il ne peut même pas le nommer.

Qui voit Dieu meurt. Dans la parole meurt ce qui donne vie à la parole ; la parole est la vie de cette mort, elle est « la vie qui porte la mort et se maintient en elle ». Admirable puissance. Mais quelque chose était là, qui n'y est plus. Quelque chose a disparu. Comment le retrouver, comment me retourner vers ce qui est avant, si tout mon pouvoir consiste à en faire ce qui est après ? *Le langage de la littérature est la recherche de ce moment qui la précède.* Généralement, elle le nomme existence ; elle veut le chat tel qu'il existe, le galet dans son parti pris de chose, non pas l'homme, mais celui-ci et, dans celui-ci, ce que l'homme rejette pour le dire, ce qui est le fondement de la parole et que la parole exclut pour parler, l'abîme, le Lazare du tombeau et non le Lazare rendu au jour, celui qui déjà sent mauvais, qui est le Mal, le Lazare perdu et non le Lazare sauvé et ressuscité. Je dis une fleur ! Mais, dans l'absence où je la cite, par l'oubli où je relègue l'image qu'elle me donne, au fond de ce mot lourd, surgissant lui-même comme une chose inconnue, je convoque passionnément l'obscurité de cette fleur, ce parfum qui me traverse et que je ne respire pas, cette poussière qui m'imprègne mais que je ne vois pas, cette couleur qui est trace et non lumière. Où réside donc mon espoir d'atteindre ce que je repousse ? Dans la matérialité du langage, dans ce fait que les mots aussi sont des choses, une nature, ce qui m'est donné et me donne plus que je n'en comprends. Tout à l'heure, la réalité des mots était un obstacle. Maintenant, elle est ma seule chance. Le nom cesse d'être le passage éphémère de la non-existence pour devenir une boule concrète, un massif d'existence ; le langage, quittant ce *sens qu'il voulait être uniquement, cherche à se faire insensé. Tout ce qui est physique joue le premier rôle : le rythme, le poids, la masse, la figure, et puis le papier sur lequel on écrit, la trace de l'encre, le livre. Oui, par bonheur, le langage est une chose : c'est la chose écrite, un morceau d'écorce, un éclat de roche, un fragment d'argile où subsiste la réalité de la terre. Le mot agit, non pas comme une force idéale, mais comme une puissance obscure, comme une incantation qui contraint les choses, les rend* réellement *présentes hors d'elles-mêmes. Il est un élément, une part à peine détachée du milieu souterrain : non plus un nom, mais un moment de l'anonymat universel, une affirmation brute, la stupeur du face à face au fond de l'obscurité. Et, par là, le langage exige de jouer son jeu sans l'homme qui l'a formé. La littérature se passe maintenant de l'écrivain : elle n'est plus cette inspiration qui travaille, cette négation qui s'affirme, cet idéal qui s'inscrit dans le monde comme la perspective absolue de la totalité du monde. Elle n'est pas au-delà du monde, mais elle n'est pas non plus le monde : elle est la présence des choses, avant que le* monde *ne soit, leur persévérance après que le monde a disparu, l'entêtement de ce qui subsiste quand tout s'efface et l'hébétude de ce qui apparaît quand il n'y a rien. C'est pourquoi elle ne se confond pas avec la conscience qui éclaire et qui décide; elle est* ma conscience *sans moi, passivité radiante des substances minérales, lucidité du fond de la torpeur. Elle n'est pas la nuit; elle en est la hantise; non pas la nuit, mais la conscience de la nuit qui sans relâche veille pour se surprendre et à cause de cela sans répit se dissipe. Elle n'est pas le jour, elle est le côté du jour que celui-ci a rejeté pour devenir lumière. Et elle n'est pas non plus la mort, car en elle se montre l'existence sans l'être, l'existence qui demeure sous l'existence, comme une*

La littérature et le droit à la mort

affirmation inexorable, sans commencement et sans terme, la mort comme impossibilité de mourir.

La littérature, en se faisant impuissance à révéler, voudrait devenir révélation de ce que la révélation détruit. Effort tragique. Elle dit : Je ne représente plus, je suis ; je ne signifie pas, je présente. Mais la volonté d'être une chose, ce refus de vouloir dire immergé dans des mots changés en sel, ce destin, enfin, qu'elle devient, en devenant le langage de personne, l'écrit de nul écrivain, la lumière d'une conscience privée de moi, cet effort insensé pour s'enfouir en elle-même, pour se dissimuler derrière le fait qu'elle apparaît, tout cela est à présent ce qu'elle manifeste et ce qu'elle montre. Deviendrait-elle aussi muette que la pierre, aussi passive que le cadavre enfermé derrière cette pierre, la décision de perdre la parole continuerait à se lire sur la pierre et suffirait à éveiller ce faux mort.

La littérature apprend qu'elle ne peut pas se dépasser vers sa propre fin : elle s'esquive, elle ne se trahit pas. Elle sait qu'elle est ce mouvement par lequel sans cesse ce qui disparaît apparaît. Quand elle nomme, ce qu'elle désigne est supprimé ; mais ce qui est supprimé est maintenu, et la chose a trouvé (dans l'être qu'est le mot) plutôt un refuge qu'une menace. Quand elle refuse de nommer, quand du nom elle fait une chose obscure, insignifiante, témoin de l'obscurité primordiale, ce qui, ici, a disparu — le sens du nom — est bel et bien détruit, mais à la place a surgi la signification en général, le sens de l'insignifiance incrustée dans le mot comme expression de l'obscurité de l'existence, de sorte que, si le sens précis des termes s'est éteint, maintenant s'affirme la possibilité même de signifier, le pouvoir vide de donner un sens, étrange lumière impersonnelle.

En niant le jour, la littérature reconstruit le jour comme fatalité ; en affirmant la nuit, elle trouve la nuit comme l'impossibilité de la nuit. C'est là sa découverte.

Quand il est lumière du monde, le jour nous rend clair ce qu'il nous donne à voir : il est pouvoir de saisir, de vivre, réponse « comprise » dans chaque question. Mais si nous demandons compte du jour, si nous en venons à le repousser pour savoir ce qu'il y a avant le jour, sous le jour, alors nous découvrons qu'il est déjà présent, et ce qu'il y a avant le jour, c'est le jour encore, mais comme impuissance à disparaître et non comme pouvoir de faire apparaître, obscure nécessité et non liberté éclairante. La nature donc de ce qu'il y a avant le jour, de l'existence prédiurne, c'est la face obscure du jour, et cette face obscure n'est pas le mystère non dévoilé de son commencement, c'est sa présence inévitable, un « Il n'y a pas de jour » qui se confond avec un « Il y a déjà du jour », son apparition coïncidant avec le moment où il n'est pas encore apparu. Le jour, dans le cours du jour, nous permet d'échapper aux choses, il nous les fait comprendre et, en nous les faisant comprendre, il les rend transparentes et comme nulles, — mais le jour est ce à quoi on n'échappe pas : en lui nous sommes libres, mais lui-même est fatalité, et le jour comme fatalité est l'être de ce qu'il y a avant le jour, l'existence dont il faut se détourner pour parler et pour comprendre.

D'un certain point de vue, la littérature est partagée entre deux versants. Elle est tournée vers le mouvement de négation par lequel les choses sont séparées d'elles-mêmes et détruites pour être connues, assujetties, communiquées. Ce mouvement de négation, elle ne se contente pas de l'accueillir dans ses résultats fragmentaires et successifs : elle veut le saisir en lui-même, et ses résultats, elle veut les atteindre dans leur totalité. Si la négation est supposée avoir eu raison de tout, les choses réelles, prises une à une, renvoient toutes à ce tout irréel qu'elles constituent ensemble, au monde qui est leur sens comme ensemble, et c'est ce point de vue que la littérature tient pour le sien, regardant les choses du point de vue de ce tout encore imaginaire que celles-ci constitueraient réellement si la négation pouvait s'accomplir. De là l'irréalisme, ombre qui est sa proie. De là sa méfiance des mots, son besoin d'appliquer au langage lui-même le mouvement de négation et de l'épuiser, lui aussi, en le réalisant comme le tout, à partir duquel chaque terme ne serait rien.

Mais il y a un second versant. La littérature est alors le souci de la réalité des choses, de leur existence inconnue, libre et silencieuse ; elle est leur innocence et leur présence interdite, l'être qui se cabre devant la révélation, le défi de ce qui ne veut pas se produire au-dehors. Par là, elle sympathise avec l'obscurité, avec la passion sans but, la violence sans droit, avec tout ce qui, dans le monde, semble perpétuer le refus de venir au monde. Par là aussi, elle fait alliance avec la réalité du langage, elle en fait une matière sans contour, un contenu sans forme, une force capricieuse et impersonnelle qui ne dit rien, ne révèle rien et se contente d'annoncer, par son refus de rien dire, qu'elle vient de la nuit et qu'elle retourne à la nuit. Cette métamorphose n'est pas en elle-même manquée. Il est bien vrai que les mots se transforment. Ils ne signifient plus l'ombre, la terre, ils ne représentent plus l'absence de l'ombre et de la terre qui est le sens, la clarté de l'ombre, la transparence de la terre : l'opacité est leur réponse ; le frôlement des ailes qui se referment est leur parole ; la lourdeur matérielle se présente en eux avec la densité étouffante d'un amas syllabique qui a perdu tout sens. La métamorphose a eu lieu. Mais dans cette métamorphose reparaissent, par-delà le changement qui a solidifié, pétrifié et stupéfié les mots, le sens de cette métamorphose qui les éclaire et le sens qu'ils tiennent de leur apparition comme chose ou encore, si cela se produit, comme existence vague, indéterminée, insaisissable, où rien n'apparaît, sein de la profondeur sans apparence. La littérature a bien triomphé du sens des mots, mais ce qu'elle a trouvé dans les mots pris *hors de leur sens*, c'est le sens devenu chose : c'est, ainsi, le sens, détaché de ses conditions, séparé de ses moments, errant comme un pouvoir vide, dont on ne peut rien faire, pouvoir sans pouvoir, simple impuissance à cesser d'être, mais qui, à cause de cela, apparaît la détermination propre de l'existence indéterminée et privée de sens. Dans cet effort, la littérature ne se borne pas à retrouver à l'intérieur ce qu'elle a voulu abandonner sur le seuil. Car ce qu'elle trouve, comme étant l'intérieur, c'est le dehors qui, d'issue qu'il était, s'est changé en impossibilité de sortir — et comme étant l'obscurité de l'existence, c'est l'être du jour qui, de lumière explicatrice et créatrice de sens, est devenu le harcèlement de ce qu'on ne peut s'empêcher de comprendre et la hantise étouffante d'une raison sans principe, sans commencement, dont on ne peut rendre raison. La littérature est cette expérience par laquelle la conscience découvre son être dans son impuissance à perdre conscience, dans le mouvement où, disparaissant, s'arrachant à la ponctualité d'un moi, elle se reconstitue, par-delà l'inconscience, en une spontanéité impersonnelle, l'acharnement d'un savoir hagard, qui ne sait rien, que personne ne sait et que l'ignorance trouve toujours derrière soi comme son ombre changée en regard.

On peut alors accuser le langage d'être devenu un ressassement interminable de paroles, au lieu du silence qu'il visait à atteindre. On peut encore lui faire grief de s'enfoncer dans les conventions de la littérature, lui qui voulait s'absorber dans l'existence. Cela est vrai. Mais ce ressassement sans terme de mots sans contenu, cette continuité de la parole à travers un immense saccage de mots, telle est justement la nature profonde du silence qui parle jusque dans le mutisme, qui est parole vide de paroles, écho toujours parlant au milieu du silence. Et de même, la littérature, aveugle vigilance qui, en voulant *échapper à soi, s'enfonce toujours plus dans sa propre obsession, est la seule traduction de l'obsession de l'existence, si celle-ci est l'impossibilité même de sortir de l'existence, l'être qui est toujours rejeté à l'être, ce qui dans la profondeur sans fond est déjà au fond, abîme qui est encore fondement de l'abîme, recours contre quoi il n'y a pas de recours*[1].

La littérature est partagée entre ces deux pentes. La difficulté, c'est que, bien qu'en apparence inconciliables, elles ne conduisent pas à des œuvres ni à des buts distincts et que l'art qui prétend suivre un versant est déjà de l'autre côté. Le premier versant est celui de la prose significative. Le but est d'exprimer les choses dans un langage qui les désigne par leur sens. Tout le monde parle ainsi ; beaucoup écrivent comme on parle. Mais, sans quitter ce côté du langage, vient un moment où l'art aperçoit la malhonnêteté de la parole courante et s'en écarte. Que lui reproche-t-il ? C'est, dit-il, qu'elle manque de sens : il lui semble folie de croire qu'en chaque mot une chose soit parfaitement présente par l'absence qui la détermine, et il se met en quête d'un langage où cette absence elle-même soit ressaisie et la compréhension représentée dans son mouvement sans fin. Ne revenons pas sur cette attitude, nous l'avons longuement décrite. Mais, d'un tel art, que peut-on dire ? Qu'il est recherche d'une forme pure, souci vain de mots vides ? Tout au contraire : il n'a en vue que le sens vrai ; il ne se préoccupe que de sauvegarder le mouvement par lequel ce sens devient vérité. Pour être juste, il faut le tenir pour plus significatif que n'importe quelle prose courante,

---

1. Dans son livre *De l'existence à l'existant*, Emmanuel Levinas a mis en « lumière » sous le nom d'*Il y a* ce courant anonyme et impersonnel de l'être qui précède tout être, l'être qui au sein de la disparition est déjà présent, qui au fond de l'anéantissement retourne encore à l'être comme la fatalité de l'être, le néant comme l'existence : quand il n'y a rien, *il y a* de l'être. Voir aussi dans *Deucalion I*.

laquelle ne vit que de faux sens : il nous représente le monde, il nous apprend à en découvrir l'être total, il est le travail du négatif dans le monde et pour le monde. Comment ne pas l'admirer comme l'art agissant, vivant et clair par excellence ? Sans doute. Mais il faut alors apprécier comme tel Mallarmé qui en est le maître.

Sur l'autre versant, Mallarmé aussi se retrouve. D'une manière générale, s'y rassemblent ceux qu'on appelle poètes. Pourquoi ? Parce qu'ils s'intéressent à la réalité du langage, parce qu'ils ne s'intéressent pas au monde, mais à ce que seraient les choses et les êtres s'il n'y avait pas de monde ; parce qu'ils se livrent à la littérature comme à un pouvoir impersonnel qui ne cherche qu'à s'engloutir et à se submerger. Si telle est la poésie, au moins saurons-nous pourquoi elle doit être retirée de l'histoire en marge de laquelle elle fait entendre un étrange bruissement d'insecte, et nous saurons aussi que nulle œuvre qui se laisse glisser sur cette pente vers le gouffre ne peut être appelée œuvre de prose. Mais qu'en est-il ? Chacun comprend que la littérature ne se partage pas et qu'y choisir précisément sa place, se convaincre qu'on est bien là où on a voulu être, c'est s'exposer à la plus grande confusion, car déjà la littérature vous a insidieusement fait passer d'un versant à l'autre, vous a changé en ce que vous n'étiez pas. Là est sa traîtrise, là aussi sa vérité retorse. Un romancier écrit dans la prose la plus transparente, il décrit des hommes que nous aurions pu rencontrer et des gestes qui sont les nôtres ; son but, il le dit, c'est d'exprimer, à la manière de Flaubert, la réalité d'un monde humain. Or, quel est, à la fin, le seul sujet de son œuvre ? L'horreur de l'existence privée de monde, le procès par lequel ce qui cesse d'être continue d'être, ce qui s'oublie doit toujours des comptes à la mémoire, ce qui meurt ne rencontre que l'impossibilité de mourir, ce qui veut atteindre l'au-delà est toujours en deçà. Ce procès, c'est le jour devenu fatalité, la conscience dont la lumière n'est plus la lucidité de la veille mais la stupeur de l'absence de sommeil, c'est l'existence sans l'être, telle que la poésie entend la ressaisir derrière le sens des mots qui la rejette.

Et voici un homme qui observe plus qu'il n'écrit : il se promène dans un bois de pins, regarde une guêpe, ramasse une pierre. C'est une sorte de savant, mais le savant s'efface devant ce qu'il sait, quelquefois devant ce qu'il veut savoir, homme qui apprend pour le compte des hommes : lui est passé du côté des objets, il est tantôt de l'eau, un galet, un arbre, et quand il observe, c'est pour le compte des choses, quand il décrit, c'est la chose elle-même qui se décrit. Or, c'est là qu'est le trait surprenant de cette transformation, car devenir un arbre, sans doute cela se peut-il et le faire parler, quel écrivain n'y parviendrait ? Mais l'arbre de Francis Ponge est un arbre qui a observé Francis Ponge et se décrit tel qu'il imagine que celui-ci pourrait le décrire. Étranges descriptions. Par certains traits, elles paraissent tout humaines : c'est que l'arbre connaît la faiblesse des hommes qui ne parlent que de ce qu'ils savent ; mais toutes ces métaphores empruntées au pittoresque monde humain, ces images qui font image, en réalité représentent le point de vue des choses sur l'homme, la singularité d'une parole humaine animée par la vie cosmique et la puissance des germes ; c'est pourquoi, à côté de ces images, de certaines notions objectives — car l'arbre sait qu'entre les deux mondes la science est un terrain d'entente — se glissent des réminiscences venues du fond de la terre, des expressions en voie de métamorphose, des mots où, sous le sens clair, s'insinue l'épaisse fluidité de la croissance végétale. Ces descriptions, œuvre d'une prose parfaitement significative, qui ne croit les comprendre ? Qui ne les met au compte du côté clair et humain de la littérature ? Et pourtant elles n'appartiennent pas au monde, mais au dessous du monde ; elles ne témoignent pas pour la forme *mais pour l'informe, et elles ne sont claires qu'à celui qui ne les pénètre pas, à l'inverse des paroles oraculaires de l'arbre de Dodone — un arbre aussi — qui étaient obscures mais cachaient un sens : celles-ci ne sont claires que parce qu'elles cachent leur manque de sens. De vrai, les descriptions de Ponge commencent au moment supposé où, le monde étant accompli, l'histoire achevée, la nature presque rendue humaine, la parole vient au-devant de la chose et la chose apprend à parler. Ponge surprend ce moment pathétique où se rencontrent, sur la lisière du monde, l'existence encore muette et cette parole, on le sait, meurtrière de l'existence. Du fond du mutisme, il entend l'effort d'un langage venu d'avant le déluge et, dans la parole claire du concept, il reconnaît le travail profond des éléments. Ainsi devient-il la volonté médiatrice de ce qui monte lentement vers la parole et de la parole qui descend lentement vers la terre, en exprimant, non l'existence d'avant le jour, mais l'existence d'après le jour : le monde de la fin du monde.*

Où commence dans une œuvre l'instant où les mots deviennent plus forts que leur sens et où le sens devient plus matériel que le mot ? Quand la prose de Lautréamont perd-elle son nom de prose ? Chaque phrase ne se laisse-t-elle pas comprendre ? Chaque suite de phrases n'est-elle pas logique ? Et les mots ne disent-ils pas ce qu'ils veulent dire ? A quel instant, dans ce dédale d'ordre, dans ce labyrinthe de clarté, le sens s'est-il égaré, à quel détour le raisonnement s'aperçoit-il qu'il a cessé de « suivre », qu'à sa place quelque chose a continué, progressé, conclu, en tout semblable à lui, en quoi il a cru se reconnaître, jusqu'au moment où, réveillé, il découvre cet autre qui a pris sa place ? Mais revient-il sur ses pas pour dénoncer l'intrus, aussitôt l'illusion se dissipe, c'est lui-même qu'il retrouve, la prose à nouveau est prose, de sorte qu'il va plus loin et à nouveau se perd, laissant se substituer à lui une écœurante substance matérielle, pareille à un escalier qui marche, à un couloir qui se déroule, raison dont l'infaillibilité exclut tout raisonneur, logique devenue la « logique des choses ». Où est donc l'œuvre ? Chaque moment a la clarté d'un beau langage qui se parle, mais l'ensemble a le sens opaque d'une chose qui se mange et qui mange, qui dévore, s'engloutit et se reconstitue dans le vain effort pour se changer en rien.

Lautréamont n'est pas un vrai prosateur ? Mais qu'est-ce que le style de Sade, s'il n'est pas de la prose ? Et qui écrit plus clairement que lui ? Qui, formé par le siècle le moins poétique, ignore davantage les soucis d'une littérature en quête d'obscurité ? Et pourtant en quelle œuvre s'entend un bruit aussi impersonnel, aussi inhumain, « murmure gigantesque et obsédant » (dit Jean Paulhan) ? Mais c'est là un simple défaut ! Faiblesse d'un écrivain incapable d'écrire brièvement ! Sans doute, grave défaut : la littérature, la première, l'en accuse. Mais ce qu'elle condamne d'un côté, par un autre côté devient mérite ; ce qu'elle dénonce au nom de l'œuvre, elle l'admire comme expérience ; ce qui paraît illisible, voilà ce qui seul semble digne d'être écrit. Et, au bout, se trouve la gloire ; plus loin, l'oubli ; plus loin, la survie anonyme au sein d'une culture morte ; plus loin, la persévérance dans l'éternité élémentaire. Où est la fin ? Où est cette mort qui est l'espoir du langage ? Mais le langage est la vie qui porte la mort et se maintient en elle.

Si l'on veut ramener la littérature au mouvement qui en rend saisissables toutes les ambiguïtés, il est là : la littérature, comme la parole commune, commence avec la fin qui seule permet de comprendre. *Pour parler, nous devons voir la mort, la voir derrière nous. Quand nous parlons, nous nous appuyons à un tombeau, et ce vide du tombeau est ce qui fait la vérité du langage, mais en même temps le vide est réalité et la mort se fait être. Il y a*

de l'être — c'est-à-dire une vérité logique et exprimable —
et il y a un monde, parce que nous pouvons détruire les
choses et suspendre l'existence. C'est en cela qu'on peut
dire qu'il y a de l'être parce qu'il y a du néant : la mort
est la possibilité de l'homme, elle est sa chance, c'est par
elle que nous reste l'avenir d'un monde achevé; la mort
est le plus grand espoir des hommes, leur seul espoir
d'être hommes. C'est pourquoi l'existence est leur seule
véritable angoisse, comme l'a bien montré Emmanuel
Levinas[1]; l'existence leur fait peur, non à cause de la
mort qui pourrait y mettre un terme, mais parce qu'elle
exclut la mort, parce qu'en dessous de la mort elle est
encore là, présence au fond de l'absence, jour inexorable
sur lequel se lèvent et se couchent tous les jours. Et
mourir, sans doute, est-ce notre souci. Mais pourquoi ?
C'est que nous qui mourons, nous quittons justement et
le monde et la mort. Tel est le paradoxe de l'heure
dernière. La mort travaille avec nous dans le monde;
pouvoir qui humanise la nature, qui élève l'existence à
l'être, elle est en nous, comme notre part la plus
humaine; elle n'est mort que dans le monde, l'homme ne
la connaît que parce qu'il est homme, et il n'est homme
que parce qu'il est la mort en devenir. Mais mourir, c'est
briser le monde; c'est perdre l'homme, anéantir l'être;
c'est donc aussi perdre la mort, perdre ce qui en elle et
pour moi faisait d'elle la mort. Tant que je vis, je suis un
homme mortel, mais, quand je meurs, cessant d'être un
homme, je cesse aussi d'être mortel, je ne suis plus
capable de mourir, et la mort qui s'annonce me fait
horreur, parce que je la vois telle qu'elle est : non plus
mort, mais impossibilité de mourir.

---

1. « L'angoise devant l'être, écrit-il, — l'horreur de l'être — n'est-elle pas aussi originelle que l'angoisse devant la mort ? La peur d'être aussi originelle que la peur pour l'être ? Plus originelle même, car de celle-ci il pourrait être rendu compte par celle-là. » *(De l'existence à l'existant.)*

De l'impossibilité de la mort, certaines religions ont fait l'immortalité. C'est-à-dire qu'elles ont essayé « d'humaniser » le fait même qui signifie : « Je cesse d'être un homme. » Mais seul le mouvement contraire rend la mort impossible : par la mort, je perds l'avantage d'être mortel, parce que je perds la possibilité d'être homme ; être homme par-delà la mort ne pourrait avoir que ce sens étrange : être, malgré la mort, toujours capable de mourir, continuer comme si de rien n'était avec, comme horizon et le même espoir, la mort qui n'aurait d'autre issue qu'un « continuez comme si de rien n'était », etc. C'est ce que d'autres religions ont appelé la malédiction des renaissances : on meurt, mais on meurt mal parce qu'on a mal vécu, on est condamné à revivre, et on revit jusqu'à ce qu'étant devenu tout à fait homme, on devienne, en mourant, un homme bienheureux : un homme vraiment mort. Kafka, par la Kabbale et les traditions orientales, a hérité ce thème. L'homme entre dans la nuit, mais la nuit conduit au réveil, et le voilà vermine. Ou bien l'homme meurt, mais en réalité il vit ; il va de ville en ville, porté par les fleuves, reconnu des uns, aidé de personne, l'erreur de la mort ancienne ricanant à son chevet ; c'est une condition étrange, il a oublié de mourir. Mais un autre croit vivre, c'est qu'il a oublié sa mort, et un autre, se sachant mort, lutte en vain pour mourir ; la mort, c'est là-bas, le grand château que l'on ne peut atteindre, et la vie, c'était là-bas, le pays natal que l'on a quitté sur un faux appel ; maintenant, il ne reste plus qu'à lutter, à travailler pour mourir complètement, mais lutter c'est vivre encore ; et tout ce qui rapproche du but rend le but inaccessible.

Kafka n'a pas fait de ce thème l'expression d'un drame de l'au-delà, mais il a cherché à ressaisir par lui le fait présent de notre condition. Il a vu dans la littérature le moyen le meilleur, non seulement pour décrire cette condition, mais même pour essayer de lui trouver une issue. C'est là une belle louange, mais est-elle méritée ? Il est vrai qu'il y a dans la littérature une rouerie puissante, une mauvaise foi mystérieuse qui, lui permettant de jouer constamment sur deux tableaux, donne aux plus honnêtes l'espoir déraisonnable de perdre et cependant d'avoir gagné. D'abord, elle travaille, elle aussi, à l'avènement du monde ; elle est civilisation et culture. A ce titre, elle unit déjà deux mouvements contradictoires. Elle est négation, car elle repousse dans le néant le côté inhumain, non déterminé, des choses, elle les définit, les rend finies, et c'est en ce sens qu'elle est vraiment l'œuvre de la mort dans le monde. Mais, en même temps, après avoir nié les choses dans leur existence, elle les conserve dans leur être : elle fait que les choses ont un sens, et la négation qui est la mort au travail est aussi l'avènement du sens, la compréhension en acte. La littérature a, en outre, un privilège : elle dépasse le lieu et le moment actuels pour se placer à la périphérie du monde et comme à la fin du temps, et c'est de là qu'elle parle des choses et qu'elle s'occupe des hommes. A ce nouveau pouvoir, il semble qu'elle gagne une autorité éminente. En révélant à chaque moment le tout dont il fait partie, elle l'aide à prendre conscience de ce tout qu'il n'est pas et à devenir un autre moment qui sera moment d'un autre tout : ainsi de suite ; par là, elle peut se dire le plus grand ferment de l'histoire. Mais il s'ensuit un inconvénient : ce tout qu'elle représente n'est pas une simple idée, puisqu'il est réalisé et non pas formulé abstraitement, mais il n'est pas réalisé d'une manière objective, car ce qui est réel en lui, ce n'est pas le tout, mais le langage particulier d'une œuvre particulière, elle-même immergée dans l'histoire ; en outre, le tout ne se donne pas comme réel, mais comme fictif, c'est-à-dire justement comme tout : perspective du monde, prise de ce point imaginaire où le monde peut-être vu dans son ensemble ; il s'agit donc d'une vue du monde qui se réalise, comme irréelle, à partir de la réalité propre du langage. Or, qu'en résulte-t-il ? Du côté de la tâche qu'est le monde, la littérature est maintenant regardée plutôt comme une gêne que comme une aide sérieuse ; elle n'est pas le résultat d'un vrai travail, puisqu'elle n'est pas réalité, mais réalisation d'un point de vue qui reste irréel ; elle est étrangère à toute vraie culture, car la culture, c'est le travail d'un homme se transformant peu à peu dans le temps et non la jouissance immédiate d'une transformation fictive qui congédie et le temps et le travail.

Déboutée de l'histoire, la littérature joue sur un autre tableau. Si elle n'est pas réellement dans le monde, travaillant à faire le monde, c'est que, par son manque d'être (de réalité intelligible), elle se rapporte à l'existence encore inhumaine. Oui, elle le reconnaît, il y a dans sa nature un glissement étrange entre être et ne pas être, présence, absence, réalité et irréalité. Qu'est-ce qu'une œuvre ? Des mots réels et une histoire imaginaire, un monde où tout ce qui arrive est emprunté à la réalité, et ce monde est inaccessible ; des personnages qui se donnent pour vivants, mais nous savons que leur vie est de ne pas vivre (de rester une fiction) ; alors, un pur néant ? Mais le livre est là qu'on touche, les mots se lisent qu'on ne peut changer ; le néant d'une idée, de ce qui n'existe que compris ? Mais la fiction n'est pas comprise, elle est vécue sur les mots à partir desquels elle se réalise, et elle est plus réelle, pour moi qui la lis ou l'écris, que bien des événements réels, car elle s'imprègne de toute la réalité du langage et elle se substitue à ma vie, à force d'exister. La littérature n'agit pas : mais c'est qu'elle plonge dans ce fond d'existence qui n'est ni être ni néant et où l'espoir de rien faire est radicalement supprimé. Elle n'est pas explication, ni pure compréhension, car l'inexplicable se présente en elle. Et elle exprime sans exprimer, offrant son langage à ce qui se murmure dans l'absence de parole. La littérature apparaît alors liée à l'étrangeté de l'existence que l'être a rejetée et qui échappe à toute catégorie. L'écrivain se sent la proie d'une puissance impersonnelle qui ne le laisse ni vivre ni mourir : l'irresponsabilité qu'il ne peut surmonter devient la traduction de cette mort sans mort qui l'attend au bord du néant ; l'immortalité littéraire est le mouvement même par lequel, jusque dans le monde, un monde miné par l'existence brute, s'insinue la nausée d'une survie qui n'en est pas une, d'une mort qui ne met fin à rien. L'écrivain qui écrit une œuvre se supprime dans cette œuvre, et il s'affirme en elle. S'il l'a écrite pour se défaire de soi, il se trouve que cette œuvre l'engage et le rappelle à lui, et s'il l'écrit pour se manifester et vivre en elle, il voit que ce qu'il a fait n'est rien, que la plus grande œuvre ne vaut pas l'acte le plus insignifiant, et qu'elle le condamne à une existence qui n'est pas la sienne et à une vie qui n'est pas de la vie. Ou encore, il a écrit parce qu'il a entendu, au fond du langage, ce travail de la mort qui prépare les êtres à la vérité de leur nom : il a travaillé pour ce néant et il a été lui-même un néant au travail. Mais, à réaliser le vide, on crée une œuvre, et l'œuvre, née de la fidélité à la mort, n'est finalement plus capable de mourir et, à celui qui a voulu se préparer une mort sans histoire, elle n'apporte que la dérision de l'immortalité.

Où est donc le pouvoir de la littérature ? Elle joue à travailler dans le monde, et le monde tient son travail pour un jeu nul ou dangereux. Elle s'ouvre une voie vers l'obscurité de l'existence, et elle ne réussit pas à prononcer le « Jamais plus » qui en suspendrait la malédiction. Où est donc sa force ? Pourquoi un homme, comme Kafka, jugeait-il que s'il lui fallait manquer son destin, être écrivain demeurait pour lui la seule manière de le manquer avec vérité ? Cela est peut-être une énigme indéchiffrable, mais si c'en est une, le mystère vient alors du droit de la littérature à affecter indifféremment chacun de ses moments et chacun de ses résultats du

La littérature et le droit à la mort 57

signe négatif ou du signe positif. Étrange droit, qui est lié à la question de l'ambiguïté en général. Pourquoi y a-t-il de l'ambiguïté dans le monde ? L'ambiguïté est sa propre réponse. On ne lui répond qu'en la retrouvant dans l'ambiguïté de la réponse, et la réponse ambiguë est une question au sujet de l'ambiguïté. L'un de ses moyens de séduction est le désir qu'elle fait naître de la tirer au clair, lutte qui ressemble à la lutte contre le mal dont parle Kafka et qui finit dans le mal, « telle la lutte avec les femmes, qui finit au lit ».

La littérature est le langage qui se fait ambiguïté. La langue courante n'est pas nécessairement claire, elle ne dit pas toujours ce qu'elle dit, le malentendu est aussi une de ses voies. Cela est inévitable, on ne parle qu'en faisant du mot un monstre à deux faces, réalité qui est présence matérielle et sens qui est absence idéale. Mais la langue courante limite l'équivoque. Elle enferme solidement l'absence dans une présence, elle met un terme à l'entente, au mouvement indéfini de la compréhension ; l'entente est limitée, mais le malentendu aussi est limité. Dans la littérature, l'ambiguïté est comme livrée à ses excès par les facilités qu'elle trouve et épuisée par l'étendue des abus qu'elle peut commettre. On dirait que s'offre un piège caché pour qu'elle dévoile ses propres pièges et qu'en se livrant à elle sans réserve, la littérature essaie de la retenir, hors de la vue du monde et hors de la pensée du monde, dans un domaine où elle s'accomplit sans rien mettre en péril. L'ambiguïté est là aux prises avec elle-même. Non seulement, chaque moment du langage peut devenir ambigu et dire autre chose qu'il ne dit, mais le sens général du langage est incertain, dont on ne sait s'il exprime ou s'il représente, s'il est une chose ou s'il la signifie ; s'il est là pour être oublié ou s'il ne se fait oublier que pour qu'on le voie ; s'il est transparent à cause du peu de sens de ce qu'il dit ou clair par l'exactitude avec laquelle il le dit, obscur parce qu'il dit trop, opaque parce qu'il ne dit rien. L'ambiguïté est partout : dans l'apparence futile, mais ce qu'il y a de plus frivole peut être le masque du sérieux ; dans son désintéressement, mais derrière ce désintéressement il y a les puissances du monde avec lesquelles elle pactise en les ignorant ou encore c'est dans ce désintéressement qu'elle sauvegarde le caractère absolu des valeurs sans lesquelles l'action s'arrêterait ou deviendrait mortelle ; son irréalité est donc principe d'action et incapacité d'agir : de même que la fiction est en elle vérité et aussi bien indifférence à la vérité ; de même que si elle se lie à la morale, elle se corrompt et si elle repousse la morale, elle se pervertit encore ; de même qu'elle n'est rien, si elle n'est pas sa propre fin, mais elle ne peut pas avoir sa fin en elle, car elle est sans fin, elle s'achève en dehors d'elle-même, dans l'histoire, etc.

Tous ces renversements du pour au contre — et ceux qu'ont évoqués ces pages — s'expliquent sans doute par des causes très diverses. On a vu que la littérature se donne des tâches inconciliables. On a vu que de l'écrivain au lecteur, du travail à l'œuvre, elle passe par des moments opposés et ne se reconnaît que dans l'affirmation de tous les moments qui s'opposent. Mais, toutes ces contradictions, ces exigences hostiles, ces divisions et ces contrariétés, si différentes d'origine, d'espèce et de signification, renvoient toutes à une ambiguïté ultime, dont l'étrange effet est d'attirer la littérature en un point instable où elle peut changer indifféremment et de sens et de signe.

Cette ultime vicissitude tient l'œuvre en suspens de telle sorte que celle-ci peut à son gré prendre une valeur positive ou une valeur négative et, comme si elle pivotait invisiblement autour d'un axe invisible, entrer dans le jour des affirmations ou le contre-jour des négations, sans que le style, le genre, le sujet puissent rendre compte de cette transformation radicale. Le contenu des mots, ni leur forme, n'est en cause. Obscure, claire, poétique, prosaïque, insignifiante, importante, parlant du galet, parlant de Dieu, quelque chose dans l'œuvre est présent qui ne dépend pas de ses caractères et qui au fond d'elle-même est toujours en voie de la modifier de fond en comble. Tout se passe comme si, au sein de la littérature et du langage, par-delà les mouvements apparents qui les transforment, était réservé un point d'instabilité, une puissance de métamorphose substantielle, capable de tout en changer sans rien en changer. Cette instabilité peut passer pour l'effet d'une force désagrégeante, car par elle l'œuvre la plus forte et la plus chargée de forces peut devenir une œuvre de malheur et de ruine, mais cette désagrégation est aussi construction, si brusquement par elle la détresse se fait espoir et la destruction élément de l'indestructible. Comment une telle imminence de changement, donnée dans la profondeur du langage en dehors du sens qui l'affecte et de la réalité de ce langage, peut-elle être cependant présente dans ce sens et dans cette réalité ? Dans le mot, le sens de ce mot introduirait-il avec soi quelque chose qui, tout en garantissant sa signification précise et sans porter atteinte à celle-ci, serait capable de le modifier complètement et de modifier la valeur matérielle du mot ? Y aurait-il, cachée dans l'intimité de la parole, une force amie et ennemie, une arme faite pour construire et pour détruire, qui agirait derrière la signification et non sur la signification ? Faut-il supposer un sens du sens des mots qui, tout en le déterminant, envelopperait cette détermination d'une indétermination ambiguë en instance entre le oui et le non ?

Mais nous n'avons rien à supposer : ce sens du sens des mots, qui est aussi bien le mouvement du mot vers sa vérité que son retour, par la réalité du langage, au fond obscur de l'existence, cette absence par laquelle la chose est anéantie, détruite pour devenir être et idée, nous *l'avons longuement interrogée. Elle est* cette vie qui porte la mort et se maintient en elle, *la mort, le pouvoir prodigieux du négatif, ou encore la liberté, par le travail de quoi l'existence est détachée d'elle-même et rendue significative. Or, rien ne peut faire que, dans le moment où elle travaille à la compréhension des choses et, dans le langage, à la spécification des mots, cette puissance ne s'affirme encore comme une possibilité toujours autre et ne perpétue un* double sens *irréductible, une alternative dont les termes se recouvrent dans une ambiguïté qui les rend identiques en les rendant opposés.*

Si nous appelons cette puissance la négation ou l'irréalité ou la mort, tantôt la mort, la négation, l'irréalité, travaillant au fond du langage, y signifient l'avènement de la vérité dans le monde, l'être intelligible qui se construit, le sens qui se forme. Mais, tout aussitôt, le signe change : le sens ne représente plus la merveille de comprendre, mais nous renvoie au néant de la mort, et l'être intelligible ne signifie que le refus de l'existence, et le souci absolu de la vérité se traduit par l'impuissance à agir vraiment. Ou bien la mort se montre comme la puissance civilisatrice qui aboutit à la compréhension de l'être. Mais, en même temps, la mort qui aboutit à l'être représente la folie absurde, la malédiction de l'existence qui réunit en soi mort et être et n'est ni être ni mort. La mort aboutit à l'être : tel est l'espoir et telle est la tâche de l'homme, car le néant même aide à faire le monde, le néant est créateur du monde en l'homme qui travaille et comprend. La mort aboutit à l'être : telle est la déchirure de l'homme, l'origine de son sort malheureux, car par l'homme la mort vient à l'être et par l'homme le sens repose sur le néant ; nous ne comprenons qu'en nous privant d'exister, en rendant la mort possible, *en infectant ce que nous comprenons du néant de la mort, de sorte que, si nous sortons de l'être, nous tombons hors de la possibilité de la mort, et l'issue devient la disparition de toute issue.*

Dans ce double sens initial, qui est au fond de toute parole comme une condamnation encore ignorée et un bonheur encore invisible, la littérature trouve son origine, car elle est la forme qu'il a choisie pour se manifester derrière le sens et la valeur des mots, et la question qu'il pose est la question que pose la littérature.

LA LECTURE DE KAFKA

Kafka a peut-être voulu détruire son œuvre, parce qu'elle lui semblait condamnée à accroître le malentendu universel. Quand on observe le désordre dans lequel nous est livrée cette œuvre, ce qu'on nous en fait connaître, ce qu'on en dissimule, la lumière partielle qu'on jette sur tel ou tel fragment, l'éparpillement de textes eux-mêmes déjà inachevés et qu'on divise toujours plus, qu'on réduit en poussière, comme s'il s'agissait de reliques dont la vertu serait indivisible, quand on voit cette œuvre plutôt silencieuse envahie par le bavardage des commentaires, ces livres impubliables devenus la matière de publications infinies, cette création intemporelle changée en une glose de l'histoire, on en vient à se demander si Kafka lui-même avait prévu un pareil désastre dans un pareil triomphe. Son désir a peut-être été de disparaître, discrètement, comme une énigme qui veut échapper au regard. Mais cette discrétion l'a livré au public, ce secret l'a rendu glorieux. Maintenant, l'énigme s'étale partout, elle est le grand jour, elle est sa propre mise en scène. Que faire ?

Kafka n'a voulu être qu'un écrivain, le *Journal intime* nous le montre, mais le *Journal* achève de nous faire voir en Kafka plus qu'un écrivain ; il donne le pas à celui qui a vécu sur celui qui a écrit : c'est lui désormais que nous cherchons dans son œuvre. Cette œuvre forme les restes épars d'une existence qu'elle nous aide à comprendre, témoin sans prix d'un destin d'exception qui, sans elle, fût resté invisible. Peut-être est-ce l'étrangeté de livres comme *Le Procès* ou *Le Château* de nous renvoyer sans cesse à une vérité extralittéraire, alors que nous commençons à trahir cette vérité, dès qu'elle nous attire hors de la littérature avec laquelle elle ne peut pourtant pas se confondre.

Ce mouvement est inévitable. Tous les commentateurs nous supplient de chercher dans ces récits des récits : les événements ne signifient qu'eux-mêmes, l'arpenteur est bien un arpenteur. Ne substituez pas « au déroulement des événements qui doit être pris comme un récit réel des constructions dialectiques » (Claude-Edmonde Magny). Mais quelques pages plus loin : on peut « trouver dans l'œuvre de Kafka une théorie de la responsabilité, des vues sur la causalité, enfin une interprétation d'ensemble de la destinée humaine, suffisamment cohérentes toutes trois et assez indépendantes de leur forme romanesque pour supporter d'être transposées en termes purement intellectuels [1] ». Cette contradiction peut paraître bizarre. Et il est vrai qu'on a souvent traduit ces textes avec une décision péremptoire, un mépris évident de leur caractère artistique. Mais il est vrai aussi que Kafka lui-même a donné l'exemple en commentant parfois ses contes et en cherchant à en éclaircir le sens. La différence, c'est qu'à part quelques détails dont il nous explique la genèse, non la signification, il ne transpose pas le récit sur un plan qui puisse nous le rendre plus saisissable : son langage de commentateur s'enfonce dans la fiction et ne s'en distingue pas.

1. Claude-Edmonde Magny, *Les Sandales d'Empédocle*.

Le *Journal* est rempli de remarques qui semblent liées à un savoir théorique, facile à reconnaître. Mais ces pensées restent étrangères à la généralité dont elles empruntent la forme : elles y sont comme en exil, elles retombent dans un mode équivoque qui ne permet de les entendre ni comme l'expression d'un événement unique ni comme l'explication d'une vérité universelle. La pensée de Kafka ne se rapporte pas à une règle uniformément valable, mais elle n'est pas davantage le simple repère d'un fait particulier à sa vie. Elle est une nage fuyante entre ces deux eaux. Dès qu'elle devient la transposition d'une suite d'événements qui se sont réellement produits (comme c'est le cas dans un journal), elle passe insensiblement à la recherche du sens de ces événements, elle veut en poursuivre l'approche. C'est alors que le récit commence à se fondre avec son explication, mais l'explication n'en est pas une, elle ne vient pas à bout de ce qu'elle doit expliquer et surtout elle ne réussit pas à le survoler. C'est comme si elle était attirée, par sa propre pesanteur, vers la particularité dont elle doit rompre le caractère clos : le sens qu'elle met en branle erre autour des faits, il n'est explication que s'il s'en dégage, mais il n'est explication que s'il en est inséparable. Les méandres infinis de la réflexion, ses recommencements à partir d'une image qui la brise, la rigueur minutieuse du raisonnement appliqué à un objet nul constituent les modes d'une pensée qui joue à la généralité mais n'est pensée que prise dans l'épaisseur du monde réduit à l'unique.

Mme Magny remarque que Kafka n'écrit jamais une platitude, et cela non par un raffinement extrême de l'intelligence, mais par une sorte d'indifférence congénitale aux idées reçues. Cette pensée est en effet rarement banale, mais c'est qu'elle n'est pas non plus tout à fait une pensée ; elle est singulière, c'est-à-dire justement propre à un seul, elle a beau employer des termes abstraits, comme positif, négatif, bien, mal, elle ressemble davantage à une histoire strictement individuelle dont les moments seraient des événements obscurs qui, ne s'étant encore jamais produits, ne se reproduiront jamais. Kafka, dans son essai d'autobiographie, s'est décrit comme un ensemble de particularités, parfois secrètes, parfois déclarées, se heurtant sans cesse à la règle et ne pouvant ni se faire reconnaître ni se supprimer. C'est là un conflit dont Kierkegaard a approfondi le sens, mais Kierkegaard avait pris le parti du secret, Kafka ne peut prendre aucun parti. Cache-t-il ce qu'il a d'étrange, il se déteste, lui et son destin, il se tient pour mauvais ou damné ; veut-il jeter son secret dehors, ce secret n'est pas reconnu par la collectivité qui le lui rend et le lui impose à nouveau.

L'allégorie, le symbole, la fiction mythique dont ses œuvres nous présentent les développements extraordinaires, sont rendus indispensables chez Kafka par le caractère de sa méditation. Celle-ci oscille entre les deux pôles de la solitude et de la loi, du silence et du mot commun. Elle ne peut atteindre ni l'un ni l'autre, et cette oscillation est aussi une tentative pour sortir de l'oscillation. Sa pensée ne peut trouver le repos dans le général, mais quoiqu'elle se plaigne parfois de sa folie et de son confinement, elle n'est pas non plus l'absolue solitude, car elle parle de cette solitude ; elle n'est pas le non-sens, car elle a pour sens ce non-sens ; elle n'est pas hors la loi, car c'est sa loi, ce bannissement qui déjà la réconcilie. On peut dire de l'absurde dont on voudrait faire la mesure de cette pensée ce qu'il dit lui-même du peuple des cloportes : « Essaie seulement de te faire comprendre du cloporte : si tu arrives à lui demander le but de son travail, tu auras du même coup exterminé le peuple des cloportes. » Dès que la pensée rencontre l'absurde, cette rencontre signifie la fin de l'absurde.

Ainsi, tous les textes de Kafka sont-ils condamnés à raconter quelque chose d'unique et à ne paraître le raconter que pour en exprimer la signification générale. Le récit, c'est la pensée devenue une suite d'événements injustifiables et incompréhensibles, et la signification qui hante le récit, c'est la même pensée se poursuivant à travers l'incompréhensible comme le sens commun qui le renverse. Celui qui en reste à l'histoire pénètre dans quelque chose d'opaque dont il ne se rend pas compte, et celui qui s'en tient à la signification ne peut rejoindre l'obscurité dont elle est la lumière dénonciatrice. Les deux lecteurs ne peuvent jamais se rattraper, on est l'un, puis l'autre, on comprend toujours plus ou toujours moins qu'il ne faut. La vraie lecture reste impossible.

Celui qui lit Kafka est donc forcément transformé en menteur, et pas tout à fait en menteur. C'est là l'anxiété propre à cet art, plus profonde sans doute que l'angoisse sur notre destin dont il paraît souvent la mise en thème. Nous faisons l'expérience immédiate d'une imposture que nous croyons pouvoir éviter, — contre laquelle nous luttons (par le rapprochement d'interprétations contraires), et cet effort est trompeur, — à laquelle nous consentons, et cette paresse est trahison. Subtilité, astuce, candeur, loyauté, négligence sont également les moyens d'une erreur (d'une tromperie) qui est dans la vérité des mots, dans leur puissance exemplaire, dans leur clarté, leur intérêt, leur assurance, leur pouvoir de nous entraîner, de nous laisser, de nous reprendre, dans la foi indéfectible en leur sens qui n'accepte ni qu'on lui manque ni qu'on le suive.

Comment nous représenter ce monde qui nous échappe, non parce qu'il est insaisissable, parce qu'au contraire il y a peut-être trop à saisir ? Les commentateurs ne sont pas même foncièrement en désaccord. Ils usent à peu près des mêmes mots : l'absurde, la contingence, la volonté de se faire une place dans le monde, l'impossibilité de s'y tenir, le désir de Dieu, l'absence de Dieu, le désespoir, l'angoisse. Et cependant, de qui parlent-ils ? Pour les uns, c'est un penseur religieux qui croit en l'absolu, qui espère même en lui, qui en tout cas lutte sans fin pour l'atteindre. Pour d'autres, c'est un humaniste qui vit dans un monde sans recours et, pour ne pas en accroître le désordre, reste le plus possible en repos. Selon Max Brod, Kafka a trouvé plusieurs issues vers Dieu. Selon Mme Magny, Kafka trouve sa principale ressource dans l'athéisme. Pour un autre, il y a bien un monde de l'au-delà, mais il est inaccessible, peut-être mauvais, peut-être absurde. Pour un autre, il n'y a ni au-delà, ni mouvement vers l'au-delà ; nous sommes dans l'immanence, ce qui compte, c'est le sentiment, toujours présent, de notre finitude et l'énigme irrésolue à laquelle elle nous réduit. Jean Starobinski : « Un homme frappé d'un mal étrange, tel nous apparaît Fr. Kafka... Un homme ici se voit dévorer. » Et Pierre Klossowski : « Le *Journal* de Kafka est... le journal d'un malade qui désire la guérison. Il veut la santé... il croit donc à la santé. » Et le même encore : « Nous ne pouvons en aucun cas parler de lui comme s'il n'avait pas eu de vision finale. » Et Starobinski : « ... il n'y a pas de dernier mot, il ne peut pas y avoir de dernier mot ».

Ces textes reflètent le malaise d'une lecture qui cherche à conserver l'énigme et la solution, le malentendu et l'expression de ce malentendu, la possibilité de lire dans l'impossibilité d'interpréter cette lecture. Même l'ambiguïté ne nous satisfait pas, l'ambiguïté est un subterfuge qui saisit la vérité sur le mode du glissement, du passage, mais la vérité qui attend ces écrits est peut-être unique et simple. Il n'est pas sûr qu'on comprenne mieux Kafka si à chaque affirmation on oppose une affirmation qui la dérange, si on nuance infiniment les thèmes par d'autres différemment orientés. La contradiction ne règne pas dans ce monde qui exclut la foi mais non la recherche de la foi, l'espoir mais non l'espoir de l'espoir, la vérité ici-bas et au-delà mais non l'appel à une vérité absolument dernière. Il est bien vrai qu'expliquer une telle œuvre en se référant à la condition historique et religieuse de celui qui l'a écrite, en faisant de lui une sorte de Max Brod supérieur, est un tour de passe-passe peu satisfaisant, mais il est vrai aussi que si ses mythes et ses fictions sont sans lien avec le passé, leur sens nous renvoie à des éléments que ce passé éclaire, à des problèmes qui ne se poseraient sans doute pas de la même façon s'ils n'étaient déjà théologiques, religieux, imprégnés de l'esprit déchiré de la conscience malheureuse. C'est pourquoi, on peut être également gêné par toutes les interprétations qu'on nous propose, mais on ne peut pas dire qu'elles se valent toutes, qu'elles soient toutes également vraies ou également fausses, indifférentes à leur objet ou vraies seulement dans leur désaccord.

Les principaux récits de Kafka sont des fragments, l'ensemble de l'œuvre est un fragment. Ce manque pourrait expliquer l'incertitude qui rend instables, sans en changer la direction, la forme et le contenu de leur lecture. Mais ce manque n'est pas accidentel. Il est incorporé au sens même qu'il mutile ; il coïncide avec la représentation d'une absence qui n'est ni tolérée ni rejetée. Les pages que nous lisons ont la plus extrême plénitude, elles annoncent une œuvre à qui rien ne fait défaut, et d'ailleurs toute l'œuvre est comme donnée dans ces développements minutieux qui s'interrompent brusquement, comme s'il n'y avait plus rien à dire. Rien ne leur manque, même pas ce manque qui est leur objet : ce n'est pas une lacune, c'est le signe d'une impossibilité qui est partout présente et n'est jamais admise — impossibilité de l'existence commune, impossibilité de la solitude, impossibilité de s'en tenir à ces impossibilités.

Ce qui rend angoissant notre effort pour lire, ce n'est pas la coexistence d'interprétations différentes, c'est, pour chaque thème, la possibilité mystérieuse d'apparaître tantôt avec un sens négatif, tantôt avec un sens positif. Ce monde est un monde d'espoir et un monde condamné, un univers à jamais clos et un univers infini, celui de l'injustice et celui de la faute. Ce que lui-même dit de la connaissance religieuse : « La connaissance est à la fois degré menant à la vie éternelle et obstacle dressé devant cette vie », doit se dire de son œuvre : tout y est obstacle, mais tout aussi peut y devenir degré. Peu de textes sont plus sombres, et pourtant, même ceux dont le dénouement est sans espoir, restent prêts à se renverser pour exprimer une possibilité ultime, un triomphe ignoré, le rayonnement d'une prétention inaccessible. A force de creuser le négatif, il lui donne une chance de devenir positif, une chance seulement, une chance qui ne se réalise jamais tout à fait et à travers laquelle son contraire ne cesse de transparaître.

Toute l'œuvre de Kafka est à la recherche d'une affirmation qu'elle voudrait gagner par la négation, affirmation qui, dès qu'elle se profile, se dérobe, apparaît mensonge et ainsi s'exclut de l'affirmation, rendant à nouveau l'affirmation possible. C'est pour cette raison qu'il paraît si insolite de dire d'un tel monde qu'il ignore la transcendance. La transcendance est justement cette affirmation qui ne peut s'affirmer que par la négation. Du fait qu'elle est niée, elle existe ; du fait qu'elle n'est pas là, elle est présente. Le Dieu mort a trouvé dans cette œuvre une sorte de revanche impressionnante. Car sa mort ne le prive ni de sa puissance, ni de son autorité infinie, ni de son infaillibilité : mort, il n'est que plus terrible, plus invulnérable, dans un combat où il n'y a plus de possibilité de le vaincre. C'est avec une transcendance morte que nous sommes aux prises, c'est un empereur mort que représente le fonctionnaire de *La Muraille de Chine*, c'est, dans *Le Bagne*, l'ancien commandant défunt que la machine de torture rend toujours présent. Et, comme le remarque J. Starobinski, n'est-il pas mort, le juge suprême du *Procès* qui ne peut que condamner à mort parce que c'est la mort qui est sa puissance, la mort qui est sa vérité et non pas la vie ?

L'ambiguïté du négatif est liée à l'ambiguïté de la mort. Dieu est mort, cela peut signifier cette vérité encore plus dure : la mort n'est pas possible. Au cours d'un bref récit, intitulé *Le Chasseur Gracchus*, Kafka nous raconte l'équipée d'un chasseur de la Forêt-Noire qui, ayant succombé à une chute dans un ravin, n'a cependant pas réussi à gagner l'au-delà — et maintenant il est vivant et il est mort. Il avait joyeusement accepté la vie et joyeusement accepté la fin de sa vie — une fois tué, il attendait sa mort dans la joie : il était étendu et il attendait. « Alors, dit-il, arriva le malheur. » Ce malheur, c'est l'impossibilité de la mort, c'est la dérision jetée sur les grands subterfuges humains, la nuit, le néant, le silence. Il n'y a pas de fin, il n'y a pas de possibilité d'en finir avec le jour, avec le sens des choses, avec l'espoir ; telle est la vérité dont l'homme d'Occident a fait un symbole de félicité, qu'il a cherché à rendre supportable en en dégageant la pente heureuse, celle de l'immortalité, d'une survivance qui compenserait la vie. Mais cette survivance, c'est notre vie même. « Après la mort d'un homme, dit Kafka, un silence particulièrement bienfaisant intervient pour peu de temps sur la terre par rapport aux morts, une fièvre terrestre a pris fin, on ne voit plus un mourir se poursuivre, une erreur semble écartée, même pour les vivants c'est une occasion de reprendre haleine, aussi ouvre-t-on la fenêtre de la chambre mortuaire — jusqu'à ce que cette détente apparaisse illusoire et que commencent la douleur et les lamentations. »

Kafka dit encore : « Les lamentations au chevet du mort ont en somme pour objet le fait qu'il n'est pas mort au vrai sens du mot. Il faut encore nous contenter de cette façon de mourir : nous continuons à jouer le jeu. » Et ceci qui n'est pas moins clair : « Notre salut est la mort, mais non pas celle-ci. » Nous ne mourons pas, voilà la vérité, mais il en résulte que nous ne vivons pas non plus, nous sommes morts de notre vivant, nous sommes essentiellement des survivants. Ainsi la mort finit-elle notre vie, mais elle ne finit pas notre possibilité de mourir; elle est réelle comme fin de la vie et apparente comme fin de la mort. De là cette équivoque, cette double équivoque qui donne de l'étrangeté aux moindres gestes de tous ces personnages : sont-ils, comme le chasseur Gracchus, des morts qui achèvent vainement de mourir, des êtres dissous dans on ne sait quelles eaux et que l'erreur de leur mort ancienne maintient, avec le ricanement qui lui est propre mais aussi avec sa douceur, sa courtoisie infinie, dans le décor familier des choses évidentes ? Ou bien, sont-ils des vivants qui luttent, sans le comprendre, avec de grands ennemis morts, avec quelque chose qui est fini et qui n'est pas fini, qu'ils font renaître en le repoussant, qu'ils écartent lorsqu'ils le recherchent ? Car c'est là l'origine de notre anxiété. Elle ne vient pas seulement de ce néant au-dessus duquel, nous dit-on, la réalité humaine émergerait pour y retomber, elle vient de la crainte que ce refuge même ne nous soit enlevé, qu'il n'y ait pas rien, que ce rien ne soit encore de l'être. Du moment que nous ne pouvons sortir de l'existence, cette existence n'est pas achevée, elle ne peut être vécue pleinement, — et notre combat pour vivre est un combat aveugle qui ignore qu'il combat pour mourir et qui s'englue dans une possibilité toujours plus pauvre. Notre salut est dans la mort, mais l'espoir c'est vivre. Il s'ensuit que nous ne sommes jamais sauvés et jamais non plus désespérés, et c'est en quelque sorte notre espoir qui nous perd, c'est l'espoir qui est le signe de notre détresse, de telle sorte que la détresse a aussi une valeur libératrice et nous conduit à espérer (« Ne pas désespérer même de ce que tu ne désespères pas... C'est justement ce qui s'appelle vivre »).

Si chaque terme, chaque image, chaque récit est capable de signifier son contraire — et ce contraire aussi —, il faut donc en chercher la cause dans cette transcendance de la mort qui la rend attirante, irréelle et impossible et qui nous enlève le seul terme vraiment absolu, sans cependant nous enlever son mirage. C'est la mort qui nous domine, mais elle nous domine de son impossibilité, et cela veut dire que nous ne sommes pas nés (« Ma vie est l'hésitation devant la naissance ») mais aussi bien que nous sommes absents de notre mort (« Sans cesse tu parles de mort et pourtant tu ne meurs pas »). Si la nuit, soudain, est mise en doute, alors il n'y a plus ni jour ni nuit, il n'y a plus qu'une lumière vague, crépusculaire, qui est tantôt souvenir du jour tantôt regret de la nuit, fin du soleil et soleil de la fin. L'existence est interminable, elle n'est plus qu'un indéterminé dont nous ne savons si nous en sommes exclus (et c'est pourquoi nous y cherchons vainement des prises solides) ou à jamais enfermés (et nous nous tournons désespérément vers le dehors). Cette existence est un exil au sens le plus fort : nous n'y sommes pas, nous y sommes ailleurs et jamais nous ne cesserons d'y être.

Le thème de *La Métamorphose* est une illustration de

ce tourment de la littérature qui a son manque pour objet et qui entraîne le lecteur dans une giration où espoir et détresse se répondent sans fin. L'état de Grégoire est l'état même de l'être qui ne peut pas quitter l'existence, pour qui exister c'est être condamné à retomber toujours dans l'existence. Devenu une vermine, il continue à vivre sur le mode de la déchéance, il s'enfonce dans la solitude animale, il s'approche, au plus près de l'absurdité et de l'impossibilité de vivre. Mais, que se passe-t-il ? Précisément, il continue de vivre ; il ne cherche même pas à sortir de son malheur, mais à l'intérieur de ce malheur il transporte une dernière ressource, un dernier espoir, il lutte encore pour sa place sous le canapé, pour ses petits voyages sur la fraîcheur des murs, pour la vie dans la saleté et la poussière. Et ainsi, il nous faut bien espérer avec lui, puisqu'il espère, mais il faut bien aussi désespérer de cet effrayant espoir qui se poursuit, sans but, à l'intérieur du vide. Et puis, il meurt : mort insupportable, dans l'abandon et dans la solitude — et pourtant mort presque heureuse par le sentiment de la délivrance qu'elle représente, par le nouvel espoir d'une fin à présent définitive. Mais bientôt ce dernier espoir à son tour se dérobe ; ce n'est pas vrai, il n'y a pas eu de fin, l'existence continue, et le geste de la jeune sœur, son mouvement d'éveil à la vie, d'appel à la volupté sur lequel le récit s'achève, est le comble de l'horrible, il n'y a rien de plus effrayant dans tout ce conte. C'est la malédiction même et c'est aussi le renouveau, c'est l'espérance, car la jeune fille veut vivre, et vivre c'est déjà échapper à l'inévitable.

Les récits de Kafka sont, dans la littérature, parmi les plus noirs, les plus rivés à un désastre absolu. Et ce sont aussi ceux qui torturent le plus tragiquement l'espoir, non parce que l'espoir est condamné, mais parce qu'il ne parvient pas à être condamné. Si complète que soit la catastrophe, une marge infime subsiste dont on ne sait si elle réserve l'espérance ou au contraire si elle l'écarte pour toujours. Il ne suffit pas que Dieu lui-même se soumette à sa propre sentence et succombe avec elle dans l'effondrement le plus sordide, dans un détraquement inouï de ferraille et d'organes, il faut encore attendre sa résurrection et le retour de sa justice incompréhensible qui nous voue à jamais à l'épouvante et à la consolation. Il ne suffit pas que le fils, répondant au verdict injustifiable et irréfutable de son père, se jette dans le fleuve avec une expression de tranquille amour pour lui, il faut que cette mort soit associée à la continuation de l'existence par l'étrange phrase finale : « A ce moment, il y avait sur le pont une circulation littéralement folle », dont Kafka lui-même a affirmé la valeur symbolique, le sens physiologique précis. Et enfin, le plus tragique de tous, le Joseph K. du *Procès,* meurt, après une parodie de justice, dans la banlieue déserte où deux hommes l'exécutent sans un mot, mais ce n'est pas assez qu'il meure « comme un chien », il doit encore avoir sa part de survie, celle de la honte que l'illimité d'une faute qu'il n'a pas commise lui réserve, en le condamnant à vivre aussi bien qu'à mourir.

« La mort est devant nous à peu près comme le tableau de la *Bataille d'Alexandre* au mur d'une salle de classe. Il s'agit pour nous, dès cette vie, d'obscurcir ou même d'effacer le tableau par nos actes. » L'œuvre de Kafka, c'est ce tableau qui est la mort, et c'est aussi l'acte de le rendre obscur et de l'effacer. Mais, comme la mort, elle n'a pu s'obscurcir, et au contraire elle brille admirablement de ce vain effort qu'elle a fait pour s'éteindre. C'est pourquoi, nous ne la comprenons qu'en la trahissant, et notre lecture tourne anxieusement autour d'un malentendu.

KAFKA ET LA LITTÉRATURE

« Je ne suis que littérature et je ne peux ni ne veux être rien d'autre. » Dans son *Journal*, dans ses lettres, à toutes les époques de sa vie, Kafka s'est traité de littérateur, et il a mis de l'orgueil à revendiquer ce titre qu'aujourd'hui la plupart méprisent. Pour beaucoup de ses commentateurs, admirer Kafka, c'est d'abord le situer en dehors de sa condition d'écrivain. Il a su donner à l'œuvre littéraire un sens religieux, dit Jean Starobinski. C'est dans la catégorie de la sainteté et non dans celle de la littérature qu'il faut ranger sa vie et son œuvre, dit Max Brod. Il n'a pas eu seulement à créer une œuvre, dit Pierre Klossowski, mais à s'acquitter d'un message. Mais Kafka : « Ma situation m'est insupportable parce qu'elle contredit mon unique désir et mon unique vocation, la littérature. » — « Tout ce qui n'est pas littérature m'ennuie. » — « Tout ce qui ne se rapporte pas à la littérature, je le hais. » — « Ma chance de pouvoir utiliser mes facultés et chaque possibilité d'une manière quelconque est tout entière dans le domaine littéraire. »

On a quelquefois l'impression que Kafka nous offre une chance d'entrevoir ce qu'est la littérature. Mais il ne faut pas commencer par juger indigne de lui une catégorie que non seulement il ne dépréciait pas, qu'il estimait plutôt la seule propre à le sauver s'il pouvait l'atteindre. Il est étrange qu'un homme pour qui rien n'était justifié, ait regardé les mots avec une certaine confiance, qu'il ne se soit pas senti menacé par ce qui est devenu généralement pour nous la pire menace (pour nous et aussi, ne l'oublions pas, pour beaucoup d'écrivains de son temps. Kafka choisit pour maîtres Gœthe et Flaubert, mais il vit à l'époque des manifestations expressionnistes d'avant-garde). Ce qu'il met en doute, c'est sa capacité d'écrire, non la possibilité d'écrire ou la valeur de l'art.

Kafka a cherché de toutes ses forces à être écrivain. Il a été désespéré, chaque fois qu'il s'est cru empêché de le devenir. Il a voulu se donner la mort, quand, chargé de l'usine de son père, il a pensé que pendant quinze jours il n'écrirait plus. La plus grande partie de son *Journal* tourne autour de la lutte quotidienne qu'il lui faut soutenir contre les choses, contre les autres et contre lui-même pour arriver à ce résultat : écrire quelques mots dans son *Journal*. Cette obsession est impressionnante, mais on sait qu'elle n'est pas très rare. Dans le cas de Kafka, elle paraît encore plus naturelle si l'on reconnaît dans la littérature le moyen choisi par lui pour remplir sa destinée spirituelle et religieuse. Ayant engagé toute son existence dans son art, il la voit tout entière en péril lorsque cette activité doit le céder à une autre : alors, au sens propre, il ne vit plus.

Comment l'existence peut-elle tout entière s'engager dans le souci de mettre en ordre un certain nombre de mots ? C'est ce qui n'est pas si clair. Mais admettons-le. Admettons que pour Kafka écrire ne soit pas une affaire d'esthétique, qu'il ait en vue, non pas la création d'une œuvre littérairement valable, mais son salut, l'accomplissement de ce message qui est dans sa vie. Les commentateurs entendent séparer nettement les préoccupations artistiques, considérées comme secondaires, et les préoccupations intérieures, seules dignes d'être recherchées pour elles-mêmes. « La délibération esthétique, nous dit-on, n'intervient pas ici. » Soit. Mais regardons ce que devient alors la littérature. Étrange activité que celle-ci : vise-t-elle un but médiocre (par exemple, l'élaboration d'un livre bien fait), elle exige un esprit attentif à l'ensemble, aux détails, soucieux de la technique, de la composition, conscient du pouvoir des mots, mais vise-t-elle plus haut (par exemple, le sens même de notre vie), alors elle tiendrait l'esprit quitte de toutes ces conditions et se réaliserait par une complète négligence de ce qui constitue pourtant sa nature propre ? Remarquons que cette idée de la littérature, entendue comme une activité capable de s'exercer sans considération de ses moyens, n'est pas un simple rêve théorique ; elle porte un nom bien connu : c'est l'écriture automatique ; mais justement une telle forme est restée étrangère à Kafka.

Il écrit des contes, des romans. Dans son *Journal*, il décrit les scènes auxquelles il assiste, les personnes qu'il rencontre. Il juge son travail : « La description de la R. ne m'a pas paru réussie. » Souvent il décrit minutieusement des objets. Pourquoi ? Est-ce parce que, comme le prétend Max Brod, la vérité étant partout visible, il la retrouve partout ? N'est-ce pas plutôt qu'il s'exerce, qu'il fait son apprentissage ? On sait qu'il a beaucoup étudié le style glacé de Kleist et que Gœthe et Flaubert lui ont appris à reconnaître la valeur d'une forme parfaitement travaillée. « Ce qui me manque, écrit-il à Pollak, c'est la discipline... Je veux travailler avec zèle, trois mois durant. Aujourd'hui je sais surtout ceci : l'art a besoin du métier, plus que le métier de l'art. Je ne crois naturellement pas que l'on puisse se contraindre à engendrer des enfants, mais je crois, par contre, qu'on peut se contraindre à les éduquer. » Kafka a demandé à la littérature et obtenu d'elle plus que beaucoup d'autres. Mais il a eu d'abord cette honnêteté de l'accepter sous toutes ses formes, avec toutes ses servitudes, aussi bien comme métier que comme art, comme tâche que comme activité privilégiée. Du moment qu'on écrit, pense-t-il, l'on ne peut se passer de bien écrire.

Il serait trop commode, pour quelqu'un qui écrit par souci vital ou moral, de se voir débarrassé de toutes considérations esthétiques. La littérature n'est pas une demeure à étages où chacun choisirait sa place, et qui veut habiter au sommet n'aurait plus jamais à utiliser l'escalier de service. L'écrivain ne peut pas tirer son épingle du jeu. Dès l'instant qu'il écrit, il est dans la littérature et il y est complètement : il lui faut être bon artisan, mais aussi esthète, chercheur de mots, chercheur d'images. Il est compromis. C'est sa fatalité. Même les cas célèbres d'holocauste littéraire ne changent rien à cette situation. S'exercer à la littérature dans le seul dessein de la sacrifier ? Mais cela suppose que ce que l'on sacrifie existe. Il faut donc d'abord croire à la littérature, croire à sa vocation littéraire, la faire exister — par conséquent, être littérateur et l'être jusqu'au bout. Abraham a voulu sacrifier son fils, mais s'il n'avait pas été sûr d'avoir un fils, si ce qu'il prenait pour son fils n'eût été déjà qu'un bélier ? Et puis, le silence ne suffit pas à faire de tout écrivain plus qu'un écrivain, et qui veut quitter l'art pour devenir Rimbaud reste tout de même dans le silence un incapable. Aussi ne peut-on même pas dire que Kafka ait rejeté son œuvre parce qu'il la jugeait moralement mauvaise ou infidèle au message qu'il avait à délivrer ou inférieure au silence. Peut-être voulait-il la détruire, simplement parce qu'il l'estimait littérairement imparfaite. Comment distinguer le messager qui dit : Ne tenez pas compte de mon message, et l'artiste qui déclare : mon œuvre est manquée, qu'elle soit détruite ? Dans un sens, seul l'artiste a le droit de prendre une pareille décision. Le messager n'est pas maître de ses paroles ; même mauvaises, elles lui échappent, car c'est peut-être là justement leur sens, d'être mauvaises ; tout ce que l'on peut retenir, c'est qu'au message doit être incorporé le vœu de le détruire : le désir secret de la parole, c'est de se perdre, mais ce désir est vain et la parole n'est jamais perdue.

Ce qui est étrange, ce n'est pas seulement que tant d'écrivains croient engager toute leur existence dans l'acte d'écrire, mais qu'en s'y engageant ils donnent tout de même naissance à des œuvres qui sont des chefs-d'œuvre du seul point de vue de l'esthétique, point de vue que précisément ils condamnent. Bien plus, eux qui veulent donner à leur activité un sens fondamental, celui d'une recherche impliquant l'ensemble de notre condition, ils ne réussissent à mener à bien cette activité qu'en la réduisant au sens superficiel qu'ils excluent, la création d'une œuvre bien faite, et cette création les force, au moins momentanément, à se séparer de l'existence, à s'en dégager, à s'en désintéresser. Il y a là un conflit que nous connaissons bien. « Écris avec du sang, dit Zarathoustra, et tu apprendras que le sang est esprit. » Mais c'est plutôt le contraire : on écrit avec l'esprit et l'on croit saigner. Kafka lui-même : « Je ne céderai pas à la fatigue, je sauterai en plein dans ma nouvelle, dussé-je me couper au visage. » Certes, l'image est dramatique : l'écrivain sort de son travail, le visage haché de coupures, mais ce n'est tout de même qu'une image. Le Caligula de Camus fait couper la tête des gens qui ne partagent pas ses émotions artistiques. Pas de Caligula pour l'écrivain. Sa situation accablante (et, pour certains, déshonorante) vient en partie de sa réussite : il prétend se risquer dans son œuvre, mais le risque qu'il court, ce n'est peut-être aucun risque ; loin de succomber, il s'en tire avec une œuvre admirable qui multiplie son existence. De là l'alibi de tant de mots sanglants, car il n'y a pas de sang. De là aussi la parole méprisante sur la main à plume.

On peut imaginer Racine écrivant sous la contrainte d'une « vérité » à chercher. On peut encore le supposer entraîné par cette recherche à une sorte d'ascèse, au dégoût des vers harmonieux, au refus de la perfection, en somme non au silence d'après *Phèdre* mais plutôt à quelque *Phèdre* de Pradon. Voilà le problème. On a vu des écrivains renoncer à écrire par dégoût d'écrire ou encore par besoin de dépasser la littérature en la sacrifiant. On en a vu d'autres prêts à détruire des chefs-d'œuvre parce que ces chefs-d'œuvre leur paraissaient une trahison. Mais on n'a vu personne se perdre comme bon écrivain par dévouement à sa vie intérieure, continuer à écrire parce qu'écrire était nécessaire, mais écrire de plus en plus mal. Jamais un Rimbaud n'est devenu Sully Prudhomme. Comme c'est étrange ! Même Hölderlin, dans sa folie, continue d'être un grand poète. Et Kafka a pu condamner son œuvre, mais il ne s'est jamais condamné à la nullité d'un langage médiocre, à la mort par la banalité et la sottise (seul Flaubert évoque quelquefois ce suicide).

Pourquoi un homme comme Kafka se sent-il perdu s'il ne devient écrivain ? C'est sa « vocation », la forme propre de son mandat ? Mais d'où tient-il cette quasi-certitude qu'il manquera peut-être sa destinée, mais que sa façon personnelle de la manquer, c'est d'écrire ? Qu'il donne à la littérature un sens extrêmement grave, des textes innombrables le montrent. Quand il note : « Immensité du monde que j'ai dans ma tête... Plutôt éclater mille fois que de le refouler ou de l'ensevelir en moi ; car c'est pour cela que je suis ici, là-dessus je n'ai pas le moindre doute », il exprime encore à la manière ordinaire l'urgence d'une création qui se presse aveuglément vers le dehors. Le plus souvent, c'est sa propre existence qu'il sent en jeu dans la littérature. Écrire le fait exister. « ... J'ai trouvé un sens, et ma vie, monotone, vide, fourvoyée, une vie de célibataire, a sa justification... C'est le seul chemin qui puisse me conduire à un progrès. » Dans un autre passage : « Intrépide, nu, puissant, surprenant comme je ne le suis d'habitude que lorsque j'écris. » Ce texte tend à réduire l'activité littéraire à une activité de compensation. Kafka n'était pas très apte à vivre, il ne vivait qu'en écrivant. Toutefois, même dans cette perspective, l'essentiel reste à expliquer, car ce que l'on voudrait comprendre, c'est pourquoi écrire — et non pas une œuvre importante, mais des mots insignifiants (« Le genre particulier de l'inspiration dans laquelle je me trouve... est que je suis tout et non seulement en vue d'un travail déterminé. Quand j'écris sans choix une phrase comme celle-ci : " Il regardait par la fenêtre ", cette phrase est déjà parfaite »), — pourquoi écrire : « Il regardait par la fenêtre », c'est déjà être plus que soi.

Kafka nous laisse entendre qu'il est capable de libérer en lui-même des forces latentes, ou encore qu'au moment où il se sent enfermé et cerné, il peut découvrir par cette voie de proches possibilités qu'il ignore. Dans la solitude, il se dissout. Cette dissolution rend sa solitude très périlleuse ; mais, en même temps, de cette confusion quelque chose d'important peut surgir à condition que le langage le recueille. Le drame, c'est qu'à un tel moment il lui soit presque impossible de parler. En temps normal, Kafka, à s'exprimer, éprouve les difficultés les plus grandes à cause du contenu nébuleux de sa conscience ; mais, à présent, les difficultés passent tout ce qui est possible.

« Mes forces ne suffisent pas à la moindre phrase. » — « Pas un mot lorsque j'écris qui convienne à un autre... Mes doutes cernent chaque mot avant même que je le discerne, que dis-je, ce mot je l'invente ! » A ce stade, ce qui importe, ce n'est pas la qualité des paroles mais la possibilité de parler : c'est elle qui est en jeu, c'est elle qu'on éprouve. « Me suis écouté de temps en temps, percevant, par instants, au-dedans de moi-même comme le miaulement d'un jeune chat, mais enfin, c'est toujours ça. »

Il semble que la littérature consiste à essayer de parler à l'instant où parler devient le plus difficile, en s'orientant vers les moments où la confusion exclut tout langage et par conséquent rend nécessaire le recours au langage le plus précis, le plus conscient, le plus éloigné du vague et de la confusion, le langage littéraire. Dans ce cas, l'écrivain peut croire qu'il crée « sa possibilité spirituelle de vivre » ; il sent sa création liée mot à mot à sa vie, il se recrée lui-même et se reconstitue. C'est alors que la littérature devient un « assaut livré aux frontières », une chasse qui, par les forces opposées de la solitude et du langage, nous mène à l'extrême limite de ce monde, « aux limites de ce qui est généralement humain ». On pourrait même rêver de la voir se développer en une nouvelle Kabbale, une nouvelle doctrine secrète qui, venue des vieux siècles, se créerait à nouveau aujourd'hui et commencerait à exister à partir et au-delà d'elle-même.

Tâche qui sans doute ne peut pas aboutir, mais il est déjà surprenant qu'elle soit considérée comme possible. Nous l'avons dit : au milieu de l'impossibilité générale, la confiance de Kafka dans la littérature reste exceptionnelle. Rarement il s'arrête à l'insuffisance de l'art. S'il écrit : « L'art vole autour de la vérité, mais avec l'intention décidée de ne pas s'y brûler. Sa capacité consiste à trouver dans le vide un lieu où le rayon de lumière puisse être capté puissamment, sans que la lumière ait été repérable auparavant », il apporte lui-même la réponse à cette autre réflexion, plus sombre : « Notre art, c'est d'être aveuglé par la vérité : la lumière sur le visage grimaçant qui recule, cela seul est vrai et rien d'autre. » Et même cette définition n'est pas sans espoir : il est déjà bien de perdre la vue et, plus que cela, de voir en aveugle ; si notre art n'est pas la lumière, il est obscurcissement, possibilité d'atteindre l'éclat par l'obscurité.

D'après Max Brod, dont les commentaires tendent pieusement à rapprocher de lui l'ami qu'il a perdu, l'art serait un reflet de la connaissance religieuse. On a parfois l'impression, toute différente, que pour Kafka l'art va plus loin que la connaissance. La connaissance de soi (au sens religieux) est un des moyens de notre condamnation : nous ne nous élevons que grâce à elle, mais, seule aussi, elle nous empêche de nous élever ; avant d'être acquise, elle est la voie nécessaire ; après, elle est l'obstacle insurmontable. Cette idée ancienne, venue de la Kabbale, où notre perte apparaît comme notre salut et réciproquement, laisse peut-être comprendre pourquoi l'art peut réussir là où la connaissance échoue : c'est qu'il est et n'est pas assez vrai pour devenir la voie, trop irréel pour se changer en obstacle. L'art est un *comme si*. Tout se passe comme si nous étions en présence de la vérité, mais cette présence n'en est pas une, c'est pourquoi elle ne nous interdit pas d'avancer. L'art s'affirme connaissance quand la connaissance est degré menant à la vie éternelle, et il s'affirme non-connaissance quand la connaissance est obstacle dressé devant cette vie. Il change de sens et de signe. Il se détruit tout en subsistant. C'est là son imposture, mais c'est aussi sa dignité la plus grande, celle même qui justifie la formule : « Écrire, forme de la prière. »

Parfois, Kafka, saisi, comme bien d'autres, par le

caractère mystérieux de cette transformation, semble prêt à y reconnaître la preuve d'un pouvoir anormal. Dans l'ordre de l'activité littéraire, il dit avoir éprouvé (quelquefois) des états illuminatoires, « états durant lesquels j'habitais tout entier dans chaque idée, mais aussi accomplissais chacune d'elles », grands états déchirants où il lui semblait dépasser ses limites et atteindre les limites universelles ; il ajoute du reste : « Ce n'est pas dans ces états que j'ai écrit le meilleur de mes travaux. » L'illumination serait donc liée à l'exercice de cette activité spéciale du langage, sans qu'on puisse savoir si celle-ci la suppose ou la provoque (l'état de dissolution, associé à la solitude, dont nous avons parlé plus haut, est lui aussi ambigu : il y a dissolution par impossibilité de parler et cependant en vue de la parole ; le mutisme et le vide ne semblent là que pour être remplis). De toute façon, l'extraordinaire se situe au niveau du langage, soit que celui-ci, par le pouvoir « magique » du mot juste « qui ne crée pas mais qui invoque », fasse surgir de la profondeur la magnificence de la vie, soit qu'il se retourne contre celui qui écrit, comme un dard dans la main des « esprits ». L'idée d'esprit et de magie n'explique rien par elle-même, c'est un avertissement pour dire : il y a là quelque chose de mystérieux, il faut prendre garde.

Le mystère est le suivant : je suis malheureux, je m'assieds à ma table et j'écris : « Je suis malheureux. » Comment est-ce possible ? On voit pourquoi cette possibilité est étrange et, jusqu'à un certain point, scandaleuse. Mon état de malheur signifie épuisement de mes forces ; l'expression de mon malheur, surcroît de forces. Du côté de la douleur, il y a impossibilité de tout, vivre, être, penser ; du côté de l'écriture, possibilité de tout, mots harmonieux, développements justes, images heureuses. De plus, en exprimant ma douleur, j'affirme ce qui est négation et pourtant, en l'affirmant, je ne la transforme pas. Je fais porter par la plus grande chance la plus complète disgrâce, et la disgrâce n'est pas atténuée. Plus j'ai de chance, c'est-à-dire plus j'ai de dons pour rendre sensible mon malheur par développements, enjolivures, images, plus la malchance que ce malheur signifie est respectée. C'est comme si la possibilité que représente mon écriture avait pour essence de porter sa propre impossibilité — l'impossibilité d'écrire qu'est ma douleur —, non pas seulement de la mettre entre parenthèses ou de la recevoir en elle sans la détruire ni être détruite par elle, mais de n'être vraiment possible que dans et à cause de son impossibilité. Si le langage et en particulier le langage littéraire ne s'élançait constamment, par avance, vers sa mort, il ne serait pas possible, car c'est ce mouvement vers son impossibilité qui est sa condition et qui le fonde ; c'est ce mouvement qui, en anticipant sur son néant, détermine sa possibilité qui est d'être ce néant sans le réaliser. En d'autres termes, le langage est réel parce qu'il peut se projeter vers un non-langage qu'il est et ne réalise pas.

Dans le texte que nous venons de commenter, Kafka écrit : « N'ai jamais pu comprendre qu'il fût possible, presque à quiconque veut écrire, d'objectiver la douleur dans la douleur. » Le mot objectiver attire l'attention, parce que la littérature tend précisément à construire un objet. Elle objective la douleur en la constituant en objet. Elle ne l'exprime pas, elle la fait exister sur un autre mode, elle lui donne une matérialité qui n'est plus celle du corps, mais la matérialité des mots par lesquels est signifié le bouleversement du monde que la souffrance prétend être. Un tel objet n'est pas nécessairement une imitation des changements que la douleur nous fait vivre : il se constitue pour *présenter* la douleur, non pour la *représenter ;* il faut d'abord que cet objet existe, c'est-à-dire qu'il soit un total toujours indéterminé de relations déterminées, autrement dit, qu'il y ait en lui, comme en toute chose existante, toujours un surplus dont on ne puisse rendre compte. « Pour écrire une histoire, je n'ai pas le temps de m'étendre dans toutes les directions, comme il le faudrait. » Ce regret de Kafka indique la nature de l'expression littéraire : elle rayonne dans toutes les directions, et il indique aussi le caractère de mouvement propre à toute création littéraire : on ne la rend véritable qu'en la cherchant dans toutes les directions, pourchassé par elle mais la devançant, poussé partout en l'attirant partout. Le « Je suis malheureux » n'est malheur qu'en s'épaississant dans ce monde nouveau du langage où il prend forme, s'enfonce, se perd, s'obscurcit et se perpétue.

Il apparaît frappant à plusieurs commentateurs, en particulier à Claude-Edmonde Magny, que Kafka ait éprouvé la fécondité de la littérature (pour lui-même, pour sa vie et en vue de vivre), du jour où il a senti que la littérature était ce passage du *Ich* au *Er*, du Je au Il. C'est la grande découverte de la première nouvelle importante qu'il ait écrite, *Le Verdict*, et l'on sait qu'il a commenté cet événement de deux manières : pour rendre témoignage de sa rencontre bouleversante avec les possibilités de la littérature ; pour se préciser à lui-même les rapports que cette œuvre lui a permis d'éclaircir. C'est, dit Mme Magny reprenant une expression de T. S. Eliot, qu'il avait réussi à construire un « corrélat objectif » de ses émotions originellement incommunicables, et elle ajoute : il s'agit d'une sorte d'anéantissement de soi, consenti par l'artiste, non en vue d'un progrès intérieur, mais pour donner naissance à une œuvre indépendante et complète. Sans doute. Et pourtant, il semble qu'il se passe quelque chose de plus curieux encore. Car, de toute évidence, lorsque Kafka écrit *Le Verdict* ou *Le Procès* ou *La*

Métamorphose, il écrit des récits où il est question d'êtres dont l'histoire n'appartient qu'à eux, mais en même temps il n'est question que de Kafka et de sa propre histoire qui n'appartient qu'à lui. Tout se passe comme si, plus il s'éloignait de lui-même, plus il devenait présent. Le récit de fiction met, à l'intérieur de celui qui écrit, une distance, un intervalle (fictif lui-même), sans lequel il ne pourrait s'exprimer. Cette distance doit d'autant plus s'approfondir que l'écrivain participe davantage à son récit. Il se met en cause, dans les deux sens ambigus du terme : c'est de lui qu'il est question et c'est lui qui est en question — à la limite, supprimé.

Il ne me suffit donc pas d'écrire : *Je* suis malheureux. Tant que je n'écris rien d'autre, je suis trop près de moi, trop près de mon malheur, pour que ce malheur devienne vraiment le mien sur le mode du langage : je ne suis pas encore vraiment malheureux. Ce n'est qu'à partir du moment où j'en arrive à cette substitution étrange : *Il* est malheureux, que le langage commence à se constituer en langage malheureux pour moi, à esquisser et à projeter lentement le monde du malheur tel qu'il se réalise en lui. Alors, peut-être, je me sentirai en cause et ma douleur s'éprouvera sur ce monde d'où elle est absente, où elle est perdue et moi avec elle, où elle ne peut ni se consoler ni s'apaiser ni se complaire, où étrangère à elle-même elle ne demeure ni ne disparaît et dure sans possibilité de durer. Poésie est délivrance ; mais cette délivrance signifie qu'il n'y a plus rien à délivrer, que je me suis engagé en un autre où pourtant je ne me retrouve plus (ainsi s'explique en partie que les récits de Kafka soient des mythes, des contes extraordinaires, au-delà du vraisemblable et du réalisable : c'est qu'il s'y exprime par cette distance incommensurable, par l'impossibilité où il est de s'y reconnaître. Il n'est pas possible que cette vermine, ce soit lui : c'est donc lui dans sa condition la plus intime et la plus irréductible).

Le récit impersonnel et mythique, considéré comme fidélité à l'essence du langage, développe nécessairement des contradictions. Nous avons remarqué que le langage n'était réel que dans la perspective d'un état de non-langage qu'il ne peut réaliser : il est tension vers un horizon dangereux où il cherche en vain à disparaître. Ce non-langage, quel est-il ? Nous n'avons pas à l'éclaircir ici. Mais nous nous souviendrons qu'il constitue pour toutes les formes de l'expression un rappel à leur insuffisance. Ce qui rend possible le langage, c'est qu'il tend à être impossible. Il y a donc en lui, à tous ses niveaux, un rapport de contestation et d'inquiétude dont il ne peut s'affranchir. Dès que quelque chose est dit, quelque chose d'autre a besoin d'être dit. Puis, à nouveau quelque chose de différent doit encore se dire pour rattraper la tendance de tout ce qu'on dit à devenir définitif, à glisser dans le monde imperturbable des choses. Il n'y a pas de repos, il n'y en a ni au stade de la phrase, ni à celui de l'œuvre. Il n'y en a pas au regard de la contestation qui ne peut s'affirmer sans se reprendre — et pas davantage dans le silence. Le langage ne peut se réaliser par le mutisme : se taire est une manière de s'exprimer dont l'illégitimité nous relance dans la parole. De plus, c'est à l'intérieur des mots que ce suicide des mots doit se tenter, suicide qui les hante mais ne peut s'accomplir, qui les conduit à la tentation de la page blanche ou à la folie d'une parole perdue dans l'insignifiance. Toutes ces solutions sont illusoires. La cruauté du langage vient de ce que sans cesse il évoque sa mort sans pouvoir mourir jamais.

La Muraille de Chine n'a pas été achevée par ses constructeurs. Le récit sur la Muraille de Chine n'a pas été non plus achevé par Kafka. Que l'œuvre, au thème de l'échec, réponde, aussi souvent, par son propre échec, ce fait doit être tenu pour le signe du malaise qui est au fond de toute visée littéraire. Kafka ne peut s'empêcher d'écrire, mais écrire l'empêche d'écrire : il s'interrompt, il recommence. Son effort est sans fin, comme sa passion est sans espoir — avec cette réserve que l'absence d'espoir devient parfois l'espoir le plus tenace, mais l'impossibilité d'en jamais finir n'est que l'impossibilité de continuer. Ce qui est le plus frappant, c'est que cette contestation (sans laquelle il n'y a ni langage ni littérature ni recherche authentique, mais qui ne suffit à garantir ni recherche ni littérature ni langage, qui ne préexiste pas à son objet et qui est aussi imprévisible dans ses formes que le mouvement qu'elle renverse) transparaisse dans le style même de Kafka, que ce style en soit souvent la manifestation presque nue.

On connaît ces développements qui, particulièrement dans le *Journal,* se construisent sur un mode si étrange. Autour d'une affirmation principale viennent se disposer les affirmations secondaires qui l'appuient globalement tout en amorçant quelques réserves partielles. Chaque réserve s'enchaîne à une autre qui la complète et, liées les unes aux autres, elles composent toutes ensemble une construction négative, parallèle à la construction centrale qui dans le même temps se poursuit et s'achève : arrivée au terme, l'affirmation est à la fois entièrement développée et entièrement retirée ; on ne sait si l'on en saisit l'envers ou l'endroit, si l'on est en présence de l'édifice ou de la fosse dans laquelle l'édifice a disparu. Il y a vraiment impossibilité de découvrir quelle face la pensée tourne vers nous, tant elle se tourne et se détourne, comme si, au bout d'un fil tordu, elle n'avait pour objet que d'en reproduire le mouvement de torsion. Les mots de Kafka, par le fait qu'ils tentent une véritable régression à l'infini, donnent l'impression aussi bien de se dépasser d'une manière vertigineuse que de s'appuyer sur le vide. On croit à un au-delà des mots, à un au-delà de l'échec, à une impossibilité qui serait plus qu'une impossibilité et ainsi nous restituerait l'espoir (« Le Messie ne viendra que quand il ne sera plus nécessaire, il ne viendra qu'un jour après son arrivée, il ne viendra pas le dernier jour, mais au tout dernier. » Ou encore : « Rien qu'un mot, rien qu'une prière, rien qu'un souffle d'air, rien qu'une preuve que tu vis encore et que tu attends. Non, point de prière, rien qu'un souffle, pas même un souffle, rien qu'une présence, pas même une présence, rien qu'une pensée, pas même une pensée, rien que le calme du sommeil »), mais comme les mots s'arrêtent, nous ne tenons ni l'espoir d'une infinité réalisée, ni la certitude d'un contenu fini ; entraînés vers l'illimité, nous avons renoncé aux limites et finalement il nous faut aussi renoncer à l'illimité.

Souvent, le langage de Kafka voudrait se maintenir sur le mode interrogatif, comme si, sous le couvert de ce qui échappe au oui et au non, il espérait attraper quelque chose. Mais les questions se répètent en se circonscrivant ; de plus en plus, elles écartent ce qu'elles cherchent, elles en ruinent la possibilité : elles continuent désespérément dans le seul espoir d'une réponse, et elles ne peuvent continuer qu'en rendant toute réponse impossible, plus encore, en annulant l'existence même de celui qui questionne (« Qu'est-ce donc ? Qui donc s'en va sous les arbres du quai ? Qui donc est entièrement abandonné ? Qui donc ne peut plus être sauvé ? Sur la tombe de qui le gazon pousse-t-il ?... » Ou bien : « Qu'est-ce qui te trouble ? Qu'est-ce qui t'émeut jusqu'à l'âme ? Qu'est-ce qui tâtonne au loquet de ta porte ? Qui t'appelle de la rue sans entrer par la porte pourtant ouverte ? Ah ! justement celui que tu troubles, celui que tu émeus jusqu'à l'âme, celui à la porte de qui tu tâtonnes, celui que, sans vouloir entrer par la porte ouverte, tu appelles de la rue ! »). A la vérité, le langage ici semble épuiser ses ressources et n'avoir d'autre but que de se poursuivre, coûte que coûte. Il paraît confondu avec sa possibilité la plus vide, et c'est pourquoi il nous paraît aussi d'une plénitude si tragique, car cette possibilité, c'est le langage frustré de tout et ne se réalisant que par le mouvement d'une contestation qui ne trouve plus rien à contester.

La littérature est le lieu des contradictions et des désaccords. L'écrivain le plus lié à la littérature est aussi le plus entraîné à s'en délier. Elle lui est tout, et il ne peut ni s'en contenter ni s'y tenir. Kafka, si sûr de sa vocation littéraire, se sent coupable de tout ce qu'il lui sacrifie pour l'exercer. Il devrait se soumettre à la loi (notamment en se mariant) et, au lieu de cela, il écrit. Il devrait chercher Dieu en participant à la communauté religieuse et, au lieu de cela, il se contente de cette forme de prière qu'est écrire. « Voici un temps déjà que plus rien n'a été écrit. Dieu ne veut pas que j'écrive, mais quant à moi, il me faut écrire. Ce sont là perpétuellement des hauts et des bas, en fin de compte Dieu est le plus fort et le malheur est plus grand que tu ne l'imagines. » Ce qui était justification devient faute et condamnation. Il sait « qu'on ne peut pas écrire la rédemption, on ne peut que la vivre. » Dans l'histoire de *Joséphine*, il montre que l'artiste a beau se croire l'âme de la collectivité, la principale ressource du peuple pour faire face aux malheurs qui le frappent, il ne sera pas dispensé de sa part de travail et de responsabilité commune, son art en souffrira, périclitera même, qu'importe : sa décadence « n'est qu'un petit épisode dans la conscience éternelle de notre peuple, et notre peuple dépassera bientôt cette perte ». L'apologue signifie clairement que, même absolu, l'art est sans droit devant l'action. Il est sans droit, mais la conscience de cette illégitimité ne résout pas le conflit. La preuve en est que, pour nous l'annoncer, Kafka doit écrire encore une œuvre de littérature, et lui-même mourra en corrigeant les épreuves d'un dernier livre. En ce sens, celui qui se met à écrire est bien déjà perdu. Mais il ne peut pourtant plus interrompre sa tâche sans croire désormais que c'est en l'interrompant qu'il va se perdre. Il essaiera toutes les solutions. Toutes, même le silence, même l'action, ne seront plus que des modes plus ou moins déficients de l'art dont il ne s'affranchira qu'à la demande même de l'art : la renonciation de Racine à la tragédie fait partie de la tragédie — de même, la folie de Nietzsche ou la mort de Kleist. Récemment, on nous a montré que le mépris de tout écrivain pour la littérature se payait par un recours multiplié aux moyens littéraires. On découvrira bientôt que, lorsque la littérature cherche à faire oublier sa gratuité en s'associant au sérieux d'une action politique ou sociale, cet engagement s'accomplit tout de même sur le mode du dégagement. Et c'est l'action qui devient littéraire.

Du dehors et du dedans, la littérature est complice de ce qui la menace, et cette menace est finalement aussi complice de la littérature. Celle-ci ne peut que se contester, mais cette contestation la rend à elle-même. Elle se sacrifie, et ce sacrifice, loin de la faire disparaître, l'enrichit de nouveaux pouvoirs. Comment détruire, lorsque la destruction est la même chose que ce qu'elle détruit ou bien, comme la magie vivante dont parle Kafka, lorsqu'elle est destruction qui ne détruit pas mais qui construit ? Ce conflit s'ajoute à tous ceux que nous avons entrevus au cours de ces pages. Écrire, c'est s'engager, mais écrire c'est aussi se dégager, s'engager sur le mode de l'irresponsabilité. Écrire, c'est mettre en cause son existence, le monde des valeurs et, dans une certaine mesure, condamner le bien ; mais écrire, c'est toujours chercher à bien écrire, chercher le bien. Et puis, écrire, c'est prendre en charge l'impossibilité d'écrire, c'est, comme le ciel, être muet, « n'être écho que pour le muet » ; mais écrire, c'est nommer le silence, c'est écrire en s'empêchant d'écrire. L'art ressemble au temple dont nous parlent les « Aphorismes » : jamais construction ne s'est édifiée aussi facilement, mais sur chaque pierre se trouve gravée une inscription sacrilège, si profondément gravée que le sacrilège durera plus longtemps, deviendra plus sacré que le temple lui-même. Ainsi l'art est-il le lieu de l'inquiétude et de la complaisance, celui de l'insatisfaction et de la sécurité. Il porte un nom : destruction de soi-même, désagrégation infinie, et un autre nom : bonheur et éternité.

KAFKA ET L'EXIGENCE DE L'ŒUVRE

Quelqu'un se met à écrire, déterminé par le désespoir. Mais le désespoir ne peut rien *déterminer*, « il a toujours et tout de suite dépassé son but » (Kafka, *Journal*, 1910). Et, de même, écrire ne saurait avoir son origine que dans le « vrai » désespoir, celui qui n'invite à rien et détourne de tout, et d'abord retire sa plume à qui écrit. Cela signifie que les deux mouvements n'ont rien de commun que leur propre indétermination, n'ont donc rien de commun que le mode interrogatif sur lequel on peut seulement les saisir. Personne ne peut se dire à soi-même : « Je suis désespéré », mais : « tu es désespéré ? » et personne ne peut affirmer : « J'écris », mais seulement « écris-tu ? oui ? tu écrirais ? »

Le cas de Kafka est trouble et complexe [1]. La passion

---

[1]. Presque tous les textes cités dans les pages qui suivent sont tirés de l'édition complète du *Journal* de Kafka. Celle-ci reproduit les treize cahiers in-quarto dans lesquels de 1910 à 1923 Kafka a écrit tout ce qui lui importait, événements de sa vie personnelle, méditation sur ces événements, description des personnes et des lieux, description de ses rêves, récits commencés, interrompus, recommencés. Ce n'est donc pas seulement un « Journal » comme on l'entend aujourd'hui, mais le mouvement même de l'expérience d'écrire, au plus proche de son commencement et au sens essentiel que Kafka a été amené à donner à ce mot. C'est sous cette perspective que le *Journal* doit être lu et interrogé.

Max Brod affirme qu'il n'a fait que quelques suppressions insigni-

Kafka et l'exigence de l'œuvre

de Hölderlin est pure passion poétique, elle l'attire hors de lui-même par une exigence qui ne porte pas d'autre nom. La passion de Kafka est aussi purement littéraire, mais pas toujours et pas tout le temps. La préoccupation du salut est chez lui immense, d'autant plus forte qu'elle est désespérée, d'autant plus désespérée qu'elle est sans compromis. Cette préoccupation passe certes avec une surprenante constance par la littérature et pendant assez longtemps se confond avec elle, puis passe encore par elle, mais ne se perd plus en elle, a tendance à se servir d'elle, et comme la littérature n'accepte jamais de devenir moyen et que Kafka le sait, il en résulte des conflits obscurs même pour lui, plus encore pour nous, et une évolution difficile à éclairer, mais qui nous éclaire cependant.

fiantes ; il n'y a pas de raison d'en douter. En revanche, il est sûr que Kafka, à bien des moments décisifs, a détruit une grande partie de ses notes. Et après 1923 le *Journal* manque tout à fait. Nous ignorons si les manuscrits détruits à sa demande par Dora Dymant comprenaient la suite de ses carnets : c'est très probable. Il faut donc dire qu'après 1923 Kafka nous devient inconnu, car nous savons que ceux qui le connaissaient le mieux le jugeaient fort différemment de ce qu'il s'imaginait être pour lui-même.

Le *Journal* (que complètent les Carnets de voyages) ne nous révèle presque rien de ses opinions sur les grands sujets qui pouvaient l'intéresser. Le *Journal* nous parle de Kafka à ce stade antérieur où il n'y a pas encore d'opinions et où il y a à peine un Kafka. Telle est sa valeur essentielle. Le livre de G. Janouch (*Conversations avec Kafka*, traduit en français sous le titre : *Kafka m'a dit*) nous permet au contraire d'entendre Kafka dans le laisser-aller de conversations plus quotidiennes où il parle aussi bien de l'avenir du monde que du problème juif, du sionisme, des formes religieuses et parfois de ses livres. Janouch a connu Kafka en 1920, à Prague. Il a noté presque aussitôt les conversations qu'il rapporte et Brod a confirmé la fidélité d'un tel écho. Mais, pour ne pas se tromper sur la portée de ces paroles, il faut se rappeler qu'elles sont dites à un tout jeune homme de dix-sept ans, dont la jeunesse, la naïveté, la spontanéité confiante ont touché Kafka, mais l'ont sans doute amené aussi à adoucir ses pensées afin de ne pas les rendre dangereuses pour une si jeune âme. Kafka, ami scrupuleux, a souvent craint de troubler ses amis par l'expression d'une vérité qui n'était désespérante que pour lui. Cela ne signifie pas qu'il ne dise pas ce qu'il pense, mais qu'il dit parfois ce qu'il ne pense pas profondément.

Le jeune Kafka.

Kafka n'a pas toujours été le même. Jusqu'en 1912, son désir d'écrire est très grand, donne lieu à des œuvres qui ne le persuadent pas de ses dons, qui l'en persuadent moins que la conscience directe qu'il en a : forces sauvages, d'une plénitude dévastatrice, dont il ne fait presque rien, faute de temps, mais aussi parce qu'il n'en peut rien faire, parce qu' « il redoute ces moments d'exaltation autant qu'il les désire ». Par bien des côtés, Kafka est alors semblable à tout jeune homme en qui s'éveille le goût d'écrire, qui y reconnaît sa vocation, qui en reconnaît aussi certaines exigences et n'a pas la preuve qu'il s'y montrera égal. Qu'il soit, dans une certaine mesure, un jeune écrivain comme les autres, le signe le plus frappant en est ce roman qu'il commence d'écrire en collaboration avec Brod. Un tel partage de sa solitude montre que Kafka erre encore autour d'elle. Très rapidement il s'en aperçoit, comme l'indique cette note du *Journal* : « Max et moi foncièrement différents. Autant j'admire ses écrits quand ils sont devant moi comme un tout inaccessible à mon atteinte et à toute atteinte..., autant chaque phrase qu'il écrit pour *Richard et Samuel* me semble liée, de ma part, à une concession qui me répugne et que j'éprouve douloureusement jusqu'au fond de moi. Du moins aujourd'hui » (novembre 1911).

Jusqu'en 1912, s'il ne se consacre pas tout entier à la littérature, il se donne cette excuse : « Je ne puis rien risquer pour moi aussi longtemps que je n'aurai pas réussi un plus grand travail, capable de me satisfaire pleinement. » Cette réussite, cette preuve, la nuit du 22 septembre 1912 la lui apporte, cette nuit où il écrit d'un trait *Le Verdict* et qui le rapproche d'une manière décisive de ce point où il semble que « tout peut s'exprimer, que pour tout, pour les idées les plus étranges, un grand feu est prêt dans lequel elles périssent et disparaissent ». Peu après, il lit cette nouvelle à ses amis, lecture qui le confirme : « J'avais des larmes dans les yeux. Le caractère indubitable de l'histoire se confirmait. » (Ce besoin de lire à ses amis, souvent à ses sœurs, même à son père, ce qu'il vient d'écrire appartient aussi à la région moyenne. Il n'y renoncera jamais tout à fait. Ce n'est pas vanité littéraire — bien que lui-même la dénonce —, mais un besoin de se presser physiquement contre son œuvre, de se laisser soulever, tirer par elle, en la faisant se déployer dans l'espace vocal que ses grands dons de lecteur lui donnent le pouvoir de susciter.)

Kafka sait désormais qu'il peut écrire. Mais ce savoir n'en est pas un, ce pouvoir n'est pas le sien. A peu d'exceptions près, il ne trouve jamais auprès de ce qu'il écrit la preuve qu'il écrit vraiment. C'est tout au plus un prélude, un travail d'approche, de reconnaissance. De *La Métamorphose*, il dit : « Je la trouve mauvaise ; peut-être suis-je définitivement perdu », ou plus tard : « Grande aversion pour *La Métamorphose*. Fin illisible. Presque radicalement imparfait. Ç'aurait été beaucoup mieux, si je n'avais été dérangé alors par le voyage d'affaires » (19 janvier 1914).

Le conflit.

Ce dernier trait fait allusion au conflit auquel Kafka se heurte et se brise. Il a une profession, une famille. Il appartient au monde et doit lui appartenir. Le monde donne le temps, mais en dispose. Le *Journal* — du moins jusqu'en 1915 — est traversé de remarques désespérées, où revient la pensée du suicide, parce que le temps lui manque : le temps, les forces physiques, la solitude, le silence. Sans doute les circonstances extérieures ne lui sont pas favorables, il doit travailler le soir ou la nuit, son sommeil se trouble, l'inquiétude l'épuise, mais il serait vain de croire que le conflit aurait pu disparaître par « une meilleure organisation des choses ». Plus tard, quand la maladie lui donne le loisir, le conflit demeure, s'aggrave, change de forme. Il n'y a pas de circonstances favorables. Même si l'on donne « tout son temps » à l'exigence de l'œuvre, « tout » n'est pas encore assez, car il ne s'agit pas de consacrer le temps au travail, de passer son temps à écrire, mais de passer dans un autre temps où il n'est plus de travail, de s'approcher de ce point où le temps est perdu, où l'on entre dans la fascination et la solitude de l'absence de temps. Quand on a tout le temps, on n'a plus de temps, et les circonstances extérieures « amicales » sont devenus ce fait — inamical — qu'il n'y a plus de circonstances.

Kafka ne peut pas ou n'accepte pas d'écrire « par petites quantités » dans l'inachèvement de moments séparés. C'est ce que lui a révélé la nuit du 22 septembre où, ayant écrit d'un trait, il a ressaisi dans sa plénitude le mouvement illimité qui le porte à écrire : « Écrire n'est possible qu'ainsi, avec une telle continuité, une ouverture aussi complète du corps et de l'âme. » Et plus tard (8 décembre 1914) : « Vu à nouveau que tout ce qui est écrit par fragments, et non pas d'affilée dans le cours de la plus grande partie de la nuit ou de toute la nuit, a moins de valeur et que je suis condamné par mon genre de vie à cette moindre valeur. » Nous avons là une première explication de tant de récits abandonnés dont le *Journal*, dans son état actuel, nous révèle les débris impressionnants. Très souvent, « l'histoire » ne va pas plus loin que quelques lignes, parfois elle atteint rapidement cohérence et densité et cependant au bout d'une page s'arrête, parfois elle se poursuit pendant plusieurs pages, s'affirme, s'étend — et cependant s'arrête. Il y a à cela bien des raisons, mais d'abord Kafka ne trouve pas dans le temps dont il dispose l'étendue qui permettrait à l'histoire de se développer, comme elle le veut, selon toutes les directions ; l'histoire n'est jamais qu'un fragment, puis un autre fragment. « Comment, à partir de morceaux, puis-je fondre une histoire capable de prendre son essor ? » De sorte que, n'ayant pas été maîtrisée, n'ayant pas suscité l'espace propre où le besoin d'écrire doit être à la fois réprimé et exprimé, l'histoire se déchaîne, s'égare, rejoint la nuit d'où elle est venue et y retient douloureusement celui qui n'a pas su lui donner le jour.

Il faudrait à Kafka plus de temps, mais il lui faudrait aussi moins de monde. Le monde est d'abord sa famille dont il supporte difficilement la contrainte, sans jamais pouvoir s'en libérer. C'est ensuite sa fiancée, son désir essentiel d'accomplir la loi qui veut que l'homme réalise son destin dans le monde, ait une famille, des enfants, appartienne à la communauté. Ici, le conflit prend une apparence nouvelle, entre dans une contradiction que la situation religieuse de Kafka rend particulièrement forte. Quand, autour de ses fiançailles nouées, rompues, renouées avec F. B., il examine inlassablement, avec une tension toujours plus grande, « tout ce qui est pour ou contre mon mariage », il se heurte toujours à cette exigence : « Mon unique aspiration et mon unique vocation... est la littérature... tout ce que j'ai fait n'est qu'un résultat de la solitude... alors, je ne serai plus jamais seul. Pas cela, pas cela. » Pendant ses fiançailles à Berlin : « J'étais lié comme un criminel ; si on m'avait mis dans un coin avec de vraies chaînes, des gendarmes devant moi..., ce n'aurait pas été pire. Et c'étaient mes fiançailles, et tous s'efforçaient de m'amener à la vie et, n'y parvenant pas, de me supporter tel que j'étais. » Peu après, les fiançailles se défont, mais l'aspiration demeure, le désir d'une vie « normale », auquel le tourment d'avoir blessé quelqu'un qui lui est proche donne une force déchirante. On a comparé, et Kafka lui-même, son histoire et celle des fiançailles de Kierkegaard. Mais le conflit est différent. Kierkegaard peut renoncer à Régine, il peut renoncer au stade éthique : l'accès au stade religieux n'en est pas compromis, plutôt rendu possible. Mais Kafka, s'il abandonne le bonheur terrestre d'une vie normale, abandonne aussi la fermeté d'une vie juste, se met hors la loi, se prive du sol et de l'assise dont il a besoin pour être et, dans une certaine mesure, en prive la loi. C'est l'éternelle question d'Abraham. Ce qui est demandé à Abraham, ce n'est pas seulement de sacrifier son fils, mais Dieu lui-même : le fils est l'avenir de Dieu sur terre, car c'est le temps qui est, en vérité, la Terre Promise, le vrai, le seul séjour du peuple élu et de Dieu en son peuple. Or, Abraham, en sacrifiant son fils unique, doit sacrifier le temps, et le temps sacrifié ne lui sera certes pas rendu dans l'éternité de l'au-delà : l'au-delà n'est rien d'autre que l'avenir, l'avenir de Dieu dans le temps. L'au-delà, c'est Isaac.

L'épreuve pour Kafka est plus lourde de tout ce qui la lui rend légère (que serait l'épreuve d'Abraham, si, n'ayant pas de fils, il lui était cependant demandé le sacrifice de ce fils ? On ne pourrait le prendre au sérieux, on ne pourrait qu'en rire, ce rire est la forme de la douleur de Kafka). Le problème est ainsi tel qu'il se dérobe et qu'il dérobe dans son indécision celui qui cherche à le soutenir. D'autres écrivains ont connu des conflits semblables : Hölderlin lutte contre sa mère qui voudrait le voir devenir pasteur, il ne peut se lier à une tâche déterminée, il ne peut se lier avec celle qu'il aime et il aime précisément celle avec qui il ne peut se lier, conflits qu'il ressent dans toute leur force et qui en partie le brisent, mais ne mettent jamais en cause l'exigence absolue de la parole poétique en dehors de laquelle, du moins à partir de 1800, il n'a déjà plus d'existence. Pour Kafka, tout est plus trouble, parce qu'il cherche à confondre l'exigence de l'œuvre et l'exigence qui pourrait porter le nom de son salut. Si écrire le condamne à la solitude, fait de son existence une existence de célibataire, sans amour et sans lien, si cependant écrire lui paraît — du moins souvent et pendant longtemps — la seule activité qui pourrait le justifier, c'est que, de toute façon, la solitude menace en lui et hors de lui, c'est que la communauté n'est plus qu'un fantôme et que la loi qui parle encore en elle n'est pas même la loi oubliée, mais la dissimulation de l'oubli de la loi. Écrire redevient alors, au sein de la détresse et de la faiblesse dont ce mouvement est inséparable, une possibilité de plénitude, un chemin sans but capable de correspondre peut-être à ce but sans chemin qui est le seul qu'il faille atteindre. Quand il n'écrit pas, Kafka est non seulement seul, « seul comme Franz Kafka », dira-t-il à G. Janouch, mais d'une solitude stérile, froide, d'une froideur pétrifiante qu'il appelle hébétude et qui semble avoir été la grande menace qu'il ait redoutée. Même Brod, si soucieux de faire de Kafka un homme sans anomalie, reconnaît qu'il était parfois comme absent et comme mort. Très semblable encore à Hölderlin, au point que tous deux, pour se plaindre d'eux-mêmes, emploient les mêmes mots ; Hölderlin : « Je suis engourdi, je suis de pierre », et Kafka : « Mon incapacité à penser, à observer, à constater, à me rappeler, à parler, à prendre part à la vie des autres devient chaque jour plus grande ; je deviens de pierre... Si je ne me sauve pas dans un travail, je suis perdu » (28 juillet 1914).

Le salut par la littérature.

« Si je ne me sauve dans un travail... » Mais pourquoi ce travail pourrait-il le sauver ? Il semble que Kafka ait précisément reconnu dans ce terrible état de dissolution de lui-même, où il est perdu pour les autres et pour lui, le centre de gravité de l'exigence d'écrire. Là où il se sent détruit jusqu'au fond naît la profondeur qui substitue à la destruction la possibilité de la création la plus grande. Retournement merveilleux, espoir toujours égal au plus grand désespoir, et comme l'on comprend que, de cette expérience, il retire un mouvement de confiance qu'il ne mettra pas en question volontiers. Le travail devient alors, surtout dans ses jeunes années, comme un moyen de salut psychologique (pas encore spirituel), l'effort d'une création « qui puisse être liée mot à mot à sa vie, qu'il attire à lui pour qu'elle le retire de lui-même », ce qu'il exprime de la manière la plus naïve et la plus forte en ces termes : « J'ai aujourd'hui un grand désir de tirer tout à fait hors de moi, en écrivant, tout mon état anxieux et, ainsi qu'il vient de la profondeur, de l'introduire dans la profondeur du papier, ou de le mettre par écrit, de telle sorte que je puisse entièrement introduire en moi la chose écrite » (8 décembre 1911)[1]. Si sombre qu'il puisse devenir, cet espoir ne se démentira jamais tout à fait, et l'on trouvera toujours à toutes les époques, dans son *Journal*, des notes de ce genre : « La fermeté que m'apporte la moindre écriture est indubitable et merveilleuse. Le regard avec lequel hier pendant la promenade j'embrassais tout d'une seule vue ! » (27 novembre 1913).

---

1. Kafka ajoute : « Ce n'est pas un désir artistique. »

Écrire n'est pas à ce moment-là un appel, l'attente de la grâce ou un obscur accomplissement prophétique, mais quelque chose de plus simple, de plus immédiatement pressant : l'espoir de ne pas sombrer ou plus exactement de sombrer plus vite que lui-même et ainsi de se ressaisir au dernier moment. Devoir plus pressant donc que tout autre, et qui l'entraîne à noter le 31 juillet 1914 ces mots remarquables : « Je n'ai pas le temps. C'est la mobilisation générale. K. et P. sont appelés. Maintenant je reçois le salaire de la solitude. C'est malgré tout à peine un salaire. La solitude n'apporte que des châtiments. N'importe, je suis peu touché par toute cette misère et plus résolu que jamais... J'écrirai en dépit de tout, à tout prix : c'est mon combat pour la survie. »

Changement de perspective.

C'est pourtant l'ébranlement de la guerre, mais plus encore la crise ouverte par ses fiançailles, le mouvement et l'approfondissement de l'écriture, les difficultés qu'il y rencontre, c'est sa situation malheureuse en général qui peu à peu va éclairer différemment l'existence de l'écrivain en lui. Ce changement n'est jamais affirmé, n'aboutit pas à une décision, n'est qu'une perspective peu distincte, mais il y a cependant certains indices : en 1914, par exemple, il est encore tendu passionnément, désespérément vers ce seul but, trouver quelques instants pour écrire, obtenir quinze jours de congé qui ne seront employés qu'à écrire, tout subordonner à cette seule, à cette suprême exigence, écrire. Mais en 1916, s'il demande encore un congé, c'est pour s'engager. « Le devoir immédiat est sans condition : devenir soldat », projet qui n'aura pas de suite, mais il n'importe, le vœu qui en est le centre montre combien Kafka est loin déjà du « J'écrirai en dépit de tout » du 31 juillet 1914. Plus tard, il pensera sérieusement à se joindre aux pionniers du sionisme et à s'en aller en Palestine. Il le dit à Janouch : « Je rêvais de partir en Palestine comme ouvrier ou travailleur agricole. » — « Vous abandonneriez tout ici ? » — « Tout, pour trouver une vie pleine de sens dans la sécurité et la beauté. » Mais Kafka étant déjà malade, le rêve n'est qu'un rêve, et nous ne saurons jamais s'il aurait pu, comme un autre Rimbaud, renoncer à son unique vocation pour l'amour d'un désert où il aurait trouvé la sécurité d'une vie justifiée — ni non plus s'il l'y aurait trouvée. De toutes les tentatives auxquelles il s'applique pour orienter différemment sa vie, lui-même dira qu'elles ne sont que des essais brisés, autant de rayons qui hérissent de pointes le centre de ce cercle inaccompli qu'est sa vie. En 1922, il dénombre tous ses projets où il ne voit que des échecs : piano, violon, langues, études germaniques, antisionisme, sionisme, études hébraïques, jardinage, menuiserie, littérature, essais de mariage, habitation indépendante, et il ajoute : « Quand il m'est arrivé de pousser le rayon un peu plus loin que d'habitude, études du droit ou fiançailles, tout était plus mauvais de ce plus que représentait mon effort pour aller plus loin » (13 janvier 1922).

Il serait déraisonnable de tirer de notes passagères les affirmations absolues qu'elles contiennent, et bien que lui-même l'oublie ici, l'on ne peut oublier qu'il n'a jamais cessé d'écrire, qu'il écrira jusqu'à la fin. Mais, entre le jeune homme qui disait à celui qu'il regardait comme son futur beau-père : « Je ne suis rien d'autre que littérature et je ne puis et ne veux être rien d'autre » et l'homme mûr qui, dix ans plus tard, met la littérature sur le même plan que ses petits essais de jardinage, il reste que la différence intérieure est grande, même si extérieurement la force écrivante demeure la même, nous paraît même vers la fin plus rigoureuse et plus juste, étant celle à quoi nous devons *Le Château*.

D'où vient cette différence? Le dire, ce serait se rendre maître de la vie intérieure d'un homme infiniment réservé, secret même pour ses amis et d'ailleurs peu accessible à lui-même. Personne ne peut prétendre réduire à un certain nombre d'affirmations précises ce qui ne pouvait atteindre pour lui à la transparence d'une parole saisissable. Il y faudrait en outre une communauté d'intentions qui n'est pas possible. Du moins, l'on ne commettra sans doute pas d'erreurs extérieures en disant que, bien que sa confiance dans les pouvoirs de l'art soit souvent restée grande, sa confiance en ses propres pouvoirs, toujours davantage mise à l'épreuve, l'éclaire aussi sur cette épreuve, sur son exigence, l'éclaire surtout sur ce que lui-même exige de l'art : non plus donner à sa personne réalité et cohérence, c'est-à-dire le sauver de l'insanité, mais le sauver de la perdition, et quand Kafka pressentira que, banni de ce monde réel, il est peut-être déjà citoyen d'un autre monde où il lui faut lutter non seulement pour lui-même, mais pour cet autre monde, alors écrire ne lui apparaîtra plus que comme un moyen de lutte parfois décevant, parfois merveilleux, qu'il peut perdre sans tout perdre.

Que l'on compare ces deux notes ; la première est de janvier 1912 : « Il faut reconnaître en moi une très bonne concentration sur l'activité littéraire. Lorsque mon organisme s'est rendu compte qu'écrire était la direction la plus féconde de mon être, tout s'est dirigé là-dessus et ont été abandonnées toutes les capacités autres, celles qui ont pour objet les plaisirs du sexe, du boire, du manger, de la méditation philosophique et, avant tout, la musique. Je me suis amaigri dans toutes ces directions. C'était nécessaire, parce que mes forces, même rassemblées, étaient si petites qu'elles ne pouvaient qu'à demi atteindre le but d'écrire... La compensation de tout cela est claire. Il me suffira de rejeter le travail de bureau — mon développement étant achevé et moi-même n'ayant plus rien à sacrifier, autant que je puisse le voir — pour commencer ma vie réelle dans laquelle mon visage pourra enfin vieillir d'une manière naturelle selon les progrès de mon travail. » La légèreté de l'ironie ne doit sans doute pas nous tromper, mais légèreté, insouciance pourtant sensibles, et qui éclairent par contraste la tension de cette autre note, dont le sens est apparemment le même (datée du 6 août 1914) : « Vu du point de vue de la littérature, mon destin est très simple. Le sens qui me porte à représenter ma vie rêveuse intérieure a repoussé tout le reste dans l'accessoire, et tout cela s'est terriblement rabougri, ne cesse de se rabougrir. Rien d'autre ne pourra jamais me satisfaire. Mais maintenant ma force de représentation échappe à tous les calculs ; peut-être est-elle disparue à jamais ; peut-être reviendra-t-elle encore un jour ; les circonstances de ma vie ne lui sont naturellement pas favorables. C'est ainsi que je vacille, m'élance sans cesse vers le sommet de la montagne où je puis à peine me retenir un instant. D'autres aussi vacillent, mais dans des régions plus basses, avec des forces plus grandes ; menacent-ils de tomber, un parent les soutient, qui marche près d'eux dans ce but. Mais, moi, c'est là-haut que je vacille ; ce n'est malheureusement pas la mort, mais les éternels tourments du Mourir. »

Trois mouvements, ici, se croisent. Une affirmation, « rien d'autre (que la littérature) ne pourra me satisfaire ». Un doute sur soi, lié à l'essence inexorablement incertaine de ses dons, qui « déjouent tous les calculs ». Le sentiment que cette incertitude — ce fait qu'écrire n'est jamais un pouvoir dont on dispose — appartient à ce qu'il y a d'extrême dans l'œuvre, exigence centrale, mortelle, qui « n'est malheureusement pas la mort », qui est la mort mais tenue à distance, « les éternels tourments du Mourir ».

On peut dire que ces trois mouvements constituent, par leurs vicissitudes, l'épreuve qui épuise en Kafka la fidélité à « sa vocation unique », qui, coïncidant avec les préoccupations religieuses, l'amène à lire dans cette exigence unique autre chose qu'elle, une autre exigence qui tend à la subordonner, du moins à la transformer. Plus Kafka écrit, moins il est sûr d'écrire. Parfois, il essaie de se rassurer en pensant que « si on a une fois reçu la connaissance de l'écriture, cela ne peut plus faillir ni sombrer, mais qu'aussi, bien rarement, surgit quelque chose qui dépasse la mesure ». Consolation sans force : plus il écrit, plus il se rapproche de ce point extrême à quoi l'œuvre tend comme à son origine, mais que celui qui le pressent ne peut regarder que comme la profondeur vide de l'indéfini. « Je ne peux plus continuer à écrire. Je suis à la limite définitive, devant laquelle je dois peut-être demeurer à nouveau pendant des années, avant de pouvoir recommencer une nouvelle histoire qui à nouveau restera inachevée. Cette destinée me poursuit » (30 novembre 1914).

Il semble qu'en 1915-1916, si vain qu'il soit de vouloir dater un mouvement qui échappe au temps, s'accomplit le changement de perspective. Kafka a renoué avec son ancienne fiancée. Ces relations qui aboutiront en 1917 à de nouvelles fiançailles, puis tout de suite après prendront fin dans la maladie qui se déclare alors, le jettent dans des tourments qu'il ne peut surmonter. Il découvre toujours plus qu'il ne sait pas vivre seul et qu'il ne peut pas vivre avec d'autres. Ce qu'il y a de coupable dans sa situation, dans son existence livrée à ce qu'il appelle les vices bureaucratiques, lésinerie, indécision, esprit de calcul, le saisit et l'obsède. A cette bureaucratie, coûte que coûte, il faut échapper, et il ne peut plus compter, pour cela, sur la littérature, car ce travail se dérobe, car ce travail a sa part dans l'imposture de l'irresponsabilité, car le travail exige la solitude, mais est aussi anéanti par elle. De là la décision : « Devenir soldat ». En même temps apparaissent dans le *Journal* des allusions à l'Ancien Testament, se font entendre les cris d'un homme perdu : « Prends-moi dans tes bras, c'est le gouffre, accueille-moi dans le gouffre ; si tu refuses maintenant, alors plus tard. » « Prends-moi, prends-moi, moi qui ne suis qu'un entrelacement de folie et de douleur. » « Aie pitié de moi, je suis pécheur dans tous les replis de mon être... Ne me rejette pas parmi les perdus. »

On a traduit jadis en français certains de ces textes en y ajoutant le mot Dieu. Il n'y figure pas. Le mot Dieu n'apparaît dans le *Journal* presque jamais, et jamais d'une manière significative. Cela ne veut pas dire que ces invocations, dans leur incertitude, n'aient pas une direction religieuse, mais qu'il faut leur conserver la force de cette incertitude et ne pas priver Kafka de l'esprit de réserve dont il a toujours fait preuve à l'égard de ce qui lui était le plus important. Ces paroles de détresse sont de juillet 1916 et correspondent à un séjour qu'il fait à Marienbad avec F. B. Séjour d'abord peu heureux, mais qui finalement les rapprochera intimement. Un an plus tard, il est à nouveau fiancé ; un mois plus tard, il crache le sang ; en septembre, il quitte Prague, mais la maladie est encore modeste et ne deviendra menaçante qu'à partir de 1922 (semble-t-il). En 1917 encore, il écrit les « Aphorismes », seul texte où l'affirmation spirituelle (sous une forme générale, qui ne le concerne pas en particulier) échappe parfois à l'épreuve d'une transcendance négative.

Pour les années qui suivent, le *Journal* manque presque tout à fait. Pas un mot en 1918. Quelques lignes en 1919 où il se fiance pendant six mois avec une jeune fille dont nous ne savons presque rien. En 1920, il rencontre Milena Jesenska, une jeune femme tchèque sensible, intelligente, capable d'une grande liberté d'esprit et de passion, avec qui pendant deux ans il se lie par un sentiment violent, au début plein d'espoir et de bonheur, plus tard voué à la détresse. Le *Journal* devient à nouveau plus important en 1921 et surtout en 1922 où les traverses de cette amitié, tandis que la maladie s'aggrave, le portent à un point de tension où son esprit paraît osciller entre la folie et la décision de salut. Il faut ici faire deux longues citations. Le premier texte est daté du 28 janvier 1922 :

« Un peu inconscient, fatigué de luger. Il y a encore des armes, si rarement employées, et je me fraie un chemin si difficilement vers elles, parce que je ne connais pas la joie de m'en servir, parce que, enfant, je n'ai pas appris. Je ne l'ai pas apprise, non seulement " par la faute du père ", mais aussi parce que j'ai voulu détruire " le repos ", déranger l'équilibre et que, par suite, je n'avais pas le droit de laisser renaître d'un côté quelqu'un que je m'efforçais d'enterrer d'autre part. Il est vrai, j'en reviens là à " la faute ", car pourquoi voulais-je sortir du monde ? Parce que " lui " ne me laissait pas vivre dans le monde, dans son monde. Naturellement, aujourd'hui, je ne puis pas en juger aussi clairement, car maintenant je suis déjà citoyen en cet autre monde qui a avec le monde habituel le même rapport que le désert avec les terres cultivées (pendant quarante ans j'ai erré hors de Canaan), et c'est comme un étranger que je regarde en arrière ; sans doute, dans cet autre monde, ne suis-je aussi que le plus petit et le plus anxieux (j'ai apporté cela avec moi, c'est l'héritage paternel), et si je suis là-bas capable de vivre, ce n'est qu'en raison de l'organisation propre à là-bas et selon laquelle, même pour les plus infimes, il y a des élévations foudroyantes, naturellement aussi des écrasements qui durent des milliers d'années et comme sous le poids de toute la mer. En dépit de tout, ne dois-je pas être reconnaissant ? Ne m'aurait-il pas fallu trouver le chemin pour venir jusqu'ici ? N'aurait-il pas pu m'arriver que le " bannissement " là-bas, joint à l'exclusion d'ici, m'eût écrasé contre la frontière ? Et n'est-ce pas grâce à la force de mon père que l'expulsion a été assez forte pour que rien ne pût lui résister (à elle, non pas à moi) ? Il est vrai, c'est comme le voyage dans le désert à rebours, avec les approches continuelles du désert et les espérances enfantines (particulièrement en ce qui concerne les femmes) : " Est-ce que je ne demeurerais pas encore dans Canaan ? ", et entre-temps je suis depuis longtemps dans le désert et ce ne sont que les visions du désespoir, surtout dans ces temps où, là-bas aussi, je suis le plus misérable de tous et où il faut que Canaan s'offre comme l'unique Terre Promise, car il n'y a pas une troisième terre pour les hommes. »

Le deuxième texte est daté du lendemain :

« Attaques sur le chemin, le soir, dans la neige. Toujours le mélange des représentations, à peu près ainsi : dans ce monde la situation serait effroyable, — ici, seul à Spindlermühle, de plus sur un chemin abandonné où l'on ne cesse de faire des faux pas dans l'obscurité, dans la neige ; de plus un chemin privé de sens, sans but terrestre (il mène au pont ? pourquoi là-bas ? d'ailleurs je ne l'ai pas même atteint) ; de plus, en ce lieu, moi aussi abandonné (je ne puis considérer le médecin comme un aide personnel, je ne me le suis pas gagné par mes mérites, je n'ai au fond avec lui que des rapports d'honoraires), incapable d'être connu de personne, incapable de supporter une connaissance, au fond plein d'un étonnement infini devant une société gaie ou devant des parents avec leurs enfants (à l'hôtel, naturellement, il n'y a pas beaucoup de gaieté, je n'irai pas jusqu'à dire que j'en suis la cause, en ma qualité d'" homme à l'ombre trop grande ", mais effectivement mon ombre est trop grande, et avec un nouvel étonnement je constate la force de résistance, l'obstination de certains êtres à vouloir vivre " malgré tout " dans cette ombre, juste en elle ; mais ici s'ajoute encore autre chose dont il reste à parler) ; de plus abandonné non seulement ici, mais en général, même à Prague, mon " pays natal ", et non pas abandonné des hommes, ce ne serait pas le pire, tant que je vis je pourrais leur courir après, mais de moi par rapport aux êtres, de ma force par rapport aux êtres ; je sais gré à ceux qui aiment, mais je ne puis aimer, je suis trop loin, je suis exclu ; sans doute, puisque je suis cependant un être humain et que les racines veulent de la nourriture, ai-je là " en bas " (ou en haut) mes représentants, des comédiens lamentables et insuffisants, qui me suffisent (il est vrai, ils ne me suffisent en aucune façon et c'est pourquoi je suis si abandonné), qui me suffisent pour cette seule raison que ma principale nourriture vient d'autres racines dans un autre air, ces racines aussi sont lamentables, mais cependant plus capables de vie. Cela me conduit au mélange des représentations. Si tout était ainsi qu'il apparaît sur le chemin dans la neige, ce serait effrayant, je serais perdu, cela non pas entendu comme une menace, mais comme une exécution immédiate. Mais je suis ailleurs. Seulement, la force d'attraction du monde des hommes est monstrueuse, en un instant elle peut faire tout oublier. Mais grande aussi est la force d'attraction de mon monde, ceux qui m'aiment m'aiment, parce que je suis " abandonné ", et non pas peut-être comme le vacuum de Weiss, mais parce qu'ils sentent que, dans des temps heureux, sur un autre plan, j'ai la liberté de mouvement qui me manque ici complètement. »

L'expérience positive.

Commenter ces pages semble superflu. Il faut toutefois remarquer comment, à cette date, la privation du monde se renverse en une expérience positive [1], celle d'un monde autre, dont il est déjà citoyen, où il n'est certes que le plus petit et le plus anxieux, mais où il connaît aussi des élévations foudroyantes, où il dispose d'une liberté dont les hommes pressentent la valeur et subissent le prestige. Cependant, pour ne pas altérer le sens de telles images, il est nécessaire de les lire, non pas selon la perspective chrétienne commune (selon laquelle il y a ce monde-ci, puis le monde de l'au-delà, le seul qui aurait valeur, réalité et gloire), mais toujours dans la perspective d' « Abraham », car, de toute manière, pour Kafka, être exclu du monde veut dire exclu de Canaan, errer dans le désert, et c'est cette situation qui rend sa lutte pathétique et son espérance désespérée, comme si, jeté hors du monde, dans l'erreur de la migration infinie, il lui fallait lutter sans cesse pour faire de ce dehors un autre monde et de cette erreur le principe, l'origine d'une liberté nouvelle. Lutte sans issue et sans certitude, où ce qu'il lui faut conquérir, c'est sa propre perte, la vérité de l'exil et le retour au sein même de la dispersion. Lutte que l'on rapprochera des profondes spéculations juives, lorsque, surtout à la suite de l'expulsion d'Espagne, les esprits religieux tentent de surmonter l'exil en le

---

1. Certaines lettres à Milena font aussi allusion à ce qu'il y a pour lui-même d'inconnu dans ce mouvement terrible (voir les études publiées dans ce volume : *Kafka et Brod, L'échec de Milena, Le tout dernier mot*).

poussant à son terme [1]. Kafka a fait clairement allusion à « toute cette littérature » (la sienne) comme à « une nouvelle Kabbale », « une nouvelle doctrine secrète » qui « aurait pu se développer » « si le sionisme n'était survenu entre-temps » (16 janvier 1922). Et l'on comprend mieux pourquoi il est à la fois sioniste et antisioniste. Le sionisme est la guérison de l'exil, l'affirmation que le séjour terrestre est possible, que le peuple juif n'a pas seulement pour demeure un livre, la Bible, mais la terre et non plus la dispersion dans le temps. Cette réconciliation, Kafka la veut profondément, il la veut même s'il en est exclu, car la grandeur de cette conscience juste a toujours été d'espérer pour

---

[1]. Il faut, sur ce sujet, renvoyer au livre de G. G. SCHOLEM, *Les Grands Courants de la Mystique juive* : « Les horreurs de l'Exil influencèrent la doctrine kabbalistique de la métempsycose qui gagna alors une immense popularité en insistant sur les diverses étapes de l'exil de l'âme. Le destin le plus redoutable qui puisse tomber sur l'âme, beaucoup plus horrible que les tourments de l'enfer, c'était d'être " rejetée " ou " mise à nu ", état excluant ou la reviviscence ou même l'admission en enfer... La privation absolue d'un foyer fut le symbole sinistre d'une impiété absolue, d'une dégradation morale et spirituelle extrême. L'union avec Dieu ou le bannissement absolu devinrent les deux pôles entre lesquels s'élabora un système offrant aux juifs la possibilité de vivre sous la domination d'un régime qui cherche à détruire les forces de l'Exil. » Et ceci encore : « Il y avait un ardent désir de surmonter l'Exil en aggravant ses tourments, en savourant son amertume à l'extrême (jusqu'à la nuit de la Chekhina elle-même)... » (p. 267). Que le thème de *La Métamorphose* (ainsi que les obsédantes fictions de l'animalité) soit une réminiscence, une allusion à la tradition de la métempsycose kabbalistique, c'est ce qu'on peut imaginer, même s'il n'est pas sûr que « Samsa » soit un rappel de « samsara » (Kafka et Samsa sont des noms apparentés, mais Kafka récuse ce rapprochement). Kafka affirme parfois qu'il n'est pas encore né : « L'hésitation devant la naissance : S'il y a une transmigration des âmes, alors je ne suis pas encore au plus bas degré ; ma vie est l'hésitation devant la naissance. » (24 janvier 1922.) Rappelons que, dans *Hochzeitsvorbereitungen auf dem Lande*, Raban, le héros de ce récit de jeunesse, exprime, par jeu, le souhait de devenir un insecte (*Käfer*) qui pourrait paresser au lit et échapper aux devoirs désagréables de la communauté. La « carapace » de la solitude semble ainsi l'image qui se serait animée dans le thème impressionnant de *La Métamorphose*.

les autres plus que pour lui et de ne pas faire de sa disgrâce personnelle la mesure du malheur commun. « Magnifique, tout cela, sauf pour moi et avec raison. » Mais, à cette vérité, il n'appartient pas, et c'est pourquoi il lui faut être antisioniste pour lui-même sous peine d'être condamné à l'exécution immédiate et à la désespérance de l'impiété absolue. Il appartient déjà à l'autre rive, et sa migration ne consiste pas à se rapprocher de Canaan, mais à se rapprocher du désert, de la vérité du désert, d'aller toujours plus loin de ce côté-là, même lorsque, disgracié aussi dans cet autre monde et tenté encore par les joies du monde réel (« particulièrement en ce qui concerne les femmes » : cela est une claire allusion à Milena), il essaie de se persuader qu'il demeure peut-être encore dans Canaan. S'il n'était pas antisioniste pour lui-même (cela n'est dit, naturellement, que comme une figure), s'il n'y avait que ce monde-ci, alors « la situation serait effroyable », alors il serait perdu sur-le-champ. Mais il est « ailleurs », et si la force d'attraction du monde humain reste assez grande pour le ramener jusqu'aux frontières et l'y maintenir comme écrasé, non moins grande est la force attirante de son propre monde, celui où il est libre, liberté dont il parle avec un frémissement, un accent d'autorité prophétique qui contraste avec sa modestie habituelle.

Que cet autre monde ait quelque chose à voir avec l'activité littéraire, cela n'est pas douteux, et la preuve en est que Kafka, s'il parle de la « nouvelle Kabbale », en parle précisément à propos de « toute cette littérature ». Mais que l'exigence, la vérité de cet autre monde dépasse désormais, à ses yeux, l'exigence de l'œuvre, ne soit pas épuisée par elle et ne s'accomplisse qu'imparfaitement en elle, cela aussi se laisse pressentir. Quand écrire devient « forme de prière », c'est qu'il est sans doute d'autres formes, et même si, par suite de ce monde malheureux, il n'en était point, écrire, dans cette perspective, cesse d'être l'approche de l'œuvre pour devenir l'attente de ce seul moment de grâce dont Kafka se reconnaît le guetteur et où il ne faudra plus écrire. A Janouch qui lui dit : « La poésie tendrait donc à la religion ? », il répond : « Je ne dirai pas cela, mais à la prière sûrement » et, opposant littérature et poésie, il ajoute : « La littérature s'efforce de placer les choses dans une lumière agréable ; le poète est contraint de les élever dans le royaume de la vérité, de la pureté et de la durée. » Réponse significative, car elle correspond à une note du *Journal* où Kafka se demande quelle joie peut encore lui réserver l'écriture : « Je puis encore tirer une satisfaction momentanée de travaux comme *Le Médecin de campagne*, à supposer que je puisse encore réussir quelque chose de semblable (très invraisemblable). Mais, bonheur seulement au cas où je pourrais élever le monde dans le pur, le vrai et l'inaltérable » (25 septembre 1917). L'exigence « idéaliste » ou « spirituelle » devient ici catégorique. Écrire, oui, écrire encore, mais seulement pour « élever dans la vie infinie ce qui est périssable et isolé, dans le domaine de la loi ce qui appartient au hasard », comme il le dit encore à Janouch. Mais, aussitôt, la question se pose : est-ce donc possible ? est-il si sûr qu'écrire n'appartienne pas au mal ? et la consolation de l'écriture ne serait-elle pas une illusion, une illusion dangereuse, qu'il faut récuser ? « C'est indéniablement un certain bonheur de pouvoir écrire paisiblement : *étouffer est terrible au-delà de toute pensée.* Il est vrai, *au-delà de toute pensée,* de sorte que c'est à nouveau comme s'il n'y avait rien d'écrit » (20 décembre 1921). Et la plus humble réalité du monde n'a-t-elle pas une consistance qui manque à l'œuvre la plus forte : « Manque d'indépendance du fait d'écrire : il dépend de la servante qui fait du feu, du chat qui se chauffe près du poêle, même de ce pauvre vieil homme qui se chauffe. Tous sont des accomplissements autonomes, ayant leur loi propre ; seul écrire est privé de tout secours, ne demeure pas en soi-même, est plaisanterie et désespoir » (6 décembre 1921). Grimace, grimace du visage qui recule devant la lumière ; « une défense du néant, un cautionnement du néant, un souffle de gaieté prêté au néant » : tel est l'art.

Cependant, si la confiance de ses jeunes années fait place à une vue toujours plus rigoureuse, il reste que, dans ses moments les plus difficiles, quand il semble menacé jusque dans son intégrité, quand il subit de la part de l'inconnu des attaques presque sensibles (« Comme cela épie : par exemple sur le chemin pour aller chez le docteur, là-bas, constamment »), même alors, il continue de voir dans son travail, non pas ce qui le menace, mais ce qui peut l'aider, lui ouvrir la décision du salut : « La consolation de l'écriture, remarquable, mystérieuse, peut-être dangereuse, peut-être salvatrice : c'est sauter hors de la rangée des meurtriers, observation qui est acte [*Tat-Beobachtung*, l'observation qui est devenue acte]. Il y a observation-acte dans la mesure où est créée une plus haute sorte d'observation, plus haute, non pas plus aiguë, et plus elle est haute, inaccessible à la « rangée » [des meurtriers], moins elle est dépendante, plus elle suit les lois propres de son mouvement, plus son chemin monte, joyeusement, échappant à tous les calculs » (27 janvier 1922). Ici, la littérature s'annonce comme le pouvoir qui affranchit, la force qui écarte l'oppression du monde, ce monde « où toute chose se sent serrée à la gorge », elle est le passage libérateur du « Je » au « Il », de l'observation de soi-même qui a été le tourment de Kafka à une observation plus haute, s'élevant au-dessus d'une réalité mortelle, vers l'autre monde, celui de la liberté.

Pourquoi l'art est, n'est pas justifié.

Pourquoi cette confiance ? On peut se le demander. On peut y répondre en pensant que Kafka appartient à une tradition où ce qu'il y a de plus haut s'exprime dans un livre qui est écriture par excellence [1], tradition où des expériences extatiques ont été menées à partir de la combinaison et de la manipulation des lettres, où il est dit que le monde des lettres, celles de l'alphabet, est le vrai monde de la béatitude [2]. Écrire, c'est conjurer les esprits, c'est peut-être les libérer contre nous, mais ce danger appartient à l'essence de la puissance qui libère [3].

Cependant, Kafka n'était pas un esprit « superstitieux », il y avait en lui une lucidité froide qui lui faisait dire à Brod, au sortir de célébrations hassidiques : « Au vrai, c'était à peu près comme dans une tribu nègre, de grossières superstitions [4]. » Il ne faudrait donc pas s'en tenir à des explications, peut-être

1. Kafka dit à Janouch que « la tâche du poète est une tâche prophétique : le mot juste conduit ; le mot qui n'est pas juste séduit ; ce n'est pas un hasard si la Bible s'appelle l'Écriture ».
2. De là aussi la condamnation impitoyable (qui l'atteint lui-même) que Kafka porte contre les écrivains juifs qui se servent de la langue allemande.
3. « Mais qu'en va-t-il de ce fait même : être poète ? Cet acte d'écrire, c'est un don, un don silencieux et mystérieux. Mais son prix ? Dans la nuit, la réponse éclate toujours à mes yeux avec une éblouissante netteté : c'est le salaire reçu des puissances diaboliques que l'on a servies. Cet abandon aux forces obscures, ce déchaînement de puissances tenues habituellement en lisière, ces étreintes impures et tout ce qui se passe encore dans les profondeurs, en sait-on encore quelque chose, en haut, quand on écrit des histoires, en pleine lumière, en plein soleil ?... La surface en garde-t-elle quelque trace ? Peut-être y a-t-il encore une autre manière d'écrire ? Pour moi, je ne connais que celle-ci, dans ces nuits où l'angoisse me tourmente au bord du sommeil. »
4. Mais, par la suite, Kafka semble être devenu toujours plus attentif à cette forme de dévotion. Dora Dymant appartenait à « une famille juive hassidique considérée ». Et Martin Buber l'a peut-être influencé.

justes, mais qui, du moins, ne nous laissent pas comprendre pourquoi, si sensible à l'égarement que constitue chacune de ses démarches, Kafka s'abandonne avec tant de foi à cette erreur essentielle qu'est l'écriture. Là encore, il ne serait pas suffisant de rappeler que, dès son adolescence, il a subi extraordinairement l'influence d'artistes comme Gœthe et comme Flaubert qu'il était souvent prêt à mettre au-dessus de tous parce qu'ils mettaient leur art au-dessus de tout. De cette conception, Kafka ne s'est sans doute jamais intérieurement tout à fait séparé, mais si la passion de l'art a été dès le commencement si forte et lui a paru si longtemps salutaire, c'est que, dès le commencement et par « la faute du père », il s'est trouvé jeté hors du monde, condamné à une solitude dont il n'avait donc pas à rendre la littérature responsable, mais plutôt à la remercier d'avoir éclairé cette solitude, de l'avoir fécondée, ouverte sur un autre monde.

On peut dire que son débat avec le père a pour lui rejeté dans l'ombre la face négative de l'expérience littéraire. Même quand il voit que son travail exige qu'il dépérisse, même quand plus gravement il voit l'opposition entre son travail et son mariage, il n'en conclut nullement qu'il y a dans le travail une puissance mortelle, une parole qui prononce le « bannissement » et condamne au désert. Il ne le conclut pas, parce que, dès le début, le monde a été perdu pour lui, l'existence réelle lui a été retirée, ou elle ne lui a jamais été donnée, et quand à nouveau il parle de son exil, de l'impossibilité de s'y dérober, il dira : « J'ai l'impression de n'être pas du tout venu ici, mais déjà, petit enfant, d'avoir été poussé, puis fixé là-bas avec des chaînes » (24 janvier 1922). L'art ne lui a pas donné ce malheur, n'y a même pas aidé, mais au contraire l'a éclairé, a été « la conscience du malheur », sa dimension nouvelle.

L'art est d'abord la conscience du malheur, non pas sa compensation. La rigueur de Kafka, sa fidélité à l'exigence de l'œuvre, sa fidélité à l'exigence du malheur lui ont épargné ce paradis des fictions où se complaisent tant d'artistes faibles que la vie a déçus. L'art n'a pas pour objet des rêveries, ni des « constructions ». Mais il ne décrit pas non plus la vérité : la vérité n'a pas à être connue ni décrite, elle ne peut même se connaître elle-même, de même que le salut terrestre demande à être accompli et non pas interrogé ni figuré. En ce sens, il n'y a aucune place pour l'art : le monisme rigoureux exclut toutes les idoles. Mais, en ce même sens, si l'art n'est pas justifié en général, il l'est du moins pour le seul Kafka, car l'art est lié, précisément comme l'est Kafka, à ce qui est « hors » du monde et il exprime la profondeur de ce dehors sans intimité et sans repos, ce qui surgit quand, même avec nous, même avec notre mort, nous n'avons plus des rapports de possibilité. L'art est la conscience de « ce malheur ». Il décrit la situation de celui qui s'est perdu lui-même, qui ne peut plus dire « moi », qui dans le même mouvement a perdu le monde, la vérité du monde, qui appartient à l'exil, à ce *temps de la détresse* où, comme le dit Hölderlin, les dieux ne sont plus et où ils ne sont pas encore. Cela ne signifie pas que l'art affirme un autre monde, s'il est vrai qu'il a son origine, non dans un autre monde, mais dans l'autre de tout monde (c'est sur ce point, on le voit, — mais dans les notes qui traduisent son expérience religieuse plutôt que dans son œuvre — que Kafka accomplit ou est prêt à accomplir le saut que l'art n'autorise pas)[1].

---

1. Kafka n'est pas sans dénoncer ce qu'il y a de tentant, de facilité tentante dans la distinction trop déterminée de ces deux mondes : « D'ordinaire, le partage (de ces deux mondes) me semble trop déterminé, dangereux dans sa détermination, triste et trop dominateur. » (30 janvier 1922.)

Kafka oscille pathétiquement. Tantôt il semble tout faire pour se créer un séjour parmi les hommes dont « la puissance d'attraction est monstrueuse ». Il cherche à se fiancer, il fait du jardinage, il s'exerce à des travaux manuels, il pense à la Palestine, il se procure un logement à Prague pour conquérir non seulement la solitude, mais l'indépendance d'un homme mûr et vivant. Sur ce plan, le débat avec le père reste essentiel et toutes les notes nouvelles du *Journal* le confirment, montrent que Kafka ne se dissimule rien de ce que la psychanalyse pourrait lui dévoiler. Sa dépendance à l'égard de sa famille non seulement l'a rendu faible, étranger aux tâches viriles (ainsi qu'il l'affirme), mais comme cette dépendance lui fait horreur, elle lui rend aussi insupportables toutes les formes de dépendance — et, pour commencer, le mariage qui lui rappelle avec dégoût celui de ses parents [1], la vie de famille dont il voudrait se dégager, mais dans laquelle il voudrait aussi s'engager, car c'est là l'accomplissement de la loi, c'est la vérité, celle du père, qui l'attire autant qu'il la repousse, de sorte que « réellement je me tiens debout devant ma famille et que sans cesse dans son cercle je

---

1. Il faut au moins citer ce passage d'un brouillon de lettre à sa fiancée où il précise avec la plus grande lucidité ses rapports avec sa famille : « Mais je proviens de mes parents, je suis lié à eux ainsi qu'à mes sœurs par le sang ; dans la vie courante et parce que je me voue à mes buts propres, je ne le sens pas, mais au fond cela a pour moi plus de valeur que je ne le sais. Tantôt je poursuis cela aussi de ma haine : la vue du lit conjugal, des draps de lit qui ont servi, des chemises de nuit soigneusement étendues me donne envie de vomir, tire tout mon intérieur au-dehors ; c'est comme si je n'étais pas né définitivement, comme si je venais toujours au monde hors de cette vie obscure dans cette chambre obscure, comme s'il me fallait toujours à nouveau y chercher confirmation de moi-même, comme si j'étais, du moins dans une certaine mesure, indissolublement lié à ces choses répugnantes, cela entrave encore mes pieds qui voudraient courir, ceux-ci sont encore fourrés dans l'informe bouillie originelle. » (18 octobre 1916.)

brandis des couteaux pour la blesser mais en même temps pour la défendre. » « Ceci d'une part. »

Mais d'autre part il voit toujours plus, et la maladie naturellement l'aide à le voir, qu'il appartient à l'autre rive, que, banni, il ne doit pas ruser avec ce bannissement, ni demeurer tourné passivement, comme écrasé contre ses frontières, vers une réalité dont il se sent exclu et où il n'a même jamais séjourné, car il n'est pas encore né. Cette nouvelle perspective pourrait être seulement celle du désespoir absolu, du nihilisme qu'on lui attribue trop facilement. Que la détresse soit son élément, comment le nier ? c'est son séjour et son « temps ». Mais cette détresse n'est jamais sans espoir ; cet espoir n'est souvent que le tourment de la détresse, non pas ce qui donne de l'espoir, mais ce qui empêche qu'on ne se rassasie même du désespoir, ce qui fait que, « condamné à en finir, on est aussi condamné à se défendre jusqu'à la fin » et peut-être alors promis à renverser la condamnation en délivrance. Dans cette nouvelle perspective, celle de la détresse, l'essentiel est de ne pas se tourner vers Canaan. La migration a pour but le désert, et c'est l'approche du désert qui est maintenant la vraie Terre Promise. « C'est là-bas que tu me conduis ? » Oui, c'est là-bas. Mais où est-ce, là-bas ? Il n'est jamais en vue, le désert est encore moins sûr que le monde, il n'est jamais que l'approche du désert et, dans cette terre de l'erreur, on n'est jamais « ici », mais toujours « loin d'ici ». Et cependant, dans cette région où manquent les conditions d'un séjour véritable, où il faut vivre dans une séparation incompréhensible, dans une exclusion dont on est en quelque sorte exclu comme on y est exclu de soi-même, dans cette région qui est celle de l'erreur parce qu'on n'y fait rien qu'errer sans fin, subsiste une tension, la possibilité même d'errer, d'aller jusqu'au bout de l'erreur, de se rapprocher de

La démarche hors du vrai : l'arpenteur.

Nous savons que, de cette démarche, l'histoire de l'arpenteur nous représente l'image la plus impressionnante. Dès le commencement, ce héros de l'obstination inflexible nous est décrit comme ayant renoncé à jamais à son monde, son pays natal, la vie où il y a femme et enfants. Dès le commencement, il est donc hors du salut, il appartient à l'exil, ce lieu où non seulement il n'est pas chez lui, mais où il est hors de lui, dans le dehors même, une région privée absolument d'intimité, où les êtres semblent absents, où tout ce qu'on croit saisir se dérobe. La difficulté tragique de l'entreprise, c'est que, dans ce monde de l'exclusion et de la séparation radicale, tout est faux et inauthentique dès qu'on s'y arrête, tout vous manque dès qu'on s'y appuie, mais que cependant le fond de cette absence est toujours donné à nouveau comme une présence indubitable, absolue, et le mot absolu est ici à sa place, qui signifie séparé, comme si la séparation, éprouvée dans toute sa rigueur, pouvait se renverser dans l'absolument séparé, l'absolument absolu.

Il faut le préciser : Kafka, esprit toujours juste et nullement satisfait par le dilemme du tout ou rien qu'il conçoit pourtant avec plus d'intransigeance qu'aucun autre, laisse pressentir que, dans cette démarche hors du vrai, il y a certaines règles, peut-être contradictoires et intenables, mais qui autorisent encore une sorte de possibilité. La première est donnée dans l'erreur même : il faut errer et non pas être négligent comme l'est le Joseph K. du *Procès*, qui s'imagine que les choses vont toujours continuer et qu'il est encore dans le monde, alors que, dès la première phrase, il en est rejeté. La faute de Joseph, comme sans doute celle que Kafka se reprochait à l'époque où il écrivait ce livre, est de vouloir gagner son procès dans le monde même, auquel il croit toujours appartenir, mais où son cœur froid, vide, son existence de célibataire et de bureaucrate, son indifférence à sa famille — tous traits de caractère que Kafka retrouvait en lui-même — l'empêchent déjà de prendre pied. Certes son insouciance cède peu à peu, mais c'est le fruit du procès, de même que la beauté qui illumine les accusés et qui les rend agréables aux femmes, est le reflet de leur propre dissolution, de la mort qui s'avance en eux, comme une lumière plus vraie.

Le procès — le bannissement — est sans doute un grand malheur, c'est peut-être une incompréhensible injustice ou un châtiment inexorable, mais c'est aussi — il est vrai seulement dans une certaine mesure, c'est là l'excuse du héros, le piège où il se laisse prendre —, c'est aussi une donnée qu'il ne suffit pas de récuser en invoquant dans les discours creux une justice plus haute, dont il faut au contraire essayer de tirer parti, selon la règle que Kafka avait faite sienne : « Il faut se limiter à ce qu'on possède encore. » Le « Procès » a au moins cet avantage de faire connaître à K. ce qu'il en est réellement, de dissiper l'illusion, les consolations trompeuses qui, parce qu'il avait un bon emploi et quelques plaisirs indifférents, lui laissaient croire à son existence, à son existence d'homme du monde. Mais le Procès n'est pas pour autant la vérité, c'est au contraire un processus d'erreur, comme tout ce qui est lié au-dehors, ces ténèbres « extérieures » où l'on est jeté par la force du bannissement, processus où s'il reste un espoir, c'est à celui qui avance, non pas à contre-courant, par une opposition stérile, mais dans le sens même de l'erreur.

La faute essentielle.

L'arpenteur est presque entièrement dégagé des défauts de Joseph K. Il ne cherche pas à revenir vers le lieu natal : perdue la vie dans Canaan ; effacée la vérité de ce monde-ci ; à peine s'il s'en souvient dans de brefs instants pathétiques. Il n'est pas davantage négligent, mais toujours en mouvement, ne s'arrêtant jamais, ne se décourageant presque pas, allant d'échec en échec, par un mouvement inlassable qui évoque l'inquiétude froide du temps sans repos. Oui, il va, avec une obstination inflexible, toujours dans le sens de l'erreur extrême, dédaignant le village qui a encore quelque réalité, mais voulant le Château qui n'en a peut-être aucune, se détachant de Frieda qui a sur elle quelques reflets vivants pour se tourner vers Olga, sœur d'Amélie, la doublement exclue, la rejetée, plus encore, celle qui volontairement, par une décision effrayante, a choisi de l'être. Tout devrait donc aller pour le mieux. Mais il n'en est rien, car l'arpenteur tombe sans cesse dans la faute que Kafka désigne comme la plus grave, celle de l'impatience [1]. L'impatience au sein de l'erreur est la faute essentielle, parce qu'elle méconnaît la vérité même de l'erreur qui impose, comme une loi, de ne jamais croire que le but est proche, ni que l'on s'en rapproche : il ne faut jamais en finir avec l'indéfini ; il ne faut jamais saisir comme l'immédiat, comme le déjà présent, la profondeur de l'absence inépuisable.

1. « Il est deux péchés capitaux humains dont découlent tous les autres : l'impatience et la négligence. A cause de leur impatience, ils ont été chassés du Paradis. A cause de leur négligence, ils n'y retournent pas. Peut-être n'y a-t-il qu'un péché capital, l'impatience. A cause de l'impatience ils n'y retournent pas. » *(Aphorismes.)*

Certes, c'est inévitable et là est le caractère désolant d'une telle recherche. Qui n'est pas impatient est négligent. Qui se donne à l'inquiétude de l'erreur perd l'insouciance qui épuiserait le temps. A peine arrivé, sans rien comprendre à cette épreuve de l'exclusion où il est, K. tout de suite se met en route pour parvenir tout de suite au terme. Il néglige les intermédiaires, et sans doute est-ce un mérite, la force de la tension vers l'absolu, mais n'en ressort que mieux son aberration qui est de prendre pour le terme ce qui n'est qu'un intermédiaire, une représentation selon ses « moyens ».

On se trompe assurément autant que l'arpenteur se trompe, lorsqu'on croit reconnaître dans la fantasmagorie bureaucratique le symbole juste d'un monde supérieur. Cette figuration est seulement à la mesure de l'impatience, la forme sensible de l'erreur, par laquelle, pour le regard impatient, se substitue sans cesse à l'absolu la force inexorable du mauvais infini. K. veut toujours atteindre le but avant de l'avoir atteint. Cette exigence d'un dénouement prématuré est le principe de la figuration, elle engendre l'*image* ou si l'on veut l'idole, et la malédiction qui s'y attache est celle qui s'attache à l'idolâtrie. L'homme veut l'unité tout de suite, il la veut dans la séparation même, il se la représente, et cette représentation, image de l'unité, reconstitue aussitôt l'élément de la dispersion où il se perd de plus en plus, car l'image, en tant qu'image, ne peut jamais être atteinte, et elle lui dérobe, en outre, l'unité dont elle est l'image, elle l'en sépare en se rendant inaccessible et en la rendant inaccessible.

Klamm n'est nullement invisible ; l'arpenteur veut le voir et il le voit. Le Château, but suprême, n'est nullement au-delà de la vue. En tant qu'image, il est constamment à sa disposition. Naturellement, à les bien regarder, ces figures déçoivent, le Château n'est qu'un ramassis de bicoques villageoises, Klamm un gros homme lourd assis en face d'un bureau. Rien que d'ordinaire et de laid. C'est là aussi la chance de l'arpenteur, c'est la vérité, l'honnêteté trompeuse de ces images : elles ne sont pas séduisantes en elles-mêmes, elles n'ont rien qui justifie l'intérêt fasciné qu'on leur porte, elles rappellent ainsi qu'elles ne sont pas le vrai but. Mais, en même temps, dans cette insignifiance se laisse oublier l'autre vérité, à savoir qu'elles sont tout de même images de ce but, qu'elles participent à son rayonnement, à sa valeur ineffable et que ne pas s'attacher à elles, c'est déjà se détourner de l'essentiel.

Situation que l'on peut résumer ainsi : c'est l'impatience qui rend le terme inaccessible en lui substituant la proximité d'une figure intermédiaire. C'est l'impatience qui détruit l'approche du terme en empêchant de reconnaître dans l'intermédiaire la figure de l'immédiat.

Il faut ici nous borner à ces quelques indications. La fantasmagorie bureaucratique, cette oisiveté affairée qui la caractérise, ces êtres doubles qui en sont les exécutants, gardiens, aides, messagers, qui vont toujours par deux comme pour bien montrer qu'ils ne sont que les reflets l'un de l'autre et le reflet d'un tout invisible, toute cette chaîne des métamorphoses, cette croissance méthodique de la distance qui n'est jamais donnée comme infinie mais s'approfondit indéfiniment d'une manière nécessaire par la transformation du but en obstacles, mais aussi des obstacles en intermédiaires conduisant au but, toute cette puissante imagerie ne figure pas la vérité du monde supérieur, ni même sa transcendance, figure plutôt le bonheur et le malheur de la figuration, de cette exigence par laquelle l'homme de l'exil est obligé de se faire de l'erreur un moyen de vérité et de ce qui le trompe indéfiniment la possibilité ultime de saisir l'infini.

L'espace de l'œuvre.

Dans quelle mesure Kafka a-t-il eu conscience de l'analogie de cette démarche avec le mouvement par lequel l'œuvre tend vers son origine, ce centre où seulement elle pourra s'accomplir, dans la recherche duquel elle se réalise et qui, atteint, la rend impossible ? Dans quelle mesure a-t-il rapproché l'épreuve de ses héros de la manière dont lui-même, à travers l'art, tentait de s'ouvrir une voie vers l'œuvre et, par l'œuvre, vers quelque chose de vrai ? A-t-il souvent pensé à la parole de Gœthe : « C'est en postulant l'impossible que l'artiste se procure tout le possible » ? Du moins cette évidence est frappante : la faute qu'il punit en K. est aussi celle qu'en lui-même l'artiste se reproche. L'impatience est cette faute. C'est elle qui voudrait précipiter l'histoire vers son dénouement, avant que celle-ci ne se soit développée dans toutes les directions, n'ait épuisé la mesure du temps qui est en elle, n'ait élevé l'indéfini à une totalité vraie où chaque mouvement inauthentique, chaque image partiellement fausse pourra se transfigurer en une certitude inébranlable. Tâche impossible, tâche qui, si elle s'accomplissait jusqu'au bout, détruirait cette vérité même vers laquelle elle tend, comme l'œuvre s'abîme si elle touche le point qui est son origine. Bien des raisons retiennent Kafka d'achever presque aucune de ses « histoires », le portent, à peine a-t-il commencé l'une d'elles, à la quitter pour essayer de s'apaiser dans une autre. Qu'il connaisse souvent le tourment de l'artiste exilé de son œuvre au moment où celle-ci s'affirme et se referme, il le dit. Qu'il abandonne quelquefois l'histoire, dans l'angoisse, s'il ne l'abandonnait pas, de ne pouvoir revenir vers le monde, il le dit aussi, mais il n'est pas sûr que ce souci ait été chez lui le plus fort. Qu'il l'abandonne souvent, parce que tout dénouement porte en lui-même le bonheur d'une vérité définitive qu'il n'a pas le droit d'accepter, à laquelle son existence ne correspond pas encore, cette raison paraît aussi avoir joué un grand rôle, mais tous ces mouvements reviennent à celui-ci : Kafka, peut-être à son insu, a profondément éprouvé qu'écrire, c'est se livrer à l'incessant et, par angoisse, angoisse de l'impatience, souci scrupuleux de l'exigence d'écrire, il s'est le plus souvent refusé à ce saut qui seul permet l'achèvement, cette confiance insouciante et heureuse par laquelle (momentanément) un terme est mis à l'interminable.

Ce qu'on a appelé si improprement son réalisme trahit cette même instinctive recherche pour conjurer en lui l'impatience. Kafka a souvent montré qu'il était un génie prompt, capable en quelques traits d'atteindre l'essentiel. Mais il s'est de plus en plus imposé une minutie, une lenteur d'approche, une précision détaillée (même dans la description de ses propres rêves), sans lesquelles l'homme, exilé de la réalité, est rapidement voué à l'égarement de la confusion et à l'à peu près de l'imaginaire. Plus l'on est perdu au-dehors, dans l'étrangeté et l'insécurité de cette perte, plus il faut faire appel à l'esprit de rigueur, de scrupule, d'exactitude, être présent à l'absence par la multiplicité des images, par leur apparence déterminée, modeste (dégagée de la fascination) et par leur cohérence énergiquement maintenue. Quelqu'un qui appartient à la réalité n'a pas besoin de tant de détails qui, nous le savons, ne correspondent nullement à la forme d'une vision réelle. Mais qui appartient à la profondeur de l'illimité et du lointain, au malheur de la démesure, oui, celui-là est condamné à l'excès de la mesure et à la recherche d'une continuité sans défaut, sans lacune, sans disparate. Et condamné est le mot juste, car si la patience, l'exactitude, la froide maîtrise sont les qualités indispensables pour éviter de se perdre quand plus rien ne subsiste à quoi l'on puisse se retenir, patience, exactitude, froide maîtrise sont aussi les défauts qui, divisant les difficultés et les étendant indéfiniment, retardent peut-être le naufrage, mais retardent sûrement la délivrance, sans cesse transformant l'infini en indéfini, de même que c'est aussi la mesure qui dans l'œuvre empêche que l'illimité jamais ne s'accomplisse.

L'art et l'idolâtrie.

« *Tu ne te feras pas d'image taillée, ni aucune figure de ce qui est en haut dans le ciel ou de ce qui est en bas sur la terre ou de ce qui est dans les eaux au-dessous de la terre.* » Felix Weltsch, l'ami de Kafka, qui a très bien parlé de la lutte de celui-ci contre l'impatience, pense qu'il a pris au sérieux le commandement de la Bible. S'il en est ainsi, qu'on se représente un homme sur qui pèse cette interdiction essentielle, qui, sous peine de mort, doit s'exclure des images et qui, soudain, se découvre exilé dans l'imaginaire, sans autre demeure ni subsistance que les images et l'espace des images. Le voilà donc obligé de vivre de sa mort et contraint, dans son désespoir et pour échapper à ce désespoir — l'exécution immédiate —, contraint de se faire de sa condamnation la seule voie du salut. Kafka fut-il consciemment cet homme ? On ne saurait le dire. On a parfois le sentiment que l'interdiction essentielle, plus il cherche à s'en souvenir (car elle est de toute manière oubliée, puisque la communauté où elle était vivante est quasi détruite), plus il cherche donc à se souvenir du sens religieux qui vit caché dans cette interdiction, et cela avec une rigueur toujours plus grande, en faisant le vide, en lui, autour de lui, afin que les idoles n'y soient pas accueillies, plus en contrepartie il semble prêt à oublier que cette interdiction devrait aussi s'appliquer à son art. Il en résulte un équilibre très instable. Cet équilibre, dans la solitude illégitime qui est la sienne, lui permet d'être fidèle à un monisme spirituel toujours plus rigoureux, mais en s'abandonnant à une certaine idolâtrie par toutes les rigueurs d'une ascèse qui condamne les réalités littéraires (inachèvement des œuvres, répugnance à toute publication, refus de se croire un écrivain, etc.), qui, en outre, ce qui est plus grave, voudrait subordonner l'art à sa condition spirituelle. L'art n'est pas religion, « il ne conduit même pas à la religion », mais, au temps de la détresse qui est le nôtre, ce temps où manquent les dieux, temps de l'absence et de l'exil, l'art est justifié, qui est l'intimité de cette détresse, qui est l'effort pour rendre manifeste, par l'image, l'erreur de l'imaginaire et, à la limite, la vérité insaisissable, oubliée, qui se dissimule derrière cette erreur.

Qu'il y ait d'abord chez Kafka une tendance à relayer l'exigence religieuse par l'exigence littéraire, puis, surtout, vers la fin, un penchant à relayer son expérience littéraire par son expérience religieuse, à les confondre d'une manière assez trouble en passant du désert de la foi à la foi dans un monde qui n'est plus le désert, mais un autre monde où liberté lui sera rendue, c'est ce que les notes du *Journal* nous font pressentir. « Est-ce que j'habite maintenant dans l'autre monde ? Est-ce que j'ose le dire ? » (30 janvier 1922). Dans la page que nous avons citée, Kafka rappelle que selon lui les hommes n'ont pas d'autre choix que celui-ci : ou chercher la Terre Promise du côté de Canaan ou la chercher du côté de cet autre monde qu'est le désert, « car, ajoute-t-il, il n'y a pas un troisième monde pour les hommes ». Certes, il n'y en a pas, mais peut-être faut-il dire plus, peut-être faut-il dire que l'artiste, cet homme que Kafka voulait être aussi, en souci de son art et à la recherche de son origine, le « poète » est celui pour qui il n'existe pas même un seul monde, car il n'existe pour lui que le dehors, le ruissellement du dehors éternel.

LA MORT CONTENTE

Kafka, dans une note de son Journal, fait une remarque sur laquelle on peut réfléchir : « En revenant à la maison, j'ai dit à Max que sur mon lit de mort, à condition que les souffrances ne soient pas trop grandes, je serai très content. J'ai oublié d'ajouter, et plus tard je l'ai omis à dessein, que ce que j'ai écrit de meilleur se fonde sur cette aptitude à pouvoir mourir content. Dans tous ces bons passages, fortement convaincants, il s'agit toujours de quelqu'un qui meurt et qui le trouve très dur et y voit une injustice ; tout cela, du moins à mon avis, est très émouvant pour le lecteur. Mais, pour moi qui crois pouvoir être content sur mon lit de mort, de telles descriptions sont secrètement un jeu, je me réjouis même de mourir dans le mourant, j'utilise donc d'une manière calculée l'attention du lecteur ainsi rassemblée sur la mort, je garde l'esprit bien plus clair que celui-ci dont je suppose qu'il se lamentera sur son lit de mort, ma lamentation est donc aussi parfaite que possible, elle ne s'interrompt pas d'une manière abrupte comme une lamentation réelle, mais elle suit son cours beau et pur... » Cette réflexion date de décembre 1914. Il n'est pas sûr qu'elle exprime un point de vue que Kafka aurait encore admis plus tard ; elle est d'ailleurs ce qu'il tait, comme s'il en pressentait le côté impertinent. Mais, à cause même de sa légèreté provocante, elle est révélatrice. Tout ce passage pourrait se résumer ainsi : l'on ne peut écrire que si l'on reste maître de soi devant la mort, si l'on a établi avec elle des rapports de souveraineté. Est-elle ce devant quoi l'on perd contenance, ce que l'on ne peut contenir, alors elle retire les mots de dessous la plume, elle coupe la parole ; l'écrivain n'écrit plus, il crie, un cri maladroit, confus, que personne n'entend ou qui n'émeut personne. Kafka sent ici profondément que l'art est relation avec la mort. Pourquoi la mort ? C'est qu'elle est l'extrême. Qui dispose d'elle, dispose extrêmement de soi, est lié à tout ce qu'il peut, est intégralement pouvoir. L'art est maîtrise du moment suprême, suprême maîtrise.

La phrase : « Le meilleur de ce que j'ai écrit se fonde sur cette aptitude à pouvoir mourir content », si elle a un aspect attirant qui vient de sa simplicité, reste cependant difficile à accueillir. Quelle est cette aptitude ? Qu'est-ce qui donne à Kafka cette assurance ? S'est-il déjà suffisamment approché de la mort pour savoir comment il se tiendra en face d'elle ? Il semble suggérer que, dans les « bons passages » de ses écrits où quelqu'un meurt, meurt d'une mort injuste, il s'est mis lui-même en jeu dans le mourant. S'agirait-il donc d'une sorte d'approche de la mort, accomplie sous le couvert de l'écriture ? Mais le texte ne dit pas exactement cela : il indique sans doute une intimité entre la mort malheureuse qui se produit dans l'œuvre et l'écrivain qui se réjouit en elle ; il exclut le rapport froid, distant, qui permet une description objective ; un narrateur, s'il connaît l'art d'émouvoir, peut raconter d'une manière bouleversante des événements bouleversants qui lui sont étrangers ; le problème, dans ce cas, est celui de la rhétorique et du droit à y recourir. Mais la maîtrise dont parle Kafka est autre et le calcul dont il se réclame plus profond. Oui, il faut mourir dans le mourant, la vérité l'exige, mais il faut être capable de se satisfaire de la mort, de trouver dans la suprême insatisfaction la suprême satisfaction et de maintenir, à l'instant de mourir, la clarté de regard qui vient d'un tel équilibre. Contentement qui est alors très proche de la sagesse hégélienne, si celle-ci consiste à faire coïncider la satisfaction et la conscience de soi, à trouver dans l'extrême négativité, dans la mort devenue possibilité, travail et temps, la mesure de l'absolument positif.

Il reste que Kafka ne se place pas ici directement dans une perspective aussi ambitieuse. Il reste aussi que, lorsqu'il lie sa capacité de bien écrire au pouvoir de bien mourir, il ne fait pas allusion à une conception qui concernerait la mort en général, mais à son expérience propre : c'est parce que, pour une raison ou pour une autre, il s'étend sur son lit de mort sans trouble qu'il peut diriger sur ses héros un regard non troublé, s'unir à leur mort par une intimité clairvoyante. Auxquels de ses écrits songe-t-il ? Sans doute, au récit *In der Strafkolonie, Au Bagne*[1], dont il a fait quelques jours auparavant à ses amis une lecture qui lui a donné courage ; il écrit alors *Le Procès*, plusieurs récits inachevés où la mort n'est pas son horizon immédiat. On doit aussi penser à *La Métamorphose* et au *Verdict*. Le rappel de ces œuvres montre que Kafka ne songe pas à une description réaliste de scènes de mort. Dans tous ces récits, ceux qui meurent, meurent en quelques mots rapides et silencieux. Cela confirme la pensée que non seulement quand ils meurent, mais apparemment quand ils vivent, c'est dans l'espace de la mort que les héros de Kafka accomplissent leurs démarches, c'est au temps indéfini du « mourir » qu'ils appartiennent. Ils font l'épreuve

[1]. Le plus souvent traduit en français sous le titre : *La Colonie pénitentiaire*.

de cette étrangeté et Kafka, en eux, est aussi à
l'épreuve. Mais il lui semble qu'il ne pourra la
conduire « à bien », en tirer récit et œuvre que si, d'une
certaine manière, il est par avance en accord avec le moment extrême de cette épreuve, s'il est égal à la mort.

Ce qui nous heurte dans sa réflexion, c'est qu'elle
paraît autoriser la tricherie de l'art. Pourquoi décrire
comme un événement injuste ce que lui-même se sent
capable d'accueillir avec contentement? Pourquoi
nous rend-il la mort effrayante, lui qui s'en contente?
Cela donne au texte une légèreté cruelle. Peut-être l'art
exige-t-il de jouer avec la mort, peut-être introduit-il
un jeu, une peu de jeu, là où il n'y a plus de recours ni
de maîtrise. Mais que signifie ce jeu? « L'art vole
autour de la vérité, avec l'intention décidée de ne pas
s'y brûler. » Ici, il vole autour de la mort, il ne s'y brûle
pas, mais il rend sensible la brûlure et il devient ce qui
brûle et ce qui émeut froidement et mensongèrement.
Perspective qui suffirait à condamner l'art. Toutefois,
pour être juste avec la remarque de Kafka, il faut aussi
la comprendre différemment. Mourir content n'est pas
à ses yeux une attitude bonne en elle-même, car ce
qu'elle exprime d'abord, c'est le mécontentement de la
vie, l'exclusion du bonheur de vivre, ce bonheur qu'il
faut désirer et aimer avant tout. « L'aptitude à pouvoir
mourir content » signifie que la relation avec le monde
normal est d'ores et déjà brisée : Kafka est en quelque
sorte déjà mort, cela lui est donné, comme l'exil lui a
été donné, et ce don est lié à celui d'écrire. Naturellement, le fait d'être exilé des possibilités normales ne
donne pas, par là même, maîtrise sur l'extrême possibilité; le fait d'être privé de vie n'assure pas la
possession heureuse de la mort, ne rend la mort
contente que d'une manière négative (on est content
d'en finir avec le mécontentement de la vie). De là
l'insuffisance et le caractère superficiel de la remar-

que. Mais précisément, cette même année et par deux fois, Kafka écrit dans son Journal : « Je ne m'écarte pas des hommes pour vivre dans la paix, mais pour pouvoir mourir dans la paix. » Cet écart, cette exigence de solitude lui est imposée par son travail. « Si je ne me sauve pas dans un travail, je suis perdu. Est-ce que je le sais aussi distinctement que cela est ? Je ne me terre pas devant les êtres parce que je veux vivre paisiblement, mais parce que je veux périr paisiblement. » Ce travail, c'est écrire. Il se retranche du monde pour écrire, et il écrit pour mourir dans la paix. Maintenant, la mort, la mort contente, est le salaire de l'art, elle est la visée et la justification de l'écriture. Écrire pour périr paisiblement. Oui, mais comment écrire ? Qu'est-ce qui permet d'écrire ? La réponse nous est connue : l'on ne peut écrire que si l'on est apte à mourir content. La contradiciton nous rétablit dans la profondeur de l'expérience.

Le cercle.

Chaque fois que la pensée se heurte à un cercle, c'est qu'elle touche à quelque chose d'originel dont elle part et qu'elle ne peut dépasser que pour y revenir. Peut-être nous rapprocherions-nous de ce mouvement originel si nous changions l'éclairage des formules en effaçant les mots « paisiblement », « content ». L'écrivain est alors celui qui écrit pour pouvoir mourir et il est celui qui tient son pouvoir d'écrire d'une relation anticipée avec la mort. La contradiction subsiste, mais elle s'éclaire différemment. De même que le poète n'existe qu'en face du poème et comme après lui, bien qu'il soit nécessaire qu'il y ait d'abord un poète pour qu'il y ait le poème, de même l'on peut pressentir que, si Kafka va vers le pouvoir de mourir à travers l'œuvre qu'il écrit, cela signifie que l'œuvre est elle-même une expérience de la mort dont il semble qu'il faille disposer préalablement pour parvenir à l'œuvre, à la mort. Mais l'on peut aussi pressentir que le mouvement qui dans l'œuvre est approche, espace et usage de la mort, n'est pas tout à fait ce même mouvement qui conduirait l'écrivain à la *possibilité* de mourir. L'on peut même supposer que les rapports si étranges de l'artiste et de l'œuvre, ces rapports qui font dépendre l'œuvre de celui qui n'est possible qu'au sein de l'œuvre, une telle anomalie vient de cette expérience qui bouleverse les formes du temps, mais vient plus profondément de son ambiguïté, de son double aspect que Kafka exprime avec trop de simplicité dans les phrases que nous lui prêtons : *Écrire pour pouvoir mourir — Mourir pour pouvoir écrire,* mots qui nous enferment dans leur exigence circulaire, qui nous obligent à partir de ce que nous voulons trouver, à ne chercher que le point de départ, à faire ainsi de ce point quelque chose dont on ne s'approche qu'en s'en éloignant, mais qui autorisent aussi cet espoir : là où s'annonce l'interminable, celui de saisir, de faire surgir le terme.

Naturellement, les phrases de Kafka peuvent paraître exprimer une vue sombre qui lui serait propre. Elles heurtent les idées qui ont cours sur l'art et sur l'œuvre d'art et qu'André Gide, après tant d'autres, a rappelées pour lui-même : « Les raisons qui me poussent à écrire sont multiples, et les plus importantes sont, il me semble, les plus secrètes. Celle-ci peut-être surtout : mettre quelque chose à l'abri de la mort » (*Journal*, 27 juillet 1922). Écrire pour ne pas mourir, se confier à la survie des œuvres, c'est là ce qui lierait l'artiste à sa tâche. Le génie affronte la mort, l'œuvre est la mort rendue vaine ou transfigurée ou, selon les mots évasifs de Proust, rendue « moins amère »,

« moins inglorieuse » et « peut-être moins probable ». Il se peut. Nous n'opposerons pas à ces rêves traditionnels prêtés aux créateurs la remarque qu'ils sont récents, qu'appartenant à notre Occident nouveau, ils sont liés au développement d'un art humaniste, où l'homme cherche à se glorifier dans ses œuvres et à agir en elles en se perpétuant dans cette action. Cela est certes important et significatif. Mais l'art, à un tel moment, n'est plus qu'une manière mémorable de s'unir à l'histoire. Les grands personnages historiques, les héros, les grands hommes de guerre, non moins que les artistes, se mettent aussi à l'abri de la mort; ils entrent dans la mémoire des peuples; ils sont des exemples, des présences agissantes. Cette forme d'individualisme cesse bientôt d'être satisfaisante. On s'aperçoit que, si ce qui importe, c'est d'abord le travail de l'histoire, l'action dans le monde, l'effort commun pour la vérité, il est vain de vouloir rester soi-même par-delà la disparition, de désirer être immobile et stable dans une œuvre qui surplomberait le temps : cela est vain et, en outre, contraire à ce que l'on veut. Ce qu'il faut, c'est non pas demeurer dans l'éternité paresseuse des idoles, mais changer, mais disparaître pour coopérer à la transformation universelle : agir sans nom et non pas être un pur nom oisif. Alors, les rêves de survie des créateurs paraissent non seulement mesquins, mais fautifs, et n'importe quelle action vraie, accomplie anonymement dans le monde et pour la venue du monde, semble affirmer sur la mort un triomphe plus juste, plus sûr, du moins libre du misérable regret de n'être plus soi.

Ces rêves si forts, liés à une tranformation de l'art où celui-ci n'est pas encore présent à lui-même, mais où l'homme qui se croit maître de l'art, veut se rendre présent, être celui qui crée, être, en créant, celui qui échappe, ne fût-ce qu'un peu, à la destruction, ont ceci de frappant : ils montrent les « créateurs » engagés dans une relation profonde avec la mort, et cette relation, malgré l'apparence, est celle aussi que poursuit Kafka. Les uns et les autres veulent que la mort soit possible, celui-ci pour la saisir, ceux-là pour la tenir à distance. Les différences sont négligeables, elles s'inscrivent dans un même horizon qui est d'établir avec la mort un rapport de liberté.

KAFKA ET BROD

Max Brod a reconnu qu'il y avait dans la gloire de Kafka quelque chose de peu rassurant qui lui faisait regretter de l'avoir aidée à naître. « Quand je vois comment l'humanité repousse le don salutaire contenu dans les écrits de Kafka, je souffre parfois d'avoir arraché cette œuvre à l'obscurité de la destruction où son auteur avait voulu la voir s'enfoncer. Kafka n'aurait-il pas pressenti l'abus auquel son œuvre pouvait être exposée, et c'est pourquoi il n'a pas voulu en autoriser la publication ? » C'était peut-être se poser la question un peu tard. Les années posthumes faisant leur travail, Brod fut aux prises, non pas avec la renommée discrète qu'il avait pu souhaiter, — mais, dès l'origine, ne la souhaitait-il pas éclatante ? ne souffrait-il pas, quand Werfel, lisant les premiers écrits de leur ami commun, disait : « Au-delà de Tetschenbodebach, personne ne comprendra Kafka » ? N'a-t-il pas reconnu dans la gloire dont il se plaignait une part de lui-même, n'était-elle pas aussi à sa mesure, à son image, non pas proche de la réserve de Kafka, mais proche de la promptitude à agir de Brod, proche de son optimisme honnête, de sa certitude décidée ? Il fallait peut-être qu'il y eût Brod auprès de Kafka pour que celui-ci surmontât la gêne qui l'empêchait d'écrire. Le roman qu'ils écrivent en collaboration est un signe de ce destin solidaire : collaboration dont Kafka parle avec malaise, qui l'engage, dans chaque phrase, à des concessions dont il souffre, dit-il, jusque dans sa profondeur. Cette collaboration cesse presque aussitôt, mais, après la mort de Kafka, elle s'est renouée, plus étroite qu'elle n'avait jamais été, plus lourde aussi pour l'ami vivant qui s'est consacré avec une foi extraordinaire à la mise au jour d'une œuvre vouée, sans lui, à la disparition. Il serait injuste — et frivole — de dire qu'il y a, en chaque écrivain, un Brod et un Kafka et que nous n'écrivons que dans la mesure où nous faisons droit à la part active de nous-mêmes ou bien que nous ne devenons célèbres que si, à un certain moment, nous nous livrons tout entiers au dévouement illimité de l'ami. L'injustice consisterait à réserver à Kafka tout le mérite de la pureté littéraire — hésitation devant l'écriture, refus de publier, décision de détruire l'œuvre — et à charger le puissant double amical de toutes les responsabilités qui sont liées à la gestion terrestre d'une œuvre trop glorieuse. Kafka mort est intimement responsable de la survie dont Brod a été l'instigateur obstiné. Autrement, pourquoi aurait-il fait de celui-ci son légataire ? Pourquoi, s'il avait voulu faire disparaître son œuvre, ne l'a-t-il pas détruite ? Pourquoi la lisait-il à ses amis ? Pourquoi a-t-il communiqué à Felice Bauer, à Milena beaucoup de ses manuscrits, non sans doute par vanité littéraire, mais pour se montrer dans ses régions sombres et son destin sans lumière ?

Le sort de Brod est pathétique. D'abord hanté par cet ami admirable, il fait de lui le héros d'un de ses romans — étrange métamorphose, signe qu'il se sent lié à une ombre, mais qu'il ne se sent pas lié par le devoir de ne pas troubler l'ombre. Puis il entreprend la publication d'une œuvre dont, le premier et longtemps le seul, il a reconnu la valeur d'exception. Il lui faut trouver des éditeurs, les éditeurs se dérobent ; il lui faut rassembler des textes qui ne se dérobent pas moins, affirmer leur cohérence, découvrir dans des manuscrits dispersés, dont presque aucun n'est terminé, l'achèvement qui s'y dissimule. La publication commence, fragmentaire elle aussi. Des grands romans, certains chapitres, on ne sait pourquoi, sont réservés. Çà et là, on ne sait comment, se fait jour telle page arrachée à l'ensemble, tel rayon s'échappe d'un foyer encore inconnu, brille et s'éteint. Du Journal, parce qu'il faut ménager les vivants, on exclut les documents trop directs ou les notes qui paraissent insignifiantes, on s'en tient à l'essentiel, mais où est l'essentiel ? Cependant la gloire de l'écrivain devient rapidement puissante, bientôt toute-puissante. Les inédits ne peuvent le rester. C'est comme une force avide, irrésistible, qui va fouiller dans les profondeurs les mieux protégées, et peu à peu tout ce qu'a dit Kafka pour lui, de lui, de ceux qu'il a aimés, qu'il n'a pu aimer, est livré, dans le plus grand désordre, à une abondance de commentaires, eux-mêmes désordonnés, contradictoires, respectueux, effrontés, infatigables et tels que l'écrivain le plus impudent hésiterait à en soutenir la curiosité.

Rien pourtant qu'on ne doive approuver dans cette terrible mise au jour. Dès que la décision de publier est prise, il s'ensuit que tout devra l'être. Tout doit apparaître, c'est la règle. Qui écrit se soumet à cette règle, même s'il la repousse. Depuis qu'a été entreprise l'édition complète des œuvres — elle touche à sa fin —, la part du hasard et de l'arbitraire est diminuée autant qu'il est possible. Nous connaîtrons tout, dans l'ordre où il est raisonnable — encore que toujours contestable — de le connaître, avec des exceptions en ce qui concerne les lettres : par exemple, de quelques lettres, on a encore écarté les passages qui mettent en cause

certains vivants, mais les vivants disparaissent vite.
Déjà, l'épreuve de la guerre et de la persécution a
supprimé, dans une mesure qu'il n'est pas nécessaire
de rappeler, les témoins et les égards qui leur sont dus,
a aussi supprimé, il est vrai, les témoignages et détruit
une part importante de l'œuvre, déjà en partie détruite
par Kafka de son vivant, puis, après sa mort, selon les
indications qu'il avait laissées, par Dora Dymant
surtout en ce qui touche le Journal. (Le Journal
manque précisément pour la dernière partie de sa vie,
à partir de 1923, quand il trouva, nous dit-on, l'apaisement et la réconciliation. On nous le dit, mais nous ne
le savons pas, et quand, lisant son Journal, nous
voyons combien il se jugeait autrement que ne le
jugeaient ses amis et ses proches, nous devons reconnaître que le sens des événements qui ont marqué
l'approche de sa fin, nous reste, pour l'instant,
inconnu.)

Mais qui est Kafka ? Tandis qu'il commençait de
mettre au jour, selon ses moyens, les manuscrits de son
ami, et parce que déjà la renommée, avec « ses malentendus et ses falsifications », essayait de déchiffrer le
visage mystérieux, Brod se décida à écrire un livre
pour mieux l'éclairer, livre de biographie, mais aussi
d'interprétation et de commentaire où il cherchait à
amener l'œuvre dans la lumière juste où il désirait
qu'on la vît[1]. Livre d'un grand intérêt, mais, sur les
événements de l'existence de Kafka, nécessairement
réservé, un peu désordonné et allusif, du reste très
incomplet, parce qu'un seul témoin ne sait pas tout.
Brod, tout en reconnaissant la grande complexité et le
mystère central du génie qui habitait son ami, a

[1]. Brod, en dehors de la biographie, a consacré à son ami plusieurs
volumes où il précise ce qui a été, selon ses vues, la « croyance et
l'enseignement » de Kafka.

toujours protesté contre les couleurs trop sombres sous lesquelles la postérité, avec une noire préférence, s'est tout de suite plu à voir cette figure et cette œuvre. Les autres amis de Kafka ont d'ailleurs tous reconnu, aimé et célébré en lui la force vivante, la gaieté, la jeunesse d'un esprit sensible et merveilleusement juste. « Kafka était-il parfaitement désespéré ? » se demande Felix Weltsch, et il répond : « Il est très difficile, voire impossible, de tenir pour désespéré cet homme ouvert à toutes les impressions et dont les yeux répandaient une lumière si secourable. » « D'une manière générale, dit Brod, tous ceux qui se sont fait une image de Kafka d'après ses écrits ont devant les yeux une tonalité essentiellement plus sombre que ceux qui l'ont personnellement connu. » C'est pourquoi le biographe reconnaît avoir accumulé dans sa biographie tous les traits propres à corriger ce schéma conventionnel. Témoignage qui compte, que d'ailleurs tout confirme. Mais faut-il oublier l'autre visage, « l'homme à l'ombre trop grande », oublier sa profonde tristesse, sa solitude, son éloignement du monde, ses moments d'indifférence et de froideur, son angoisse, ses tourments obscurs, ses luttes qui l'ont porté à la limite de l'égarement (particulièrement en 1922 à Spindlermühle) ? Qui a connu Kafka ? Pourquoi donc celui-ci rejette-t-il, par avance, le jugement de ses amis sur lui-même[1] ? Pourquoi ceux qui l'ont connu, quand ils passent du souvenir de l'homme jeune, sensible et gai, à l'œuvre — romans et récits — s'étonnent-ils de passer à un monde nocturne, de froid tourment, monde non pas sans lumière, mais où la lumière aveugle en même temps qu'elle éclaire, donne de l'espoir, mais fait de l'espoir l'ombre de l'angoisse et du désespoir ? Pourquoi celui qui, dans l'œuvre, passe de l'objectivité des récits à l'intimité du

---

1. *Journal*, note du 3 mai 1915.

Journal, descend-il dans une nuit encore plus sombre où se font entendre les cris d'un homme perdu ? Pourquoi, plus on s'approche de son cœur, semble-t-on s'approcher d'un centre inconsolé d'où parfois jaillit un éclair perçant, excès de douleur, excès de joie ? Qui a le droit de parler de Kafka sans faire entendre cette énigme qui parle avec la complexité, la simplicité des énigmes ?

*

Après avoir publié, commenté Kafka, après avoir fait de celui-ci le héros d'un de ses romans, il est arrivé que Brod, poussant la double vie plus loin, a cherché à s'introduire lui-même dans le monde de Kafka en transformant l'œuvre peut-être la plus importante, *Le Château,* pour faire de ce qui était un récit inachevé une pièce de théâtre complète. Décision qu'on ne peut comparer à celle de Gide et de J.-L. Barrault accomplissant quelques années auparavant le même travail pour *Le Procès*. Gide et Barrault, à tort sans doute, voulaient faire se rencontrer l'espace du théâtre et l'espace aux dimensions ambiguës, à la fois tout en surface, sans profondeur, comme dénué de perspectives, mais privé de fond et, à cause de cela, très profond, du monde de l'égarement infini que représentait *Le Procès*. Brod semble avoir cédé à une tentation plus intime, celle de vivre de la vie du héros central, de se rapprocher de lui, de le rapprocher aussi de nous, de la vie de ce temps, en l'humanisant, en lui rendant l'existence d'un homme qui lutte, avec un désespoir indiscret, pour trouver travail, ressources et existence, là où il ne peut être qu'un étranger mal venu.

Brod a donc adapté *Le Château* au théâtre. Laissons de côté la décision elle-même, bien que cette manière de faire passer une œuvre d'une forme à une autre, de faire œuvre avec l'œuvre, de la contraindre à être ce qu'elle ne peut être en lui imposant un autre espace de croissance et de développement soit une sorte de rapt qui interdit à celui qui s'y prête d'être trop sévère pour les entreprises du nihilisme moderne. Laissons de côté la certitude que toute adaptation d'une œuvre de Kafka, même si elle est fidèle et parce qu'elle ne peut être que trop fidèle à certains moments et non pas au tout dissimulé de l'œuvre qui, lui, échappe à toute fidélité, doit non seulement la fausser, mais y substituer une version truquée d'où il sera désormais plus difficile de revenir à la vérité offusquée et comme éteinte de l'original. Oublions, enfin, le droit que s'est donné l'adaptateur, par suite de ce qu'il croit être les nécessités dramatiques, d'ajouter un dénouement à un récit qui ne se dénoue pas, dénouement qui fut peut-être, à un certain moment, dans l'esprit de Kafka, dont on ne doute pas qu'il ait parlé à son ami, mais que précisément il ne s'est jamais résolu à écrire, qui n'est jamais entré dans la vie et l'intimité de l'ouvrage : il reste, d'ailleurs, que cette scène où nous assistons à la mise en terre de K., mise en terre qui correspond symboliquement à sa réconciliation avec la terre où il a désiré séjourner, cette scène où chacun vient jeter une parole et une poignée de poussière sur le cadavre qui, enfin, se repose, est une des meilleures de la pièce, bien qu'elle soit toute de l'invention de Brod, ce qui montre que cette pièce aurait beaucoup gagné à ne rien devoir à Kafka. Mais pourquoi Brod a-t-il jugé bon de s'introduire ainsi dans le secret d'un ouvrage qu'il avait contribué, plus qu'aucun autre, à garder intact ? pourquoi, lui qui a si vivement critiqué Gide et Barrault d'avoir commis dans leur dramatisation « une faute inouïe », a-t-il, d'une manière non moins manifeste, changé le centre de l'œuvre, substitué au personnage central un personnage qui n'a avec lui plus rien de commun qu'une parenté de mots — et cela non pas pour rendre plus précis le sens spirituel de ses démarches, mais pour l'abaisser au niveau pathétique humain ?

Cela reste une énigme. Assurément l'adaptateur a voulu faire passer l'histoire par le plan où, selon lui, elle était le plus capable de nous toucher, il a voulu faire comprendre que Kafka n'était pas cet auteur bizarre, démon de l'absurde et inquiétant créateur de rêves sarcastiques, mais un génie profondément sensible et dont les œuvres ont une signification humaine immédiate. Intention louable, mais qu'en est-il résulté ? Au regard de l'histoire, le mythe complexe de l'arpenteur est devenu le sort malheureux d'un homme sans travail et sans situation, personne déplacée, qui ne réussit pas à se faire admettre dans la communauté à laquelle il voudrait appartenir. Au regard de l'exigence à laquelle fait face le héros central, des obstacles qu'il rencontre et qui ne sont hors de lui que parce qu'il est déjà tout au-dehors et comme en exil de lui-même, sur ce plan, la transposition est telle qu'il y a une véritable dérision à faire passer K. pour le personnage boursouflé qui, exprimant tout ce qu'il ressent avec un paroxysme d'émotion, s'indigne, crie, s'effondre.

Il en coûte certes beaucoup de vouloir faire de l'humain à tout prix.

Brod a reproché à Barrault-Gide d'avoir travesti *Le Procès* en faisant de son héros « un innocent persécuté » et du roman « une intrigue policière où se poursuivent fugitif et détectives à travers les jeux d'une dramatisation superficielle ». Mais quels reproches n'a-t-il pas dû s'adresser, lui qui non seulement a fait disparaître du sort de K. la faute à laquelle celui-ci est peut-être voué, mais a réduit à une lutte grossièrement pathétique, sans espoir et sans force, contre des adversaires qui symbolisent le monde moderne, la démarche de K. hors du vrai, démarche elle-même erronée, marquée par la faute majeure de l'impatience, mais cependant, au sein de l'erreur, ne cessant de tendre vers un grand but.

Que peut un homme, livré tout entier à la nécessité d'errer, un homme qui, par une obscure décision impersonnelle, a renoncé à son lieu natal, a abandonné sa communauté, s'est éloigné de sa femme, de ses enfants, en a perdu même le souvenir ? L'homme de l'exil absolu, de la dispersion et de la séparation ? L'homme qui n'a plus de monde et qui, dans cette absence de monde, essaie cependant de trouver les conditions d'un séjour véritable ? C'est là le destin de K. dont il est très conscient, en cela fort différent de Joseph K. qui, dans sa négligence, son indifférence et sa satisfaction d'homme pourvu d'une jolie situation, ne se rend pas compte qu'il a été rejeté de l'existence et dont tout le procès est la lente prise de conscience de cette exclusion radicale, de cette mort dont, dès l'origine, il a été frappé.

De la pièce de Brod a disparu, par un sortilège, cet esprit de l'œuvre, a disparu, sous l'affectation de pathétique et d'humanité, tout ce qui la rend si émouvante et, en effet, si humaine, mais d'une émotion qui se dérobe, qui refuse les cris, la véhémence, les plaintes vaines, qui passe par le refus silencieux et une certaine indifférence froide, en rapport avec la perte de toute vie intérieure, blessure initiale à partir de laquelle se comprend seule la recherche qui anime l'œuvre.

De sorte qu'a disparu de la pièce de Brod tout ce qu'il pouvait y avoir de « positif » dans l'œuvre — non seulement l'arrière-plan du Château qui n'offre même plus une direction aux efforts du vagabond épuisé (le Château apparaît, tout au plus, comme une concentration de pouvoir arbitraire, une quintessence d'autorité et de méchanceté sous l'influence et sous la crainte de laquelle les larves du village développent leurs petites menées tyranniques) — mais plus encore s'est perdu tout ce qui rayonne de force au niveau de l'impuissance, de souci du vrai dans la profondeur de l'égarement, de détermination inflexible au sein de la perte de soi-même, de clarté dans la nuit vide et vague où déjà tout disparaît.

D'où vient cela ? D'où vient que Brod, si convaincu du sens non nihiliste de l'œuvre, n'en ait mis en valeur que le côté superficiellement malheureux ?

*

L'une de ses erreurs est d'avoir délibérément — par souci d'humanité et d'actualité — réduit le mythe du *Château* à l'histoire d'un homme qui cherche en vain, dans un pays étranger, un emploi et le bonheur d'une famille stable. K. veut-il cela ? Sans doute, mais il le veut par une volonté qui ne s'en contente pas, volonté altérée et insatisfaite qui dépasse toujours le but et tend toujours au-delà. Méconnaître le caractère de sa « volonté », ce besoin d'errer qui est en lui extrême, c'est se mettre en condition de ne rien comprendre même à l'intrigue superficielle du récit. Car, alors, comment expliquer que K., chaque fois qu'il a atteint un résultat, au lieu de s'y tenir, le repousse ? Obtient-il une chambre à l'auberge du village, il veut séjourner à l'auberge des Messieurs. Obtient-il un petit emploi à l'école, il le néglige et dédaigne ses employeurs. L'hôtelière lui offre son entremise, il la refuse ; le maire lui promet son bienveillant appui, il n'en veut pas. Il a Frieda, mais il veut aussi avoir Olga, avoir Amelia, avoir la mère de Hans. Et même quand, à la fin, il reçoit d'un secrétaire, Bürgel, une audience inattendue au cours de laquelle celui-ci lui livre les clés du royaume, heure de la grâce et du « tout est possible »; le sommeil dans lequel il sombre alors et qui le fait passer à côté de cette offre, n'est peut-être qu'une autre forme de cette insatisfaction qui le pousse à aller toujours plus loin, à ne jamais dire oui, à garder en soi une part réservée, secrète, que nulle promesse visible ne peut combler.

Dans un petit fragment qui n'appartient pas à l'édition du *Château* mais se rapporte manifestement au même thème, Kafka a écrit : « Veux-tu être introduit dans une famille étrangère, tu cherches une connaissance commune et tu la pries de s'entremettre. Si tu ne la trouves pas, tu prends patience et tu attends l'occasion favorable. Dans le petit pays où nous vivons, cela ne saurait manquer. Si l'occasion ne se trouve pas aujourd'hui, elle se trouvera demain, et si elle ne se trouve pas du tout, tu n'ébranleras pas, pour si peu, les colonnes du monde. Si la famille supporte de se passer de toi, tu ne le supporteras pas moins bien. Cela est évident, seulement K. ne le comprend pas. Il s'est mis en tête récemment de pénétrer dans la famille du maître de notre domaine, mais il se refuse à emprunter les chemins de la vie de société, il veut y parvenir directement. Peut-être le chemin habituel lui semble-t-il trop ennuyeux, et c'est juste, mais le chemin qu'il tente de suivre est impossible. Ce n'est pas que je veuille, en cela, surfaire l'importance de notre maître. Un homme intelligent, appliqué, honorable, mais rien de plus. Qu'est-ce que K. veut de lui ? Un emploi dans le domaine ? Non, il ne le veut pas, il a lui-même du bien et mène une vie libre de tels soucis. Aimerait-il donc sa fille ? Non, non, on ne peut l'en soupçonner. »

K., lui aussi, veut parvenir au but — qui n'est ni l'emploi qu'il désire cependant, ni Frieda à laquelle il est attaché —, il veut y parvenir sans passer par les chemins ennuyeux de la patience et de la sociabilité mesurée, mais *directement*, chemin impossible, qu'il ne connaît d'ailleurs pas, qu'il pressent seulement, pressentiment qui le conduit à refuser toutes les autres voies. Est-ce donc là son erreur, passion romantique pour l'absolu ? En un sens, oui ; mais, en un autre sens, nullement. Si K. choisit l'impossible, c'est que, par une décision initiale, il a été exclu de tout le possible. S'il ne peut pas cheminer dans le monde, ni emprunter, comme il le voudrait, les voies normales de la vie de société, c'est qu'il a été banni du monde, de son monde, condamné à l'absence de monde, voué à l'exil où il n'y a pas de séjour véritable. Errer, c'est là sa loi. Son insatisfaction est le mouvement même de cette erreur, elle en est l'expression, le reflet ; elle est donc elle-même essentiellement fausse ; mais, cependant, aller toujours davantage dans le sens de l'erreur, c'est le seul espoir qui lui reste, la seule vérité qu'il ne doive pas trahir et à laquelle il demeure fidèle avec une persévérance qui fait alors de lui le héros de l'obstination inflexible.

A-t-il raison, a-t-il tort ? Il ne peut le savoir et nous ne le savons pas. Mais il a le soupçon que toutes les facilités qu'on lui concède sont des tentations auxquelles il doit se dérober d'autant plus qu'elles lui apportent davantage : douteuse la promesse de l'hôtelière, malveillante la bienveillance du maire, une chaîne destinée à le captiver, le petit emploi qu'on lui offre — et est-elle sincère l'affection de Frieda[1] ? N'est-elle pas

---

1. Dans un dernier chapitre, Pépi, la remplaçante de Frieda, qui essaie, elle aussi, de séduire K., lui explique longuement à quelle intrigue s'est livrée l'amie de Klamm en se jetant au cou de l'étranger pour attirer l'attention par le scandale et reconquérir un peu du prestige que ses faibles attraits physiques et son caractère désagréable lui avaient fait perdre. D'ailleurs, est-elle l'amie de Klamm ? Tout porte à croire qu'il s'agit d'une fable, habilement montée par l'ambitieuse. Tel est le point de vue de Pépi, à la mesure de cette petite existence malheureuse. K., lui-même, bien qu'il soit tenté de trouver refuge dans les souterrains de la triste vie domestique, n'y ajoute pas

le mirage de son demi-sommeil, la grâce que, par les interstices de la loi, lui tend le souriant secrétaire Bürgel[1] ? Tout cela est attirant, fascinant et vrai, mais vrai comme peut l'être une image, illusoire comme le serait une image si on s'y attachait par cette dévotion exclusive d'où naît la plus grave des perversions, l'idolâtrie.

K. pressent que tout ce qui est en dehors de lui — lui-même projeté au-dehors — n'est qu'image. Il sait qu'il ne faut pas se fier à des images, ni s'y attacher. Il est fort d'un pouvoir de contestation sans mesure, qui n'a pour équivalent qu'une passion sans mesure pour un point unique, indéterminé. Si telle est sa situation, si, en agissant avec cette impatience qui est la sienne, il ne fait qu'obéir au monisme rigoureux qui l'anime, d'où vient que cette impatience soit précisément sa faute, comme la négligence serait la faute de Joseph K. ? C'est que ces images sont tout de même images du but, c'est qu'elles participent de sa lumière et que les méconnaître, c'est déjà fermer les yeux sur l'essentiel. L'impatience qui échappe à la tentation des figures, échappe aussi à la vérité de ce qu'elles figurent. L'impatience qui veut aller droit au but, sans passer par les intermédiaires, ne parvient à rien d'autre qu'à prendre pour but les intermédiaires et à en faire non pas ce qui conduit au but, mais ce qui empêche de

---

foi. « Tu te trompes », dit-il. Dans les dernières pages, il essaie, non sans succès, de nouer une nouvelle intrigue avec la femme de l'aubergiste des Messieurs. Tout recommence donc, mais ce recommencement incessant des situations montre aussi que tout s'enlise, même le livre qui ne peut que s'interrompre.

1. Dans un fragment, un observateur du village tourne en dérision ce qu'il appelle « l'aventure » que K. a eue avec Bürgel. « C'est trop comique, dit-il, que ce dût être justement Bürgel. » Bürgel est, en effet, le secrétaire d'un fonctionnaire du Château, Frédéric, qui est depuis longtemps tombé en disgrâce et n'a plus aucune influence. A plus forte raison, Bürgel qui n'est qu'un secrétaire de dernier ordre.

l'atteindre : des obstacles infiniment dédoublés et multipliés. Il suffirait donc d'être sage, patient, de suivre les conseils de l'hôtelière, de demeurer d'un cœur paisible et aimable auprès de Frieda ? Non, car tout cela n'est qu'image, le vide, le malheur de l'imaginaire, fantasmes répugnants, nés de la perte de soi-même et de toute réalité authentique.

*

La mort de K. semble le terme nécessaire de ce cheminement où l'impatience le pousse jusqu'à l'épuisement. En ce sens, la fatigue dont Kafka a intimement souffert — fatigue, froideur de l'âme non moins que du corps — est un des ressorts de l'intrigue et, plus précisément, l'une des dimensions de cet espace où vit le héros du *Château* dans un lieu où il ne peut qu'errer, loin de toutes les conditions d'un repos véritable. Cette fatigue qu'a essayé de représenter, dans la pièce, par un épuisement spectaculaire, l'acteur trop vigoureux du rôle, ne signifie pas cependant le glissement fatal vers l'échec. Elle est elle-même énigmatique. Certes, K. se fatigue parce qu'il va de-ci, de-là, sans prudence et sans patience, se dépensant, quand il ne faut pas, en démarches vouées à l'insuccès et n'ayant plus de forces, quand il les lui faudrait pour réussir. Cette fatigue, effet de l'insatisfaction qui refuse tout, cause de l'hébétude qui accepte tout, est donc une autre forme du mauvais infini auquel est voué l'errant. Fatigue stérile, qui est telle que l'on ne peut s'en reposer, telle qu'elle ne conduit même pas à ce repos qu'est la mort, car à celui qui, comme K., même exténué, continue d'agir, il manque ce peu de forces qui serait nécessaire pour trouver la fin.

Mais, en même temps, cette lassitude, d'ailleurs secrète, dont il ne fait pas étalage, qu'il dissimule au contraire par le don de discrétion qui lui appartient, ne serait-elle pas, aussi bien que le signe de sa condamnation, la pente de son salut, l'approche de la perfection du silence, la pente douce et insensible vers le sommeil profond, symbole de l'unité ? C'est au moment où il est épuisé qu'il a, avec le secrétaire bienveillant, l'entrevue au cours de laquelle il semble qu'il pourrait toucher au but. Cela se passe dans la nuit, comme toutes les audiences qui viennent de là-bas. Il y faut la nuit, la nuit trompeuse, la nuit secourable où s'enveloppent d'oubli les dons mystérieux. Qu'en est-il donc dans ce cas ? Est-ce à l'épuisement de la fatigue qu'il doit de manquer l'occasion merveilleuse ? Ou est-ce à la consolation et à la grâce du sommeil qu'il doit d'avoir pu s'en approcher ? Sans doute, l'un et l'autre. Il dort, mais pas assez profondément, ce n'est pas encore le pur, le vrai sommeil. Il faut dormir. « *Le sommeil est ce qu'il y a de plus innocent et l'homme sans sommeil, ce qu'il y a de plus coupable.* » Il faut dormir, de même qu'il faut mourir, non pas de cette mort inaccomplie et irréelle dont nous nous contentons dans notre lassitude quotidienne, mais d'une autre mort, inconnue, invisible, innommée et d'ailleurs inaccessible, où il se peut cependant que K. parvienne, mais non pas dans les limites du livre : dans le silence de l'absence de livre que, par un châtiment supplémentaire, la pièce de Brod est venue malheureusement troubler.

L'ÉCHEC DE MILENA

Milena était une jeune femme sensible et intelligente que ses amis ont comparée à Mathilde de la Mole ou à la Sanseverina. Elle appartenait à une très ancienne famille de Prague et, par son amour de la vie, la liberté de ses préférences, la maîtrise véhémente dont elle faisait preuve pour aller jusqu'au bout de ses passions, sans crainte et sans scrupules, amie pourtant infiniment dévouée et généreuse, dépensant sans compter tout ce qu'elle avait et tout ce qu'elle était, elle semblait sortir, en effet, d'une de ces chroniques italiennes auxquelles Stendhal a emprunté quelques-unes de ses grandes figures féminines. Elle était aussi fort cultivée, elle écrivait, dit-on, avec talent et avait traduit en tchèque certains récits de Kafka qui, ainsi, vers 1920, la rencontra. Il se lia à elle d'une amitié qui devint bientôt un grand sentiment passionné, et ce sentiment, d'abord heureux, s'épuisa en tourments et en désespoir. Il semble que cet épisode fut unique dans sa vie. Ce fut la seule fois qu'il rencontra la passion sous son aspect bouleversant et avec ses orages, sa puissance de tempête. Les fiançailles qu'il noua par deux fois avec Felice Bauer, la Berlinoise, ont peut-être compté davantage, parce que l'être encore très jeune qu'il était prit conscience alors de l'intensité de ses

contradictions, de sa vocation solitaire, de son désir
d'échapper à la solitude par le mariage et, par le
mariage et les devoirs de la communauté, d'assurer
aussi son salut spirituel. Mais il a lui-même marqué les
limites de ses sentiments, en notant dans son *Journal* :
« La douceur des relations qu'on peut avoir avec une
femme aimée, comme à Zuckmantel ou à Riva, je ne
l'ai jamais eue avec F. en dehors des lettres, seulement
une admiration illimitée, soumission, compassion,
désespoir et mépris de moi-même » (24 janvier 1915)[1].
En 1920, il se fiance une troisième fois avec une jeune
fille de Prague à laquelle il paraît peu attaché et qu'il
quitte assez rudement pour être agréable à Milena.
Plus tard, on le sait, il rencontra Dora Dymant, qui
demeura avec lui jusqu'à la fin : union sans doute
privilégiée, mais déjà la mort l'avait saisi.

Pourquoi a-t-il aimé, n'a-t-il pu aimer Milena ?
Quand, en 1920, de Merano où il séjourne pour se
guérir de la tuberculose, il commence de lui écrire
d'une manière cérémonieuse, mais flatteuse aussi, et
avec le désir de lui plaire, c'est lui qui, semble-t-il, va
au-devant d'elle. Rapidement, autant qu'on peut s'en
rendre compte par une correspondance incomplète,
non datée[2], « chère Madame Milena » devient
« Milena », le « vous » fait place au « tu », mais, déjà,
alors, c'est la jeune femme qui a pris l'initiative et,
avec sa promptitude de décision, sa force vivante, son

---

[1]. Il note encore en juillet 1916 : « Je n'ai encore jamais été en
confiance avec une femme, sauf à Zuckmantel. Puis encore avec la
Suissesse de Riga. La première était une femme, moi ne sachant rien ;
la seconde une enfant, moi tout à fait désemparé. » La jeune fille de
Riga était chrétienne et il dit d'elle, au moment de la rencontre, en
octobre 1913 : « Le séjour de Riga a eu pour moi une grande
importance. Pour la première fois j'ai compris une jeune fille chrétienne et j'ai vécu dans son cercle d'action. »

[2]. *Briefe an Milena, Lettres à Milena*, publiées et postfacées par Willy
Haas (un ami de Milena), sous la direction de Max Brod, éditeurs
S. Fischer Verlag à Francfort et Schocken Books à New York.

savoir passionné — il a trente-huit ans, elle vingt-quatre, mais infiniment plus riche d'expérience, — elle précipite les événements et, tout à coup, Franz Kafka se voit livré à un sentiment grandiose devant lequel il recule, effrayé. Elle le lui écrit : « Vous êtes épouvanté de ce qui vous est tombé sur les bras » ; et il le reconnaît avec sa sincérité délicate : terrifié, oui, comme l'étaient les prophètes, « faibles enfants qui entendaient comment la voix les appelait, ils étaient terrifiés et ne voulaient pas ». Milena habite Vienne, elle est mariée, mais son mariage est en partie défait ; déjà une fois rompu, plus tard définitivement. Kafka doit quitter Merano pour reprendre la vie de Prague. Elle lui demande de passer par Vienne, proposition qu'il repousse avec effroi ; elle insiste, il refuse avec une anxiété grandissante. « Je ne veux pas (Milena, aidez-moi...), je ne veux pas (ce n'est pas du bégaiement) aller à Vienne, parce que spirituellement je ne résisterais pas à l'effort. Je suis spirituellement malade, la maladie des poumons, c'est seulement la maladie spirituelle qui est sortie de ses rives... » « Je ne viendrai certainement pas, mais si, à ma surprise épouvantée, je devais pourtant me trouver à Vienne — cela n'arrivera pas, — je n'aurais besoin ni de déjeuner ni de dîner, mais plutôt d'une civière sur laquelle m'étendre un instant. » Alors se déchaîne la puissante passion de Milena, ses lettres deviennent orageuses, pénètrent dans la chambre de son correspondant « avec un sifflement de tempête ». Cette véhémence, spontanée, mais qu'elle dirige aussi, adroitement, s'empare à la fin de Kafka : il prolonge d'abord son séjour à Merano, puis il décide de venir à Vienne, où il reste quatre jours.

Les deux dernières de ces journées lui laissent un grand espoir de bonheur. Revenu à Prague, il lui écrit des lettres qu'illumine un sentiment ravi. « Et, malgré tout, je le crois parfois : si l'on peut mourir de bonheur, alors c'est ce qui doit m'arriver. Et si quelqu'un destiné à mourir peut, à force de bonheur, rester en vie, alors je resterai en vie. » Cependant, il y a des obstacles : elle est chrétienne, mais est-ce un empêchement ? Non pour elle qui est déjà mariée à un Juif [1], et non pas pour Kafka qui ne se sent pas séparé d'elle par ce trait, seulement plus anxieux devant la jeunesse de Milena, d'autant plus jeune qu'elle est libre de la lourde charge du temps qui pèse sur un Juif. Elle est mariée, mais bien que, dans les lettres, ce mari paraisse l'obstacle qui les arrête, il semble bien, puisqu'elle s'était déjà une fois séparée et puisque plus tard ils se sépareront définitivement d'un mutuel accord, que Milena n'aurait pas hésité à se rendre libre si d'autres difficultés n'étaient survenues. Qu'est-ce donc qui les divise ? Un jour, elle lui demande de venir à Vienne et, pour qu'il obtienne le bref congé dont il aurait besoin, elle lui propose d'adresser au bureau un télégramme avec ces mots : « Tante Clara gravement malade. » Subterfuge innocent, mais Kafka ne veut pas mentir ; il le voudrait, mais il ne le peut pas ; le bureau « est un être vivant qui me regarde, où que je sois, avec ses yeux innocents, un être avec qui je me suis trouvé lié d'une manière qui m'est inconnue, bien qu'il me soit plus étranger que les gens qui en ce moment passent en automobile sur le boulevard. Il m'est ainsi étranger jusqu'à l'absurdité, mais précisément cela exige des égards... et je ne puis donc pas mentir ».

Cet incident révèle un peu de ce qui les séparera. Milena donne à la passion tous les droits, elle ne connaît que ce qu'elle désire, et ce qu'elle désire ne souffre ni hésitation, ni partage, ni limites. Ils se

---

1. Cependant, ce mariage l'avait mise en difficulté avec sa famille.

rencontreront encore une fois à Gmünd pour quelques heures, et cette rencontre n'est plus heureuse comme celle de Vienne, elle ne les rapproche pas, elle les sépare, au contraire, presque irréparablement. Puis interviennent de bizarres intrigues. De même que Milena a été jalouse de la fiancée de Kafka, Kafka sera jaloux des amies de Milena qui essaient de la détourner perfidement de lui. Les malentendus succèdent aux malentendus. Il en faut moins pour que Kafka reprenne conscience de la destinée qui fait de lui un animal de la forêt, étranger à la vie du monde. En vain la jeune femme essaie-t-elle de faire des projets d'avenir, d'apaiser sa détresse et de le rendre à l'espoir ; en vain cherche-t-elle à garder au moins le contact de lettres presque quotidiennes : elle se heurte, en lui, à l'intransigeance du désespoir, à la force de la solitude, au désir farouche de faire silence et de se retirer dans le silence. Si puissante que soit en elle l'exigence passionnée, elle ne peut rien contre cette force qui maintenant protège l'intimité silencieuse de Kafka. Ne plus écrire, ne plus recevoir de lettres, il le veut et, quitte à briser son amie, c'est ce qu'avec une violence qui ne se contient qu'à peine il la force à vouloir : « C'est pourquoi, je t'en prie, laisse-moi être silencieux... » « Ces lettres ne sont que tourment, viennent d'un tourment sans remède, n'apportent qu'un tourment sans remède. Être silencieux, c'est l'unique moyen de vivre, ici et là-bas[1]. »

Milena a donc échoué malgré son impétuosité, la magnificence rayonnante de ses sentiments, ou bien est-ce cette force de passion qui explique son échec ? On est naturellement tenté de le croire, tenté de dire

---

1. Par la suite, Milena et Kafka se revirent à Prague. Le *Journal* y fait de brèves allusions. Milena est morte au camp de Ravensbrück le 11 mai 1944. Mme Buber-Neumann a parlé d'une manière émouvante de celle qui fut sa compagne en ces jours.

qu'attiré d'abord par la puissance du don qui lui était fait, Kafka a été détourné aussi par cette puissance, en a subi avec effroi, avec angoisse, le choc orageux et, à la fin, quand leurs rapports se troublent de plus en plus, il tombe dans une telle profondeur de tourment qu'il est prêt à sacrifier la jeune femme pour échapper à ces mouvements désordonnés qui lui ôtent tout repos.

*

Les rapports de Kafka avec le monde féminin ont toujours été très ambigus : ses récits nous l'avaient fait pressentir ; les quelques notes du *Journal* nous l'ont confirmé, mais les lettres à Milena nous le révèlent en nous montrant avec quel attrait il se tourne vers ce monde, attrait qu'il subit en raison même de la répulsion qu'il éprouve. Milena, jeune femme libre et qui n'était pas faite pour désirer en vain, quand, après le voyage de Vienne où ils s'étaient seulement étendus l'un près de l'autre calmement dans la forêt, elle vit qu'il hésitait devant une nuit à Gmünd, elle se demanda s'il n'était pas arrêté par une forme d'angoisse. Il lui raconte, alors, sa première nuit. Il avait vingt ans, il étudiait des choses dénuées de sens pour son premier examen d'État. C'était l'été, il faisait très chaud, il se tenait à la fenêtre et, par signes, sans échanger un mot, il s'entendit avec une jeune fille employée dans un magasin de confection, situé en face. Il devait aller la chercher le soir, vers huit heures, mais, quand il descendit, quelqu'un d'autre était là. « Cela ne changea pas grand-chose, j'avais peur du monde entier et donc aussi de cet homme-là ; même s'il n'avait pas été là, j'aurais eu peur aussi de lui. » La jeune fille lui fit signe cependant de les suivre, et, tandis qu'elle buvait de la bière avec son autre compagnon, il s'assit à une table voisine et attendit. Finalement, la jeune fille rentra chez elle et ressortit en hâte pour rejoindre Kafka, qui la conduisit dans un hôtel. « Tout cela, même avant l'hôtel, était attrayant, excitant et abominable. A l'hôtel, il n'en fut pas autrement, et lorsque, au matin — il faisait toujours chaud et beau, — nous repassâmes la Karlsbrücke pour revenir à la maison, j'étais tout de même heureux, ce bonheur était fait du repos où me laissait enfin ce corps éternellement tourmenté, mais ce bonheur venait avant tout de ce que l'ensemble n'avait pas été *encore* plus abominable, *encore* plus sale. » Pourtant, après l'avoir rencontrée encore une fois, il se détourna de la demoiselle de magasin au point de ne pouvoir la regarder, bien qu'elle le poursuivît constamment de ses yeux qui ne comprenaient rien. « Je ne veux pas dire que l'unique raison de mon hostilité (sûrement, cela n'était pas) fût que la jeune fille à l'hôtel, en toute innocence, avait fait une minuscule horreur (pas la peine d'en parler), avait dit une petite saleté (pas la peine d'en parler), mais le souvenir en est resté, je sus à ce même instant que je ne l'oublierais jamais et en même temps je savais ou je croyais savoir que cette chose abominable et sale, extérieurement certainement fortuite, mais intérieurement très nécessaire, était en profond accord avec l'ensemble et que c'était cette chose abominable et sale (dont sa petite action, son petit mot n'avait été que le petit signe) qui, avec une violence aussi insensée, m'avait précisément attiré dans cet hôtel auquel, jusqu'ici, je m'étais dérobé de toutes mes forces. Et comme cela avait été, cela resta toujours. Mon corps, souvent tranquille pendant des années, était à nouveau secoué jusqu'à l'insupportable par ce désir d'une petite abomination tout à fait déterminée, de quelque chose de légèrement repoussant, pénible et sale ; dans le meilleur qui me soit arrivé à ce sujet, il y avait encore une petite odeur mauvaise, un peu de soufre, un peu d'enfer... » Avec Milena, ajoute-t-il, il est entré pour la première fois dans un autre monde : « C'est pourquoi ce n'est pas seulement l'approche de ton corps, mais toi-même qui exerces sur moi un tel effet troublant-apaisant... Aussi n'avais-je pas d'" angoisse " pour une nuit à Gmünd, mais seulement " l'angoisse " habituelle — ah ! l'habituelle suffit... »

Cependant, quelque temps auparavant, évoquant les heures passées à Vienne avec Milena dans la forêt, quand sa tête reposait sur l'épaule de la jeune femme (c'est une page merveilleuse ; rarement le langage de Kafka fut plus digne de bonheur), il ajoute : « Mais justement, entre ce monde du jour et " cette demi-heure au lit " dont dans une lettre tu m'as parlé avec mépris comme d'une chose d'homme [ce mépris n'était certainement là que pour rassurer Kafka ; du moins, c'est l'avis de l'éditeur des lettres], il y a pour moi un abîme que je ne puis franchir, vraisemblablement parce que je ne le veux pas. Là-bas, de l'autre côté, c'est une chose de la nuit, dans tous les sens et absolument, une affaire nocturne ; ici est le monde, je le possède, et je devrais sauter de l'autre côté dans la nuit pour en prendre une fois encore possession ?... Je devrais aller de l'autre côté par amour pour une magie sinistre, pour un tour de passe-passe, une pierre philosophale, une alchimie, un anneau enchanté ? Loin de moi tout cela, j'en ai affreusement peur. Vouloir attraper cela par magie, dans la hâte d'une nuit, en respirant lourdement, abandonné, possédé, vouloir attraper magiquement ce que chaque jour vous donne les yeux ouverts (" peut-être " ne peut-on pas avoir d'enfants autrement ; " peut-être " les enfants sont-ils aussi de la magie. Laissons pour l'instant cette question). C'est pourquoi je te suis si reconnaissant (à toi et à toute chose), et c'est pourquoi il est si naturel que je sois à ton côté extrêmement calme et extrêmement agité, extrêmement contraint et extrêmement libre ; c'est aussi pourquoi, après cet examen, j'ai renoncé à toute autre vie. Regarde-moi dans les yeux ! »

Kafka s'exprime avec tant de simplicité, une si grande clarté et une telle lucidité qu'on risque de se croire en mesure de comprendre ce qui n'a gagné qu'une autre forme d'expression. Si le monde du désir est pour lui cette chose nocturne dont il parle ici avec un frisson d'horreur, il a beau affirmer qu'il veut s'en détourner, il sait bien qu'appartenant et presque tout entier à la nuit il a partie liée avec cette étrangeté sinistre ; c'est pourquoi il ne peut s'en tenir à l'écart ; c'est pourquoi, s'il se perd en y pénétrant, il a aussi le pressentiment que, pour celui qui, de toute manière, est comme lui engagé dans la complicité de la nuit, il y a là une puissance trompeuse, illusoire, tourmentante, mais peut-être salutaire, une source à laquelle il veut boire avidement, avec cette avidité qui poussait Joseph K. à étancher sa soif sur le frais visage de Mlle Bürstner. Écrire est de même pour Kafka un pacte noué avec le danger de la nuit : « abandon aux forces obscures », « déchaînement de puissances tenues habituellement en lisière », « étreintes impures », tout cela est en jeu, dit-il, quand on écrit. « En sait-on encore quelque chose, là-haut, quand on écrit des histoires, en pleine lumière, en plein soleil ? » Don silencieux, don mystérieux, mais magie essentiellement impure — et pourtant qui, plus que Kafka, s'est confié, et comme à un moyen privilégié de salut, à ce don et à cette magie ? Peut-être en est-il de même du désir.

*

C'est dans les lettres à Milena qu'on trouve le plus souvent répété le mot angoisse, le plus vivement exprimée la part que l'angoisse a obtenue de lui. C'est aussi dans ces lettres qu'il semble parfois s'abaisser et, surtout quand l'espoir fait place au désespoir, s'abîmer dans un sentiment de détraction presque sans limite dont les expressions excessives paraissent même suspectes à l'éditeur des lettres, Willy Haas : Kafka, en face de la jeune femme et non seulement en face d'elle, mais de tout ce qui évolue autour d'elle, peut-il vraiment se croire cet être d'indigence et de boue qu'il voudrait se représenter à ses yeux ? Ne passe-t-il pas ici les bornes de la sincérité ? Qu'en est-il au juste de lui, lorsqu'il se précipite aussi, avec un certain plaisir amer, dans ces régions basses qu'il se reproche d'avoir cherché à abandonner un instant ?

Il y a, il est vrai, chez Kafka un souci assez trouble, peut-être un goût de la torture qu'il dénonce lui-même et qui est comme une ruse pour désarmer le sort en s'exposant, par avance, à sa cruauté[1]. Mais il ne faut pas non plus s'y tromper : quand il se sent lié à l'angoisse, quand il dit à Milena : « Nous sommes mariés l'un et l'autre, toi à Vienne, moi à Prague avec l'angoisse, et tu n'es pas la seule de nous deux à tirer en vain sur notre mariage », ce n'est pas seulement à la pauvreté du néant et à la hantise de la peur qu'il se sent uni, mais à l'intimité de ce qu'il a de plus riche et de meilleur. Il lui faut donner raison à l'angoisse, faire droit à ce qu'elle veut et plus même qu'elle ne veut, et si Milena l'aime, c'est à cause de l'angoisse et c'est l'angoisse qu'elle aime. « Les plus belles de tes lettres... sont celles où tu donnes raison à mon " angoisse ", tout en cherchant à m'expliquer que je ne dois pas l'avoir. Car moi aussi, même si j'ai parfois l'air de ne

---

1. Dans une des dernières lettres, Kafka écrit : « Oui, la torture est pour moi chose extrêmement importante. Je ne m'occupe de rien d'autre que d'être torturé et de l'exercice de la torture. Pourquoi ? »

défendre " mon angoisse " que par l'intérêt, c'est au plus profond de moi que je lui donne probablement raison ; oui, je tiens d'elle ma consistance [je suis fait d'elle] et elle est peut-être ce que j'ai de meilleur. Et, puisqu'elle est ma meilleure part, elle est aussi peut-être la seule chose que tu aimes. Car, en dehors d'elle, qu'y aurait-il à trouver en moi qui fût digne d'amour ? Mais cette chose est digne d'amour. »

« Cette chose est digne d'amour. » Kafka désigne ici, non sans fierté, le cœur de lui-même, cette part qu'il n'est pas prêt à renier, ce destin d'inquiétude et de tourment qui, sans doute, l'oblige à prendre conscience de lui-même comme d'un être abîmé, soufflé par le néant, chose donc terrible qui le fait trembler, mais qui n'en reste pas moins ce qui le rend digne d'amour, comme si l'amour ou le désir était le centre même, la pure intimité de l'angoisse.

Dans une de ses dernières lettres, il décrit à Milena ce qu'il est et ce qu'elle est : « C'est à peu près ainsi : moi, l'animal de la forêt, j'étais alors à peine dans la forêt, je gisais quelque part dans une fosse boueuse (boueuse seulement par suite de ma présence, naturellement) ; voilà que je te vis dans la liberté du dehors, la chose la plus merveilleuse que j'aie jamais vue, j'en oubliai tout, je m'oubliai moi-même, me dressai, anxieux, il est vrai, dans cette liberté nouvelle, quoique familière, je m'approchai pourtant encore, vins jusqu'à toi, tu étais si bonne, je me blottis près de toi, comme si j'en avais le droit, je mis mon visage dans tes mains, j'étais si heureux, si fier, si libre, si puissant, si chez moi, toujours à nouveau ceci : si chez moi, mais au fond je n'étais pourtant que l'animal, je n'appartenais toujours qu'à la forêt, et si je vivais ici à l'air libre, ce n'était que par ta grâce ; sans le savoir (car j'avais tout oublié), je lisais mon destin dans tes yeux. Cela ne pouvait durer. Il fallut bien, même si tu passais sur moi ta main favorable, que tu remarques mes singularités qui annonçaient la forêt, qui indiquaient cette origine et ma vraie patrie. Vinrent les paroles inévitables sur " l'angoisse " et qui inévitablement se répétaient, me tourmentaient (ainsi que toi, mais toi d'une manière innocente) jusqu'à mettre les nerfs à vif, je fus forcé de voir toujours plus quelle plaie malpropre, quel obstacle, quelle gêne j'étais partout pour toi... Je me rappelai qui j'étais, dans tes yeux je lus la fin de l'illusion, j'éprouvai cette frayeur des rêves (celle de se conduire, comme si on était chez soi, là où on n'a pas le droit d'être), j'eus cette frayeur dans la réalité même, je dus rentrer dans l'obscurité, je ne supportais plus le soleil, j'étais désespéré, réellement comme un animal égaré, je me mis à courir à perdre haleine, et constamment la pensée : " Si je pouvais l'emporter avec moi ! " et l'autre pensée : " Y a-t-il de l'obscurité là où elle est ? " Tu me demandes comment je vis : c'est ainsi que je vis ! »

Il faut essayer de lire cette page comme elle a été écrite, en pensant qu'il ne s'agit pas ici d'image, au sens usuel de ce mot, mais que Kafka appartient vraiment à la profondeur de la forêt et que son monde est le monde de l'obscurité dont il ne s'échappe que par une grâce momentanée. Exilé donc du monde, de la Terre Promise, exclu de l'espoir, est-il condamné au désespoir ? Condamné au désert, à l'égarement de la profondeur vide, ne peut-il pas faire de cet égarement son chemin, du désert la promesse d'une autre terre, de l'exil sa nouvelle patrie ? Il le dira dans une note du *Journal* écrite un peu plus tard [1], et à Milena, il le dit aussi en termes mystérieux qui font pressentir que l'animal de la forêt voit ce que ne voient pas, connaît ce que ne connaissent pas les heureux de ce monde : « Tu

1. 28 et 29 janvier 1922, à Spindlermühle.

ne peux pas exactement comprendre, Milena, de quoi il s'agit ou s'est agi en partie, je ne le comprends pas moi-même, je tremble seulement sous le déchaînement, je me tourmente jusqu'à la folie, mais ce que c'est et ce qu'on veut dans le lointain, je ne le sais pas. Je sais seulement ce qu'on veut dans la proximité : silence, obscurité, se terrer, c'est là ma voie, je ne puis agir autrement [1]. C'est un déchaînement, il passe, il est en partie passé, mais les forces qui le font surgir continuent de trembler en moi, avant, après ; oui, ma vie, mon être est fait de cette menace souterraine ; si elle cesse, je cesse aussi. C'est ma façon de participer à la vie ; si cela cesse, j'abandonne la vie aussi légèrement et naturellement qu'on ferme les yeux. N'était-ce pas toujours là, depuis que nous nous connaissons, et aurais-tu jeté vers moi-même un regard fugitif, si cela n'avait pas été là ? »

C'est pourquoi, là où Kafka semble s'exprimer contre lui-même d'une manière qui humilie son génie, ce qu'il dit n'a pas seulement l'âpreté d'une force dénigrante, mais frémit comme au souvenir, comme à l'approche de ce qui dépasse infiniment l'expérience commune, mouvement qui l'étonne, l'effraie, mais parce qu'il en pressent aussi la puissance vertigineuse d'exaltation : « Mais ce n'est pas encore le point le plus haut de l'étonnement, le plus étonnant, c'est que si tu voulais aller vers moi, si tu voulais donc — à en juger musicalement parlant — abandonner le monde entier pour descendre vers moi, à une telle profondeur que là où tu serais, on ne verrait plus rien, il te faudrait pour atteindre ce but — étrange, étrange — non seulement t'enfoncer, mais t'élever d'une manière surhumaine bien au-dessus, au-dessus de toi, si fortement que tu en serais peut-être déchirée, jusqu'à t'écrouler et dispa-

---

[1]. C'est la parole de Luther : *Hier stehe ich, ich kann nicht anders.*

raître (et moi, alors, sans doute avec toi). Et cela pour arriver à un lieu qui n'a rien de séduisant, où je séjourne sans bonheur, sans malheur, sans mérite et sans faute, uniquement parce qu'on m'a déposé là. » (Lettre, il est vrai, écrite avant les jours de détresse, mais qui n'en exprime pas moins la même vérité : pour rejoindre Kafka, là où il est, dans la profondeur de l'obscurité, il faut s'abaisser infiniment, mais aussi s'élever, s'exalter jusqu'à disparaître — « étrange, étrange ».).

*

Brod a affirmé que, dans *Le Château,* Kafka avait traduit ses relations avec Milena. Il y a certainement dans cette intuition quelque chose de juste, mais Milena est-elle Frieda ? Klamm est-il le mari de Milena ? Olga est-elle la fiancée de Kafka, cette jeune fille simple et de peu de défense contre laquelle la jalousie de Milena se déchaîne avec une injuste violence ? Et les amies de Milena, ces amies perfides qui intriguaient contre Kafka, les retrouvons-nous dans la figure de la femme de l'aubergiste dont elles expliqueraient l'hostilité tantôt sournoise, tantôt ouverte ? On ne saurait le dire : l'histoire réelle n'éclaire pas l'œuvre, ne la rapproche pas de nous. Tout ce que l'on pressent, c'est qu'elle se prolonge peut-être dans l'œuvre, non pour s'y traduire, fût-ce au prix d'une transposition, mais pour former une autre expérience, irréductible, qui se développe selon ses exigences et pour des fins propres, expérience qui n'importe pas moins au destin de Kafka que l'histoire de sa passion malheureuse. Cependant, quand on lit les lettres, quand on se souvient du *Château* et si l'on se laisse entraîner à faire des rapprochements entre ces deux mondes, on est étonné et comme effrayé en pensant que cette Milena, figure splendide et qu'il élève au-dessus de tout par ses déclarations extasiées, pourrait bien, dans la vérité de l'œuvre, n'être rien de plus que cette presque insignifiante Frieda, sans grands attraits et sans autres mérites que ceux qu'elle tient de son union avec Klamm — et, de même cette passion, si belle, dont les lettres nous parlent de telle manière que nous sommes prêts à la dire sublime, comme le ferait Stendhal, est-ce qu'elle est appelée à devenir, dans l'œuvre, dans l'expérience de l'œuvre, ces tristes rapports, ces étreintes pitoyables, sans bonheur et sans avenir, entre un étranger déloyal et une servante infidèle ? Comment celui qui a aimé Milena avec une telle admiration passionnée a-t-il pu abaisser ses sentiments, les maîtriser, les percer à jour au point d'y trouver le mouvement qui devait conduire K. à s'unir à Frieda d'une intimité si vide et si froide ? Est-ce donc là la vérité qu'il faut lire sous les belles phrases passionnées des lettres ? Et cette vérité ne dit-elle pas, d'une manière plus cruelle encore que nous ne le pensions, l'échec de Milena ?

Il en est peut-être ainsi, en effet. Mais, en admettant qu'on ait raison de vouloir ressaisir dans le livre un reflet des vrais sentiments de Kafka, il faut pousser la lecture plus loin et ne pas se borner à une analyse des rapports de tel ou tel personnage. C'est l'œuvre entière, dans sa réalité compacte, qui doit nous parler de la force tourmentante, obscure, saisissante, qui a traversé l'histoire réelle. Alors tout change peut-être, et ce n'est plus seulement la tristesse de relations misérables qu'il faut mettre au compte de la liaison de Kafka, mais aussi bien le mystère rayonnant du Château et, plus encore, la passion démesurée d'une recherche, jamais satisfaite, jamais éteinte, qui, même là où toutes les forces manquent, s'efforce encore, ne renonce jamais. On peut dire alors que *Le Château* est bien le livre d'une extraordinaire passion et que dans cette passion (qui manque au *Procès*) s'exprime l'élan qui un jour porta, malgré lui, le jeune homme de Merano jusqu'à la jeune femme de Vienne. Grande passion, passion qui échoue, mais parce qu'elle ne peut atteindre le but qu'en le dépassant. Kafka, qui parle sans cesse de sa faiblesse, a été aussi conscient de cette force terrible, capable de tout, qui pouvait s'emparer de lui. Il dit à Milena : « ... Moi qui sur le grand échiquier ne suis même pas encore le pion d'un pion (j'en suis bien éloigné), maintenant, contre toutes les règles et quitte à brouiller le jeu, je voudrais aussi occuper la place de la reine — moi, le pion du pion, par conséquent une pièce qui n'existe pas et ne peut donc participer au jeu — et puis en même temps je voudrais peut-être aussi occuper la place du roi ou même tout l'ensemble de l'échiquier, au point que, si je le voulais réellement, il faudrait que cela arrive par d'autres moyens plus inhumains. » Telle est donc la passion de Kafka, cette force prodigieuse qui l'anime, lorsqu'il tend vers Milena (mais trop forte pour ne pas tendre infiniment au-delà), et telle est bien également la froide passion de K., lui aussi le pion du pion, une figure qui n'existe pas, qui dérange toutes les règles, qui est hors du jeu et pourtant veut jouer et, s'il le voulait réellement, pourrait d'une manière tout autre qu'humaine dépasser tous les buts, mais, à cause de cette même volonté qui est démesure, impatience, ignorance infinies, il ne peut rien atteindre, il ne peut rien.

LA VOIX NARRATIVE

(le « il », le neutre)

J'écris (je prononce) cette phrase : « Les forces de la vie ne suffisent que jusqu'à un certain point. » Je pense, en la prononçant, à quelque chose de très simple : l'expérience de la fatigue qui nous donne à tout instant le sentiment de la vie limitée ; on fait quelques pas dans la rue, on en fait huit ou neuf, puis l'on tombe. La limite qu'indique la fatigue limite la vie. Le sens de la vie est, à son tour, limité par cette limite : sens limité d'une vie limitée. Mais il se produit un renversement que l'on peut découvrir de diverses manières. Le langage modifie la situation. La phrase que je prononce tend à attirer à l'intérieur même de la vie la limite qui ne devrait la marquer que de l'extérieur. La vie est dite limitée. La limite ne disparaît pas, mais elle reçoit du langage le sens, peut-être sans limite, qu'elle prétend limiter : le sens de la limite, en l'affirmant, contredit la limitation du sens ou du moins la déplace ; mais, par là, risque de se perdre le savoir de la limite entendue comme limitation du sens. Comment donc parler de cette limite (en dire le sens), sans que le sens ne l'il-limite ? Ici, il nous faudrait entrer dans une autre sorte de langage et, en attendant, nous rendre compte que la phrase : « Les forces de la vie... » n'est, comme telle, pas tout à fait possible.

*

Maintenons-la cependant. Écrivons un récit où elle prend place comme un accomplissement du récit lui-même. Entre les deux phrases, identiques, quelle est la différence ? Certainement, très grande. Je puis, grosso modo, la représenter ainsi : le récit serait comme un cercle neutralisant la vie, ce qui ne veut pas dire, sans rapport avec elle, mais se rapportant à elle par un rapport neutre. Dans ce cercle, le sens de ce qui est et de ce qui est dit est bien encore donné, mais à partir d'un retrait, d'une distance où sont par avance neutralisés tout sens et tout manque de sens. Réserve qui excède tout sens déjà signifié sans être tenue pour une richesse ni pour une pure et simple privation. C'est comme une parole qui n'éclairerait pas et n'obscurcirait pas.

Souvent, dans un mauvais récit — en admettant qu'il y en ait, ce qui n'est pas tout à fait sûr —, on a l'impression que quelqu'un parle par-derrière et souffle aux personnages ou bien aux événements ce qu'ils ont à dire : intrusion indiscrète et maladroite ; c'est, dit-on, l'auteur qui parle, un « je » autoritaire et complaisant encore ancré dans la vie et faisant irruption sans retenue. C'est vrai, cela est indiscret — et ainsi s'efface le cercle. Mais il est vrai aussi que cette impression que quelqu'un parle « par-derrière » appartient bien à la singularité narrative et à la vérité du cercle : comme si le cercle avait son centre hors du cercle, en arrière et infiniment en arrière, comme si le *dehors* était précisément ce centre qui ne peut être que l'absence de tout centre. Or, ce dehors, cet « en arrière » qui n'est nullement un espace de domination et d'altitude d'où l'on pourrait tout ressaisir d'une seule vue et commander aux événements (du cercle),

La voix narrative

ne serait-ce pas la distance même que le langage reçoit de son propre manque comme sa limite, distance certes tout extérieure, qui cependant l'habite et en quelque sorte le constitue, distance infinie qui fait que se tenir dans le langage, c'est toujours déjà être au-dehors, et telle que, s'il était possible de l'accueillir, de la « relater » dans le sens qui lui est propre, on pourrait alors parler de la limite, c'est-à-dire conduire jusqu'à la parole une expérience des limites et l'expérience-limite ? Considéré dans cette dimension, le récit serait donc l'espace hasardeux où la phrase : « Les forces de la vie... » peut s'affirmer dans sa vérité, mais où, en retour, toutes les phrases, et les plus innocentes, risquent de recevoir le même statut ambigu que reçoit le langage à sa limite. Limite qui est peut-être le neutre.

*

Je ne reviens pas sur « l'usage des pronoms personnels dans le roman » qui a donné lieu à tant d'études remarquables [1]. Je crois qu'il faut remonter plus haut. Si, comme il a été montré (dans *L'Espace littéraire*), écrire, c'est passer du « je » au « il », si cependant le « il » substitué au « je » ne désigne pas simplement un autre moi et pas davantage le désintéressement esthétique — cette impure jouissance contemplative qui permet au lecteur et au spectateur de participer à la tragédie par distraction —, il reste à savoir ce qui est en jeu, quand écrire répond à l'exigence de ce « il » incaractérisable. Dans la forme narrative, nous entendons, et toujours comme de surcroît, parler quelque chose d'indéterminé que l'évolution de cette forme

---

[1]. Je renvoie au livre de Michel Butor : *Répertoire II* (Éditions de Minuit).

contourne, isole, jusqu'à le rendre peu à peu manifeste, quoique d'une manière trompeuse. Le « il » est l'événement inéclairé de ce qui a lieu quand on raconte. Le lointain conteur épique raconte des exploits qui se sont produits et qu'il semble reproduire, qu'il y ait assisté ou non. Mais le conteur n'est pas l'historien. Son chant est l'étendue où, dans la présence d'un souvenir, vient à la parole l'événement qui s'y accomplit ; la mémoire, muse et mère des muses, détient en elle la vérité, c'est-à-dire la réalité de ce qui a lieu ; c'est dans le chant qu'Orphée descend réellement aux enfers : ce que l'on traduit en ajoutant qu'il y descend par le pouvoir de chanter, mais ce chant déjà instrumental signifie une altération de l'institution narrative. Raconter est mystérieux. Très vite, le « il » mystérieux de l'institution épique se divise : le « il » devient la cohérence impersonnelle d'une *histoire* (au sens plein et comme magique de ce mot) ; l'*histoire* se tient toute seule, préformée dans la pensée d'un démiurge et, existant par elle-même, il n'y a plus qu'à la raconter. Mais l'*histoire* bientôt se désenchante. L'expérience du monde désenchanté que *Don Quichotte* introduit en littérature, est celle qui dissipe l'*histoire* en lui opposant la banalité du réel — par où le réalisme se saisit pour longtemps de la forme romanesque qui devient le genre efficace de la bourgeoisie en progrès. Le « il » est alors le quotidien sans exploit, ce qui arrive quand rien n'arrive, le cours du monde tel qu'il est inaperçu, le temps qui s'écoule, la vie sommaire et monotone. En même temps — et d'une manière plus visible —, le « il » marque l'intrusion du personnage : le romancier est celui qui renonce à dire « je », mais délègue ce pouvoir à d'autres ; le roman se peuple de petits « ego » tourmentés, ambitieux, malheureux, quoique toujours satisfaits dans leur malheur ; l'individu s'affirme dans sa richesse subjective, sa liberté intérieure, sa psychologie; la narration romanesque, celle de l'individualité, abstraction faite de son contenu même, est déjà marquée par une idéologie, dans la mesure où elle suppose que l'individu avec ses particularités et ses limites suffit à dire le monde, c'est-à-dire suppose que le cours du monde reste celui de la particularité individuelle.

Nous voyons donc que le « il » s'est scindé en deux : d'une part, il y a quelque chose à raconter, c'est le réel *objectif* tel qu'il se donne immédiatement sous un regard intéressé et, d'autre part, ce réel se réduit à être une constellation de vies individuelles, de *subjectivités*, « il » multiple et personnalisé, « ego » manifeste sous le voile d'un « il » d'apparence. Dans l'intervalle du récit s'entend, avec plus ou moins de justesse, la voix du narrateur, tantôt fictif, tantôt sans masque.

Qu'est-ce qui a cédé dans cette construction remarquable ? Presque tout a cédé. Je ne m'y attarderai pas.

*

Une autre remarque serait à faire. Comparons, tout en restant conscient du caractère maladroit d'un tel procédé, car il simplifie exagérément, l'impersonnalité du roman telle qu'on l'attribue à tort ou à raison à Flaubert et l'impersonnalité du roman de Kafka. L'impersonnalité du roman impersonnel est celle de la distance esthétique. Le mot d'ordre est impérieux : le romancier ne doit pas intervenir. L'auteur — même si Madame Bovary, c'est moi — supprime tous les rapports directs entre lui et le roman ; la réflexion, le commentaire, l'intrusion moralisante telle qu'elle est encore autorisée, avec éclat, chez Stendhal ou chez Balzac, deviennent péchés capitaux. Pourquoi ? Pour deux raisons différentes, quoique presque confondues. La première : ce qui est raconté a valeur esthétique dans la mesure où l'intérêt qu'on y prend est un intérêt à distance ; le désintéressement — catégorie essentielle du jugement de goût depuis Kant et même Aristote — signifie que l'acte esthétique ne doit se fonder sur aucun intérêt, s'il veut en produire un qui soit légitime. Intérêt désintéressé. Aussi l'auteur doit-il prendre et garder héroïquement ses distances pour que le lecteur ou le spectateur lui aussi demeure à distance. L'idéal reste la représentation du théâtre classique : le narrateur n'est là que pour lever le rideau ; la pièce se joue, dans le fond, de toute éternité et comme sans lui ; il ne raconte pas, il montre, et le lecteur ne lit pas, il regarde, assistant, prenant part sans participer. L'autre raison est presque la même, quoique toute différente : l'auteur ne doit pas intervenir, parce que le roman est une œuvre d'art et que l'œuvre d'art existe toute seule, chose irréelle, dans le monde hors du monde, il faut la laisser libre, supprimer les étais, couper les amarres, pour la maintenir dans son statut d'objet imaginaire (mais ici Mallarmé, c'est-à-dire une tout autre exigence, déjà s'annonce).

Évoquons un instant Thomas Mann. Son cas est intéressant, parce qu'il ne respecte pas la règle de non-intervention : constamment, il se mêle de ce qu'il raconte, parfois par personnes interposées, mais aussi de la manière la plus directe. Qu'en est-il de cette intrusion irrégulière ? Elle n'est pas d'ordre moral, prise de position contre tel personnage, elle ne consiste pas à éclairer du dehors les choses, coup de pouce du créateur qui façonne à son gré les figures. Elle représente l'intervention du narrateur contestant la possibilité même de la narration — intervention, par conséquent, essentiellement critique, mais sur le mode du jeu, de l'ironie malicieuse. L'impersonnalité flaubertienne, crispée et difficile, affirmait encore la validité du mode narratif : raconter, c'était montrer, laisser être ou faire exister, sans qu'il y eût lieu — malgré les grands doutes que l'on pouvait déjà avoir — de s'interroger sur les limites et les façons de l'ordre narratif. Thomas Mann sait bien que la naïveté est perdue. Il essaie donc de la restituer, non pas en passant sous silence l'illusion, mais au contraire en la produisant, en la rendant si visible qu'il joue avec elle, comme il joue avec le lecteur et ainsi l'attire dans le jeu. Thomas Mann qui a un grand sens de la fête narrative, réussit ainsi à la restaurer comme fête de l'illusion narrative, nous rendant, à nous, une ingénuité du second degré, celle de l'absence d'ingénuité. On peut donc dire que si la distance esthétique est chez lui dénoncée, elle est aussi annoncée, affirmée par une conscience narrative qui se prend pour thème, alors que, dans le roman impersonnel plus traditionnel, elle disparaissait en se mettant entre parenthèses. Raconter allait de soi.

Raconter ne va pas de soi. L'acte narratif, on le sait, est généralement pris en charge par tel ou tel personnage, non pas que celui-ci, racontant directement, se fasse le narrateur d'une histoire déjà vécue ou en train de se vivre, mais parce qu'il constitue le centre à partir duquel la perspective du récit s'organise : tout est vu de ce point de vue. Il y a alors un « je » privilégié, fût-ce celui d'un personnage évoqué à la troisième personne, qui prend grand soin de ne pas outrepasser les possibilités de son savoir et les limites de son emplacement : c'est le règne des ambassadeurs de James, c'est aussi le règne des formules subjectivistes, faisant dépendre l'authenticité narrative de l'existence d'un sujet libre, formules justes, pour autant qu'elles représentent la décision de s'en tenir à un parti pris (l'obstination et même l'obsession sont l'une des règles qui semblent s'imposer lorsqu'il s'agit d'écrire — la forme est obstinée, c'est son danger), justes, mais nullement définitives, car, d'une part, elles affirment à tort l'équivalence qu'il pourrait y avoir entre l'acte narratif et la transparence d'une conscience (comme si raconter, c'était seulement avoir conscience, projeter, dévoiler, voiler en dévoilant) et, d'autre part, elles maintiennent le primat de la conscience individuelle qui ne serait qu'en second lieu et même secondairement une conscience parlante.

*

Entre-temps, Kafka a écrit. Kafka admire Flaubert. Les romans qu'il écrit sont marqués par une austérité qui permettrait à un lecteur distrait de les ranger dans la lignée flaubertienne. Pourtant, tout est différent. L'une de ces différences est, pour le sujet qui nous occupe, essentielle. La distance — le désintéressement créateur (si visible chez Flaubert dans la mesure où il doit lutter pour le maintenir) —, cette distance qui était celle de l'écrivain et du lecteur à l'égard de l'œuvre, autorisant la jouissance contemplative, entre maintenant, sous l'espèce d'une étrangeté irréductible, dans la sphère même de l'œuvre. Non plus mise en question, restaurée en tant que dénoncée comme chez Thomas Mann (ou Gide), elle est le milieu du monde romanesque, l'espace où se déploie, dans la simplicité unique, l'expérience narrative, celle qu'on ne raconte pas, mais qui est en jeu quand on raconte. Distance qui n'est pas seulement vécue comme telle par le personnage central, toujours à distance de lui-même, comme il est à distance des événements qu'il vit ou des êtres qu'il rencontre (ce ne serait encore que la manifestation d'un moi singulier) ; distance qui le distancie lui-même, l'écartant du centre, parce que constamment elle décentre l'œuvre, d'une manière non mesurable et non discernable, en même temps qu'elle introduit dans

La voix narrative

la narration la plus rigoureuse l'altération d'une parole autre ou de l'autre comme parole (comme écriture).

Les conséquences d'un tel changement seront souvent mal interprétées. L'une d'elles, immédiatement visible, est remarquable. Le lecteur qui jusque-là s'identifiait, mais de loin, avec l'histoire en cours (la vivant pour son compte sur le mode de l'irresponsabilité contemplative), dès que l'étrange lointain devient l'enjeu et comme la substance de l'histoire, ne peut plus s'en désintéresser, c'est-à-dire en jouir avec désintéressement. Que se passe-t-il ? Sous quelle exigence nouvelle est-il tombé ? Ce n'est pas que cela le concerne : au contraire, cela ne le concerne en rien et, peut-être, ne concerne personne ; c'est en quelque manière le *non-concernant,* mais à l'égard de quoi, en retour, il ne lui est plus possible de prendre, à son aise, ses distances, lui qui ne saurait se situer d'une manière juste par rapport à ce qui ne se donne même pas pour l'insituable. Comment donc s'écarterait-il de l'absolue distance qui a comme repris en elle tout écart ? Sans point d'appui, privé de l'intérêt de la lecture, il ne lui est plus permis de regarder les choses de loin, de maintenir entre elles et lui cette distance qui est celle du regard, car le lointain, en sa présence non présente, ne se donne ni de près ni de loin et ne peut être objet de regard. Désormais, ce n'est plus de vision qu'il s'agit. La narration cesse d'être ce qui donne à voir, par l'intermédiaire et sous l'angle de vue d'un acteur-spectateur choisi. Le règne de la conscience circonspecte — de la circonspection narrative (du « je » qui regarde tout autour et tient sous son regard) — est subtilement ébranlé, sans bien entendu prendre fin.

Ce que Kafka nous apprend — même si cette formule ne saurait lui être directement attribuée —, c'est que raconter met en jeu le neutre. La narration que régit le neutre se tient sous la garde du « il », troisième personne qui n'est pas une troisième personne, ni non plus le simple couvert de l'impersonnalité. Le « il » de la narration où parle le neutre ne se contente pas de prendre la place qu'occupe en général le sujet, que celui-ci soit un « je » déclaré ou implicite ou qu'il soit l'événement tel qu'il a lieu dans sa signification impersonnelle [1]. Le « il » narratif destitue tout sujet, de même qu'il désapproprie toute action transitive ou toute possibilité objective. Sous deux formes : 1) la parole du récit nous laisse toujours pressentir que ce qui se raconte n'est raconté par personne : elle parle au neutre ; 2) dans l'espace neutre du récit, les porteurs de paroles, les sujets d'action — ceux qui tenaient lieu jadis de personnages — tombent dans un rapport de non-identification avec eux-mêmes : quelque chose leur arrive, qu'ils ne peuvent ressaisir qu'en se dessaisissant de leur pouvoir de dire « je », et ce qui leur arrive leur est toujours déjà arrivé : ils ne sauraient en rendre compte qu'indirectement, comme de l'oubli d'eux-mêmes, cet oubli qui les introduit dans le présent sans mémoire qui est celui de la parole narrante.

Certes, cela ne signifie pas que le récit relate nécessairement un événement oublié ou cet événement de

---

1. Le « il » ne prend pas simplement la place occupée traditionnellement par un sujet, il modifie, fragmentation mobile, ce qu'on entend par place : lieu fixe, unique ou déterminé par son emplacement. C'est ici qu'il faut redire (confusément) : le « il », se dispersant à la façon d'un manque dans la pluralité simultanée — la répétition — d'une place mouvante et diversement inoccupée, désigne « sa » place à la fois comme celle à laquelle il ferait toujours défaut et qui ainsi resterait vide, mais aussi comme un surplus de place, une place toujours en trop : hypertopie.

l'oubli sous la dépendance duquel, séparées de ce qu'elles sont — on dit encore, aliénées —, existences et sociétés s'agitent comme dans le sommeil pour chercher à se ressaisir. C'est le récit, indépendamment de son contenu, qui est oubli, de sorte que raconter, c'est se mettre à l'épreuve de cet oubli premier qui précède, fonde et ruine toute mémoire. En ce sens, raconter est le tourment du langage, la recherche incessante de son infinité. Et le récit ne serait rien d'autre qu'une allusion au détour initial que porte l'écriture, qui la déporte et qui fait que, écrivant, nous nous livrons à une sorte de détournement perpétuel.

Écrire, ce rapport à la vie, rapport détourné par où s'affirme cela qui ne concerne pas.

Le « il » narratif, qu'il soit absent ou présent, qu'il s'affirme ou se dérobe, qu'il altère ou non les conventions d'écriture — la linéarité, la continuité, la lisibilité — marque ainsi l'intrusion de l'autre — entendu au neutre — dans son étrangeté irréductible, dans sa perversité retorse. L'autre parle. Mais quand l'autre parle, personne ne parle, car l'autre, qu'il faut se garder d'honorer d'une majuscule qui le fixerait dans un substantif de majesté, comme s'il avait quelque présence substantielle, voire unique, n'est précisément jamais seulement l'autre, il n'est plutôt ni l'un ni l'autre, et le neutre qui le marque le retire des deux, comme de l'unité, l'établissant toujours au-dehors du terme, de l'acte ou du sujet où il prétend s'offrir. La voix narrative (je ne dis pas narratrice) tient de là son aphonie. Voix qui n'a pas de place dans l'œuvre, mais qui non plus ne la surplombe pas, loin de tomber de quelque ciel sous la garantie d'une Transcendance supérieure : le « il » n'est pas l'englobant de Jaspers, il est plutôt comme un vide dans l'œuvre — ce mot-absence qu'évoque Marguerite Duras dans l'un de ses récits, « un mot-trou, creusé en son centre d'un trou, de ce trou où tous les autres mots auraient dû être enterrés », et le texte ajoute : « On n'aurait pas pu le dire, mais on aurait pu le faire résonner — immense, sans fin, un gong vide [1]... » C'est la voix narrative, une voix neutre qui dit l'œuvre à partir de ce lieu sans lieu où l'œuvre se tait.

*

La voix narrative est neutre. Voyons rapidement quels sont les traits qui en première approche la caractérisent. D'un côté, elle ne dit rien, non seulement parce qu'elle n'ajoute rien à ce qu'il y a à dire (elle ne sait rien), mais parce qu'elle sous-tend ce rien — le « taire » et le « se taire » — où la parole est d'ores et déjà engagée ; ainsi ne s'entend-elle pas en premier lieu et tout ce qui lui donne une réalité distincte commence à la trahir. D'un autre côté, sans existence propre, ne parlant de nulle part, en suspens dans le tout du récit, elle ne s'y dissipe pas non plus selon le mode de la lumière qui, invisible, rend visible : elle est radicalement extérieure, elle vient de l'extériorité même, ce dehors qui est l'énigme propre du langage en l'écriture. Mais considérons encore d'autres traits, les mêmes du reste. La voix narrative qui est dedans seulement pour autant qu'elle est dehors, à distance sans distance, ne peut pas s'incarner : elle peut bien emprunter la voix d'un personnage judicieusement choisi ou même créer la fonction hybride du médiateur (elle qui ruine toute médiation), elle est toujours différente de ce qui la profère, elle est la différence-indifférente qui altère la voix personnelle. Appelons-la (par fantaisie) spectrale, fantomatique. Non pas qu'elle vienne d'outre-tombe ni même parce qu'elle représenterait une fois pour toutes

---

1. *Le Ravissement de Lol. V. Stein* (Gallimard).

La voix narrative

quelque absence essentielle, mais parce qu'elle tend toujours à s'absenter en celui qui la porte et aussi à l'effacer lui-même comme centre, étant donc neutre en ce sens décisif qu'elle ne saurait être centrale, ne crée pas de centre, ne parle pas à partir d'un centre, mais au contraire à la limite empêcherait l'œuvre d'en avoir un, lui retirant tout foyer privilégié d'intérêt, fût-ce celui de l'afocalité, et ne lui permettant pas non plus d'exister comme un tout achevé, une fois et à jamais accompli.

Tacite, elle attire le langage obliquement, indirectement et, sous cet attrait, celui de la parole oblique, laisse parler le neutre. Qu'est-ce que cela indique ? La voix narrative porte le neutre. Elle le porte, en ceci que : 1) parler au neutre, c'est parler à distance, en réservant cette distance, sans *médiation* ni *communauté*, et même en éprouvant le distancement infini de la distance, son irréciprocité, son irrectitude ou sa dissymétrie, car la distance la plus grande où régit la dissymétrie, sans que soit privilégié l'un ou l'autre des termes, c'est précisément le neutre (on ne peut neutraliser le neutre) ; 2) la parole neutre ne révèle ni ne cache. Cela ne veut pas dire qu'elle ne signifie rien (en prétendant abdiquer le sens sous l'espèce du non-sens), cela veut dire qu'elle ne signifie pas à la manière dont signifie le visible-invisible, mais qu'elle ouvre dans le langage un pouvoir autre, étranger au pouvoir d'éclairement (ou d'obscurcissement), de compréhension (ou de méprise). Elle ne signifie pas sur le mode optique ; elle reste en dehors de la référence lumière-ombre qui semble être la référence ultime de toute connaissance et communication au point de nous faire oublier qu'elle n'a que la valeur d'une métaphore vénérable, c'est-à-dire invétérée ; 3) l'exigence du neutre tend à suspendre la structure attributive du langage, ce rapport à l'être, implicite ou explicite, qui est, dans nos langues, immédiatement posé, dès que quelque chose est dit. On a souvent remarqué — les philosophes, les linguistes, les critiques politiques — que rien ne saurait être nié qui n'ait déjà été posé préalablement. En d'autres termes, tout langage commence par énoncer et, en énonçant, affirme. Mais il se pourrait que raconter (écrire), ce soit attirer le langage dans une possibilité de dire qui dirait sans dire l'être et sans non plus le dénier — ou encore, plus clairement, trop clairement, établir le centre de gravité de la parole ailleurs, là où parler, ce ne serait pas affirmer l'être et non plus avoir besoin de la négation pour suspendre l'œuvre de l'être, celle qui s'accomplit ordinairement dans toute forme d'expression. La voix narrative est, sous ce rapport, la plus critique qui puisse, inentendue, donner à entendre. De là que nous ayons tendance, l'écoutant, à la confondre avec la voix oblique du malheur ou la voix oblique de la folie [1].

[1]. C'est cette voix — la voix narrative — que, peut-être inconsidérément, peut-être avec raison, j'entends dans le récit de Marguerite Duras, celui que j'ai évoqué tout à l'heure. La nuit à jamais sans aurore — cette salle de bal où est survenu l'événement indescriptible que l'on ne peut se rappeler et qu'on ne peut oublier, mais que l'oubli retient — le désir nocturne de se retourner pour voir ce qui n'appartient ni au visible ni à l'invisible, c'est-à-dire de se tenir, un instant, par le regard, au plus près de l'étrangeté, là où le mouvement se montrer-se cacher a perdu sa force rectrice — puis le besoin (l'éternel vœu humain) de faire assumer par un autre, de vivre à nouveau dans un autre, un tiers, le rapport duel, fasciné, indifférent, irréductible à toute médiation, rapport neutre, même s'il implique le vide infini du désir — enfin l'imminente certitude que ce qui a eu lieu une fois, toujours recommencera, toujours se trahira et se refusera : telles sont bien, il me semble, les « coordonnées » de l'espace narratif, ce cercle où, entrant, nous entrons incessamment dans le dehors. Mais, ici, qui raconte ? Non pas le rapporteur, celui qui prend formellement — du reste un peu honteusement — la parole, et à la vérité l'usurpe, au point de nous apparaître comme un intrus, mais celle qui ne peut raconter parce qu'elle porte — c'est sa sagesse, c'est sa folie — le tourment de l'impossible narration, se sachant (d'un savoir fermé, antérieur à la scission raison-déraison) la mesure de ce dehors où, accédant, nous risquons de tomber sous l'attrait d'une parole tout à fait extérieure : la pure extravagance.

LE PONT DE BOIS

(la répétition, le neutre)

Si tout récit, sous la citation du neutre, est déjà un lieu d'extravagance, nous comprenons pourquoi *Don Quichotte*, d'une manière si visible, ouvre l'ère tourmentée qui sera la nôtre, non pas parce qu'il libère une sorte nouvelle de bizarrerie, mais parce que, se fiant ingénument au seul mouvement de raconter, il se livre à l' « extravagance » et, du même coup, met à l'épreuve (dénonce) ce que, à partir de lui, mais peut-être pour peu de temps encore, nous appelons littérature[1]. Quelle est la folie du Chevalier ? La nôtre, celle de tous. Il a beaucoup lu et il croit à ce qu'il a lu. Il décide, par un esprit de juste cohérence, fidèle à ses convictions (c'est de toute évidence un homme engagé), abandonnant sa bibliothèque, de vivre rigoureusement à la manière des livres, pour apprendre si le monde correspond à l'enchantement littéraire. Nous avons donc, et sans doute pour la première fois, une œuvre de création qui, de propos délibéré, se donne

[1]. « D'une manière si visible. » Cependant, dans l'ouvrage qu'elle a consacré au *Quichotte*, puis en seconde partie au *Château* de Kafka, c'est Marthe Robert qui, poursuivant par le moyen de ces deux livres, une réflexion sur la littérature, a dégagé, mieux que tout autre commentateur, l'entreprise dévastatrice de Cervantes par laquelle l'Age d'Or des Belles Lettres prend fin ou commence à finir. Je renvoie à ce riche ouvrage : *L'Ancien et le Nouveau ; de Don Quichotte à Franz Kafka* (Grasset), dont je « redouble » ici le mouvement.

pour une imitation. Le héros qui en est le centre a beau se présenter comme un personnage d'action, capable comme ses pairs d'accomplir des prouesses, ce qu'il fait est toujours déjà une réflexion, de même qu'il ne peut être lui-même qu'un double, tandis que le texte où se racontent ses exploits n'est pas un livre, mais une référence à d'autres livres.

A y réfléchir, s'il y a une folie de Don Quichotte, il y a une folie plus grande de Cervantes. Don Quichotte n'est pas raisonnable, toutefois il est logique, s'il pense que la vérité des livres est bonne aussi pour la vie et s'il se met à vivre comme un livre, aventure merveilleuse et décevante, puisque la vérité des livres est la déception. Pour Cervantes, les choses vont autrement, car, pour lui, ce n'est pas dans la rue que Don Quichotte s'applique à descendre afin de mettre en pratique la vie des livres, c'est dans un livre encore qu'il s'évertue, ne quittant pas sa librairie et ne faisant rien, vivant, s'agitant, mourant, qu'écrire sans vivre, sans se mouvoir ni mourir. Qu'espère-t-il prouver et se prouver ? Est-ce qu'il se prend pour son héros qui, de son côté, se prend non pour un homme, mais pour un livre et prétend cependant non pas se lire, mais se vivre ? Surprenante folie, risible et perverse déraison, celle que dissimule toute culture, mais qui est aussi sa vérité cachée, sans laquelle elle ne s'édifierait pas et sur laquelle elle s'édifie majestueusement et vainement.

Prenons les choses plus simplement par un autre côté. Nous avons lu un livre, nous le commentons. En le commentant, nous nous apercevons que ce livre n'est lui-même qu'un commentaire, la mise en livre d'autres livres auxquels il renvoie. Notre commentaire, nous l'écrivons, nous l'élevons au rang d'ouvrage. Devenu chose publiée et chose publique, à son tour il attirera un commentaire qui, à son tour... Cette situation, reconnaissons-la : elle nous appartient si naturellement qu'il semble qu'il y ait un manque de tact à la formuler en ces termes. Comme si nous divulguions, sous une forme de mauvais goût, un secret de famille. Soit, avouons l'indélicatesse. Mais je tiens pour l'un des grands mérites du livre de Marthe Robert cette interrogation à laquelle elle nous conduit, interrogation double ou pouvant se formuler deux fois : qu'en est-il d'une parole de commentaire ? Pourquoi pouvons-nous parler sur une parole et, d'ailleurs, le pouvons-nous, sauf à tenir celle-ci, injurieusement, pour silencieuse, c'est-à-dire à tenir l'œuvre, le beau chef-d'œuvre que nous révérons pour incapable de se parler lui-même ? Ensuite, qu'en est-il de ces œuvres de création qui seraient à elles-mêmes leur propre exégèse ? Révèlent-elles un appauvrissement de la littérature, l'avènement d'une civilisation de décadence, tardive et épuisée, le « sentimental » répétant fastidieusement le « naïf », ou bien sont-elles non pas plus éloignées, mais plus proches de l'énigme littéraire, non pas plus réfléchies, mais plus intérieures au mouvement de la pensée et, ainsi, ne redoublant pas la littérature, mais s'accomplissant en vertu d'un redoublement plus initial, celui qui précède et met en cause l'unité supposée de la « littérature » et de la « vie » ?

*

Parole de commentaire : il ne s'agit pas de toute critique, dans les sens très variés, encore que confus, que ce mot supporte. Il s'agit, par une prétention qui peut-être, en effet, enveloppe toute critique, de répéter l'œuvre. Mais la répéter, c'est saisir — entendre — en elle la répétition qui la fonde comme œuvre unique. Or, cette répétition — cette possibilité originaire d'exister en partie double — ne va pas se réduire à l'imitation d'un modèle intérieur ou extérieur : que ce modèle soit le livre d'un autre écrivain ou bien la vie, celle du monde, celle de l'auteur, ou bien l'espèce de projet qui serait, dans l'esprit de celui-ci, l'œuvre déjà tout écrite, mais en modèle réduit, et qu'il se contenterait de transposer au-dehors en l'agrandissant ou encore de reproduire sous la dictée du petit homme en lui qu'est le dieu. La réduplication suppose une duplicité d'une autre sorte, celle-ci : ce qu'une œuvre dit, elle le dit en taisant quelque chose (mais non par une affectation de secret : l'œuvre et l'auteur doivent toujours dire tout ce qu'ils savent ; de là que la littérature ne puisse supporter aucun ésotérisme qui lui soit extérieur ; la seule doctrine secrète de la littérature, c'est la littérature). Davantage, elle le dit en se taisant elle-même. Il y a en elle un vide d'elle qui la constitue. Ce manque, cette distance, inexprimée parce que recouverte par l'expression, est ce à partir de quoi l'œuvre, pourtant dite une fois, parfaitement dite et incapable d'être redite, tend irrésistiblement à se redire, exigeant cette parole infinie du commentaire où, séparée d'elle-même par la belle cruauté de l'analyse (laquelle, à la vérité, ne la sépare pas arbitrairement, mais en vertu de cette séparation qui travaille déjà en elle, non-coïncidence qui serait son très léger battement de cœur), elle attend que soit mis fin au silence qui lui est propre.

Attente naturellement déçue. La répétition du livre par le commentaire est ce mouvement grâce auquel une nouvelle parole, s'introduisant dans le manque qui fait parler l'œuvre, parole nouvelle et cependant la même, prétend le remplir, le combler. Parole importante : on va enfin savoir à quoi s'en tenir, on saura ce qu'il y a derrière le grand Château et si les fantômes du *Tour d'Écrou* ne sont que des fantasmes nés dans la tête fiévreuse d'une jeune fille. Parole révélatrice, usurpatrice. Car — ce n'est que trop manifeste — si le commentaire bouche tous les interstices, ou bien, par cette parole omnidisante, il complète l'œuvre, mais la rend muette, ayant supprimé son espace de résonance et, par conséquent, lui-même est à son tour frappé de mutisme ; ou bien, il se contente, répétant l'œuvre, de la répéter à partir de cette distance en elle qui est sa réserve, non pas en l'obstruant, mais au contraire en la laissant vide, soit qu'il la désigne en la circonscrivant de très loin, soit qu'il la traduise en son ambiguïté par une interrogation dès lors encore plus ambiguë, puisqu'elle porte l'ambiguïté et porte sur elle et finit par se dissiper en elle. Alors, à quoi bon commenter ?

Oui, à quoi bon. Toutefois, cet « à quoi bon » est lui aussi superflu : que nous la jugions infructueuse ou dangereuse, la nécessité de répéter ne peut nullement s'éluder, puisqu'elle ne se surajoute pas à l'ouvrage et n'est pas imposée par les seules habitudes de la communication sociale. Lorsque les commentateurs n'ont pas encore imposé leur règne, par exemple au temps de l'épopée, c'est à l'intérieur de l'œuvre que le redoublement s'accomplit, et nous avons le mode de composition rhapsodique — cette perpétuelle répétition d'épisode en épisode, développement sur place, amplification interminable du même — qui fait de chaque rhapsode non pas un reproducteur fidèle, un répétiteur immobile, mais celui qui porte en avant la répétition et, par elle, remplit les vides ou les élargit par le moyen de nouvelles péripéties, ouvre, bouche les fissures et, finalement, à force de combler le poème, le distend jusqu'à la volatilisation. Mode de répétition qui n'est pas moins compromettant que l'autre. Le critique est une sorte de rhapsode, voilà ce qu'il faut voir ; rhapsode à qui l'on s'en remet, à peine l'œuvre faite, pour distraire d'elle ce pouvoir de se répéter qu'elle tient de ses origines et qui, laissé en elle, risquerait de la défaire indéfiniment ; ou encore, bouc émissaire que l'on envoie aux confins de l'espace littéraire, chargé de toutes les versions fautives de l'œuvre, pour que celle-ci, demeurée intacte et innocente, s'affirme dans le seul exemplaire tenu pour authentique — d'ailleurs inconnu et probablement inexistant — conservé dans les archives de la culture : l'œuvre unique, celle qui n'est complète que s'il lui manque quelque chose, manque qui est son rapport infini avec elle-même, plénitude sur le mode du défaut.

Mais, alors, qu'en est-il de ces ouvrages modernes qui seraient leur propre commentaire et ne renvoient pas seulement à ce qu'ils sont, mais à d'autres livres ou mieux au mouvement anonyme, incessant et obsédant d'où viendraient tous les livres ? Est-ce que ces œuvres, ainsi commentées de l'intérieur (comme *Don Quichotte* qui n'est pas seulement un poème épique, mais la répétition de toute épopée et, par conséquent, encore sa propre répétition — et dérision), par le fait qu'en racontant, elles se racontent au second degré, ne risquent pas (si c'est un risque : une chance plutôt) de rendre difficile ou impossible ou vain l'exercice de tout autre commentaire ? Oui, est-ce que la prolifération de telles œuvres ne va pas entraîner quelque fin de la critique ? La réponse est rassurante : tout au contraire. Plus une œuvre se commente, plus elle appelle de commentaires ; plus elle entretient avec son centre de rapports de « réflexion » (de redoublement), plus à cause de cette dualité elle se rend énigmatique. C'est le cas de *Don Quichotte*. C'est, avec plus d'évidence encore, le cas du *Château*. Là, qui ne s'en souvient et qui ne se sent coupable d'y avoir ajouté ? quelle abondance d'explications, quelle folie d'interprétations, quelle fureur d'exégèses, que celles-ci soient théologiques, philosophiques, sociologiques, politiques, autobiographiques, que de formes d'analyses, allégorique, symbolique, structurelle et même — tout arrive — littérale. Que de clés : chacune n'étant utilisable que pour celui qui l'a forgée et n'ouvrant une porte que pour en fermer d'autres. D'où vient ce délire ? Pourquoi la lecture ne se satisfait-elle jamais de ce qu'elle lit, ne cessant d'y substituer un autre texte qui à son tour en provoque un autre ?

C'est que, dit Marthe Robert, il en est du livre de Franz Kafka comme du livre de Miguel de Cervantes. Il n'est pas constitué d'un récit immédiat, mais par la confrontation de ce récit avec tous ceux du même type, quoique d'âges, d'origines, de significations et de styles dissemblables, qui occupent par avance l'aire littéraire où lui aussi voudrait prendre place. Autrement dit, l'Arpenteur n'arpente pas des contrées imaginaires et encore vierges, mais l'immense espace de la littérature, et il ne peut s'empêcher d'imiter — et par là de réfléchir — tous les héros qui l'ont précédé dans cet espace, de sorte que *Le Château* n'est plus seulement l'ouvrage unique d'un écrivain solitaire, mais comme un palimpseste où peuvent se lire, juxtaposées, enchevêtrées, parfois distinctes, toutes les versions d'une aventure millénaire, somme donc et résumé de la Bibliothèque Universelle où l'on voit K. héros tantôt d'un roman de mœurs (raté qui cherche à parvenir par les femmes), tantôt d'un roman-feuilleton (le héros au grand cœur, défenseur des faibles face à la tyrannie d'une caste privilégiée), tantôt d'un conte de fées et, plus précisément, d'un nouveau cycle de la geste du roi Arthur, en attendant de trouver son vrai rôle qui est, répétiteur de *L'Odyssée,* successeur d'Ulysse, de mettre à l'épreuve l'épopée des épopées et avec elle le bel ordre homérique, c'est-à-dire la vérité olympienne. Dessein que Marthe Robert attribue hardiment, non pas à la fatalité de la lecture qui condamne tout homme cultivé à ne rien voir qu'à travers le prisme décomposant de la culture, mais à Kafka lui-même, homme lui aussi fort cultivé, dont elle dit qu'il fut attiré par la réussite grecque au moment critique de sa vie, lorsque, converti au sionisme et prêt à partir pour la Palestine, il se donna pour tâche de comprendre et de classer les monstrueuses archives de la culture occidentale dont il ne pouvait exclure ses propres œuvres.

*

Réfléchissons un instant sur cette thèse remarquable et, je crois, toute nouvelle (ainsi, ce serait cela, le sens du *Château*, son secret ultime ? Une imitation de *L'Odyssée*, une critique de la bureaucratie olympienne [1] ; cela sonne, d'abord, étrangement), moins pour l'accueillir ou la refuser que pour en ressaisir le principe et nous demander s'il ne serait pas possible de l'appliquer différemment. Admettons que l'Arpenteur soit aux prises, d'une manière indirecte et invisible, non seulement avec les puissances que représentent le Château et le Village, mais, par elles et derrière elles, avec l'instance suprême qu'est le livre et avec les modalités infinies que constitue son approche par l'exégèse orale et écrite : or, cet espace du Livre, nous savons très bien qu'il est, pour Kafka, par la tradition à laquelle il appartient et en particulier à l'époque tourmentée où il écrit son récit, un espace à la fois sacré, douteux, oublié, et d'interrogations, d'études, de recherches illimitées, puisque c'est la trame même de l'existence juive depuis des millénaires. S'il y a un monde où, cherchant la vérité et des règles de vie, ce

---

1. Marthe Robert dit précisément que, « tenté sur le tard, comme Don Quichotte, par le modèle le moins donquichottesque et le plus propre à fournir encore, peut-être, une norme immédiatement utile, Kafka tente donc de se rapprocher de la pensée homérique et consacre à cette tâche son *dernier* roman ».

que l'on rencontre, ce n'est pas le monde, c'est un livre, le mystère et le commandement d'un livre, c'est bien le judaïsme, là où s'affirme, au commencement de tout, la puissance de la Parole et de l'Exégèse, où tout part d'un texte et tout y revient, livre unique dans lequel s'enroule une suite prodigieuse de livres, Bibliothèque non seulement universelle, mais qui tient lieu de l'univers et plus vaste, plus profonde, plus énigmatique que lui. Qu'il s'y dérobe ou s'y expose, un écrivain, dans la situation de Kafka et avec les préoccupations qui sont les siennes, ne peut pas échapper à cette question : comment, littérateur sans mandat, peut-il entrer dans le monde clos — sacré — de l'écrit, comment, auteur sans autorité, prétendrait-il ajouter une parole, strictement individuelle, à l'Autre Parole, l'ancienne, l'effroyablement ancienne, celle qui couvre, comprend, englobe toutes choses, tout en demeurant dérobée au fond du tabernacle où il se peut qu'elle ait disparu, parole pourtant infinie, qui a toujours tout dit à l'avance et sur laquelle, depuis qu'elle a été prononcée, il ne reste aux Messieurs de la parole, dépositaires muets, qu'à la garder en la répétant et aux autres à l'écouter en l'interprétant ? Écrivain, il lui faut aller — c'est l'exigence irréductible — jusqu'à la source de l'écrit, car il ne commencera d'écrire que s'il réussit à engager avec la parole originaire un rapport direct ; mais, pour approcher de ce haut lieu, il n'a d'autre moyen que de déjà parler, c'est-à-dire d'écrire, au risque, par cette parole prématurée, sans tradition, sans justification, d'obscurcir encore davantage les rapports pour lui impénétrables de la Parole et de son Sens.

Mais, je l'ajouterai aussitôt, en proposant ces remarques, je ne prétends nullement proposer une nouvelle interprétation du *Château*, ni suggérer que K. est purement et simplement l'écrivain Franz Kafka, le

Château la parole biblique, les Bureaux les commentateurs talmudiques, le Village le lieu des fidèles où la parole répétée serait à la fois vivante et morte, juste comme commandement, authentique si on lui appartient de l'intérieur, au contraire décevante, voire absurde, si on l'aborde de l'extérieur en prétendant de plus en juger et en parler sans avoir reçu d'enseignement préalable (comme il arrive nécessairement à l'écrivain d'aujourd'hui qui n'a d'autre légitimité que l'exigence d'écrire, laquelle n'admet ni référence ni caution, de même qu'elle ne se contente d'aucune satisfaction relative). Ce qu'il convient seulement de noter, c'est : 1° qu'écrivant et se posant la question d'écrire — on sait avec quelle ampleur et quel sérieux —, ce n'est pas d'abord avec l'espace académique de l'épopée d'Homère que Kafka a à se mesurer, mais avec trois mille ans d'écriture judaïque ; 2° que si *Le Château*, contrairement au *Quichotte*, n'a pas pour sujet explicite le monde préalable des livres (K. est un Arpenteur, ce n'est ni un lecteur ni un écrivain), s'il ne pose donc pas directement la question de l'Écriture, il détient cependant cette question dans sa *structure* même, puisque l'essentiel du récit, c'est-à-dire l'essentiel de la pérégrination de K. ne consiste pas à aller de lieux en lieux, mais d'une exégèse à une exégèse, d'un commentateur à un commentateur, à écouter chacun d'eux avec une attention passionnée, puis à intervenir et à discuter avec tous selon une méthode d'examen exhaustif qu'il serait facile de rapprocher de certains tours de la dialectique talmudique (appelons-la ainsi pour simplifier et en précisant que celle-ci, selon les hommes compétents, serait bien plus exigeante que celle dont K. est obligé de se satisfaire).

Voilà, il me semble, tout ce qu'on a le droit d'avancer. *Le Château* n'est pas constitué par une série d'événements ou de péripéties plus ou moins liée, mais par une suite toujours plus distendue de versions exégétiques, lesquelles ne portent finalement que sur la possibilité même de l'exégèse — la possibilité d'écrire (et d'interpréter) *Le Château*. Et si le livre s'arrête, inachevé, inachevable, c'est qu'il s'enlise dans les commentaires, chaque moment exigeant une glose interminable, chaque interprétation donnant lieu non seulement à une réflexion *(midrash halachah)*, mais à une narration *(midrash haggadah)* qu'il faut à son tour entendre, c'est-à-dire interpréter à des niveaux différents, chaque personnage représentant une certaine hauteur de parole et chaque parole, à son niveau, disant vrai sans dire le vrai. On nous affirme que K. aurait pu mettre fin au récit par sa mort à demi justifiée, mais de quelle mort eût-il bien pu mourir ? Non de sa belle mort, plutôt d'une mort exégétique, du commentaire de sa mort et à condition d'avoir pu lui-même discuter et réfuter par avance toutes les interprétations possibles de cette fin, non pas personnelle (privée), mais seulement générale (officielle), enregistrée dans quelque texte éternel et éternellement oublié (sa marche vers la mort et sa marche vers la parole se font du même pas : marche à la mort par la parole et marche à la parole par la mort, chacune s'anticipant et annulant l'autre). Lorsque, une nuit, la nuit ultime du récit, il se trouve tout à coup en face de la possibilité du salut, est-il vraiment en face de son salut ? Nullement, mais en présence d'une exégèse du salut, à laquelle il ne peut correspondre que par sa fatigue, fatigue infinie à la mesure d'une parole sans fin. Et il n'y a là rien de dérisoire : le « salut » ne peut venir, s'il vient, que par la décision d'une parole, mais la parole de salut n'assurera qu'un salut en parole, valable seulement en général (fût-ce à titre d'exception) et donc incapable de s'appliquer à la singularité de l'existence, réduite par la vie même et par la fatigue de la vie au mutisme.

Bien entendu, j'y insiste à nouveau, *Le Château* n'est pas que cela, et c'est aussi bien la puissance des images, la fascination des figures, l'attrait décisif du récit qui en constituent l'unique vérité, vérité telle qu'elle semble en dire toujours plus que tout ce qu'on en peut dire et, par là, engage le lecteur, mais d'abord le narrateur, dans le tourment d'un commentaire sans fin [1]. D'où nous revenons à notre point de départ qui est

---

1. Je me garderai d'entrer à nouveau dans les gloses auxquelles peut donner lieu *Le Château*. Il faut toutefois remarquer que si toutes les interprétations sont justifiées (plus ou moins), elles ne peuvent l'être que si elles se maintiennent au niveau où la méthode dont elles se réclament les a établies et en restant cohérentes, c'est-à-dire en montrant qu'elles ne peuvent le rester. De même, on peut bien rechercher tous les antécédents de l'œuvre, tous les mythes qu'elle répète, tous les livres auxquels elle renvoie, mais cette répétition, vraie en elle-même et pour nous qui lisons, ne saurait l'être de la même manière, si on décide d'en faire aussi la vérité du livre, telle qu'elle a pu se proposer à Kafka lui-même et comme son avenir. En réalité, nous savons très bien que l'histoire du Château a été empruntée par Kafka à un roman qui avait enchanté son adolescence. Ce roman, intitulé *La Grand-mère*, écrit par la romancière tchèque Bozena Nemcova, raconte les rapports difficiles du Château et du village qui se tient dans sa dépendance. Au village, on parle tchèque ; au Château, on parle allemand, premier trait d'éloignement. Le Château est gouverné par une Princesse qui est une très aimable personne, mais inabordable : entre elle et les paysans s'interpose une sombre horde de valets menteurs, d'officiels bornés, de bureaucrates hypocrites. Et voici l'épisode remarquable : un jeune courtisan italien poursuit de ses assiduités Christel, la jolie fille de l'aubergiste, et lui fait des propositions indécentes. Christel se sent perdue : son père est un brave homme, mais timide, et que pourrait-il contre les gens du Château ? La Princesse est juste, mais on ne peut l'atteindre ni l'informer ; de plus, elle est le plus souvent absente, on ne sait jamais où elle réside ; si bien que la jeune fille finit par se sentir coupable, déjà touchée par cette faute qui la cherche et la convoite. Le seul espoir est dans les autres fonctionnaires, à condition qu'on réussisse à les intéresser. « C'est, dit-elle, notre seul espoir. Puisqu'ils l'ont interrogé, ils vont peut-être nous aider. Mais souvent il arrive qu'on examine une affaire, sans qu'on vienne réellement en aide. On constate simplement que ce n'est pas possible et l'on ne reçoit jamais satisfaction. » Or, comment s'appelle dans le roman de Nemcova, ce courtisan immoral ? Voilà, pour nous, la surprise. Il porte le nom de *Sortini*. Il est donc évident que nous tenons là, à la fois, les premières données du *Château* et la première esquisse de l'étrange épisode d'Amalia, évident aussi que Kafka, en gardant le nom de Sortini, a voulu rappeler le souvenir de son modèle. Naturellement, entre les deux œuvres, la différence est immense. Le

de nous interroger sur cette nécessité de se répéter que l'œuvre contient en elle, dans sa part précisément silencieuse, en son versant inconnu, et qui soutient cette parole du commentaire, parole sur parole, pyramide vertigineuse construite sur un vide — un tombeau — depuis longtemps recouvert et peut-être oublié. Certes, entre le commentaire intérieur et le commentaire extérieur, il y a cette différence évidente : le premier se sert de la même logique que le second, mais à l'intérieur d'un cercle, tracé et déterminé par l'enchantement littéraire ; il raisonne et parle à partir d'un charme, le second parle et raisonne sur ce charme et sur cette logique, hantée par et entée sur un charme. Mais — et c'est ce qui fait la puissance d'une œuvre comme *Le Château* — il semble que celle-ci détienne, comme son centre, le rapport agissant et inéclairé de ce qu'il y a de plus « intérieur » et de plus « extérieur », de l'art qui met en jeu une dialectique et

---

récit tchèque est un récit idyllique : la grand-mère, le personnage central du livre, brise le charme, triomphe des obstacles et parvient jusqu'à la Princesse dont elle obtient justice et réparation pour les persécutés. En somme, elle réussit là où K. échoue, jouant ainsi (comme le remarque Max Brod de qui nous tenons ces renseignements) le rôle du redresseur de torts que K. refuse, étant du reste incapable de l'assumer. La comparaison des deux ouvrages aide, je crois, à comprendre ceci : dans l'œuvre de Kafka, l'invention décisive, et la plus énigmatique, ne porte peut-être pas sur le Château, mais sur le village. Si K., comme la grand-mère, appartenait au village, son rôle serait clair, son personnage transparent, soit révolté, résolu à mettre fin aux injustices de la classe haute, soit homme de salut, voué à mettre symboliquement à l'épreuve la distance infinie de l'ici-bas et de l'en haut. Mais K. vient d'un troisième monde. Il est doublement et triplement étranger, étranger à l'étrangeté du Château, étranger à celle du village, et étranger à lui-même, puisque, d'une manière incompréhensible, il décide de rompre avec sa propre familiarité, comme tiré en avant vers ces lieux pourtant sans attrait par une exigence dont il ne peut rendre raison. Sous cette perspective, on serait presque tenté de dire que tout le sens du livre est déjà porté par le premier paragraphe, porté par le *pont de bois* qui conduit de la grand-route au village et sur lequel « *K. demeura longtemps, les regards levés vers l'apparence vide* ».

de la dialectique qui prétend englober l'art, c'est-à-dire qu'elle détiendrait le principe de toute ambiguïté et l'ambiguïté comme principe (l'ambiguïté : la différence de l'identique, la non-identité du même), principe de toute langue et du passage infini d'un langage à un autre, comme d'un art à une raison et d'une raison à un art. D'où il résulte que toutes les hypothèses que l'on peut développer sur ce livre paraissent aussi justes et aussi impuissantes que celles qui se développent à l'intérieur, à condition qu'elles en préservent et en prolongent le caractère infini. Ce qui reviendrait à dire que, d'une certaine façon, désormais tous les livres passent par ce livre.

Essayons cependant de mieux entendre ce que cela signifie. En général, lisant ce récit, on se laisse prendre par le mystère le plus visible, le mystère qui descend du lieu inaccessible que serait la colline comtale, comme si tout le secret — le vide à partir duquel s'élabore le commentaire — était situé là. Mais, bientôt, si on lit plus attentivement, l'on s'aperçoit que le vide n'est situé nulle part et qu'il est réparti également en tout point du récit sur lequel l'interrogation se dirige. Pourquoi toutes les réponses portant sur le rapport de K. et du Château paraissent-elles toujours insuffisantes, et telles qu'elles semblent exagérer infiniment et dévaluer infiniment le sens de ce site auquel conviennent et ne conviennent pas les jugements les plus révérencieux et les plus dénigrants ? C'est étrange : on a beau aller chercher les désignations suprêmes, celles que depuis des millénaires l'humanité a mises au point pour caractériser l'Unique, on a beau dire : « Mais le Château, c'est la Grâce ; le *Graf* (le comte), c'est *Gott*, comme l'identité des majuscules le prouve ; ou bien c'est la Transcendance de l'Être ou la Transcendance du Néant, ou c'est l'Olympe, ou la

Le pont de bois

gestion bureaucratique de l'univers[1]. » Oui, on a beau dire tout cela et, bien entendu, le dire en l'approfondissant sans cesse, il n'en reste pas moins que toutes ces profondes identifications, les plus sublimes et les plus riches dont nous puissions disposer, ne manquent pas de nous décevoir encore : comme si le Château, c'était toujours infiniment plus que cela, infiniment plus, c'est-à-dire aussi infiniment moins. Qu'y a-t-il donc au-dessus de la Transcendance, qu'y a-t-il au-dessous de la Transcendance ? Eh bien (répondons hâtivement, seule la hâte autorise la réponse), cela au regard de quoi toute évaluation déroge, qu'elle soit la plus haute ou la plus basse, cela donc qui frappe d'indifférence toute possibilité d'évaluer et, avec elle, récuse tous les gardiens des valeurs, qu'ils soient célestes, terrestres ou démoniaques et qu'ils prennent leur autorité dans la raison, la déraison ou la surraison. Est-ce très mystérieux ? Assurément, mais en même temps, je crois, sans mystère, puisque chaque fois que nous parlons, nous le mettons en jeu, quitte, lorsque nous nous efforçons d'en parler, à le faire reculer, à le recouvrir par notre expression même. Choisissons momentanément de le nommer du nom le plus modeste, le plus effacé, le plus neutre, en choisissant précisément de l'appeler neutre — parce que nommer le neutre, c'est peut-être, c'est sûrement le dissiper, mais nécessairement au bénéfice encore du neutre. Dans ces conditions, avons-nous le droit de suggérer que le Château, la résidence comtale, ce ne serait rien

---

1. Je dirai incidemment que, pour Kafka, la bureaucratie n'est pas seulement un événement tardif (comme si les dieux, les puissances premières, achevaient pitoyablement leur règne en devenant fonctionnaires), ni un phénomène seulement négatif, pas plus que ne l'est l'exégèse par rapport à la parole. A son ami Oskar Baum, il écrit ceci qui demande réflexion : « La bureaucratie, si j'en juge d'après moi, est plus proche de la nature humaine originelle que toute autre institution sociale. » (Juin 1922, l'époque du *Château*.)

d'autre que la souveraineté du neutre et le lieu de cette étrange souveraineté ? On ne peut malheureusement pas le dire aussi simplement, encore que la partie la plus profonde de son livre, celle du moins à laquelle je corresponde le mieux, soit celle où Marthe Robert montre que la puissance souveraine n'est ici ni transcendante ni immanente [1], qu'elle est neutre, se bornant « à enregistrer les faits, et les jugements qui les précèdent et les suivent, les pensées, les rêves, tout cela avec une neutralité et une passivité que l'individu bizarrement ressent comme un poids et une injustice ». Remarque importante, décisive peut-être. Seulement l'on ne peut pas s'y tenir, parce que le neutre ne saurait être représenté ni symbolisé ni même signifié et qu'en outre s'il est porté par l'indifférence infinie de tout le récit, il est partout en lui (de même que tout le monde, dit Olga, appartient au Château, d'où il faudrait conclure qu'il n'y a pas de Château), comme s'il était le point de fuite à l'infini à partir duquel la parole du récit et, en elle, tous les récits et toute parole sur tout récit recevraient et perdraient leur perspective, l'infinie distance des rapports, leur perpétuel renversement, leur abolition. Mais, arrêtons-nous là de crainte de nous engager à notre tour dans un mouvement infini. Il reste que si *Le Château* détient en lui comme son centre (et l'absence de tout centre) ce que nous appelons le neutre, le fait de le nommer ne peut rester tout à fait sans conséquences. Pourquoi ce nom ?

---

[1]. Marthe Robert, il est vrai, dit que le Château n'a rien de transcendant et qu'il constitue une puissance immanente. Mais ce ne peut être qu'une manière approximative de dire. L'un des traits essentiels du neutre est, en effet, de ne se laisser ressaisir ni en termes d'immanence ni en termes de transcendance et de nous attirer dans une tout autre sorte de rapport.

*

« *Pourquoi ce nom ? Et est-ce bien un nom ?*
— *Ce serait une figure ?*
— *Alors une figure qui ne figure que ce nom.*
— *Et pourquoi un seul parlant, une seule parole ne peuvent-ils jamais réussir, malgré l'apparence, à le nommer ? Il faut être au moins deux pour le dire.*
— *Je le sais. Il faut que nous soyons deux.*
— *Mais pourquoi deux ? Pourquoi deux paroles pour dire une même chose ?*
— *C'est que celui qui la dit, c'est toujours l'autre.* »

LE DERNIER MOT

Puisqu'elles formaient le dernier volume des Œuvres complètes, les « Lettres », lorsqu'elles ont été publiées dans l'édition allemande (en 1958), ont paru constituer le dernier mot de Kafka. Nous étions prêts à attendre de ces ultimes écrits la révélation finale qui, comme au jour du Jugement dernier, donnerait figure à l'énigme. De là notre lecture naïvement anxieuse, enfantinement déçue. C'est qu'il n'y a pas de Jugement dernier, pas plus qu'il n'y a de fin. Le caractère étrange des publications posthumes, c'est d'être inépuisables.

Sûrement, quoique la guerre, les persécutions, les changements de régime aient fait le vide autour de lui, détruisant témoins et témoignages, il y aura, et il ne cessera guère d'y avoir encore, beaucoup de documents, peut-être importants, peut-être insignifiants. Sur son enfance et son adolescence, des enquêtes ont été faites, dont les résultats commencent à se rassembler. D'une certaine manière, la biographie reste à écrire[1]. Jusqu'à présent, ce que nous connaissons, c'est

---

[1]. C'est cette biographie que Klaus Wagenbach a entrepris de rédiger, travail très instructif (*Franz Kafka, Eine Biographie seiner Jugend, 1958*). Cf. le texte suivant, consacré aux lettres écrites par Kafka à sa première fiancée, Felice Bauer, lettres exclues de ce premier volume de la correspondance par suite d'arrangements d'éditeurs.

le visage et la vie tels que les a connus Max Brod ; et cette connaissance est irremplaçable. Les lettres encore nous le confirment : de nul autre, il ne fut aussi proche par une confiance aussi durable, je ne dirai pas par le mouvement de sa nature. « Max et moi radicalement différents. » Mais c'est cette différence qui fait de leur amitié une entente forte et virile ; même si Kafka admire Brod pour sa puissance de vie, sa capacité d'action, sa force d'écrivain, s'il le met donc bien au-dessus de soi, il ne s'humilie jamais en face de lui et par rapport à lui, avec cette passion d'abaissement dont il fait preuve avec d'autres. Mais précisément il a été autre avec d'autres ; et avec lui-même, qu'était-il ? C'est cet invisible lui-même qui, nous demeurant caché, reste l'objet de notre curiosité naïve et de notre recherche nécessairement déçue.

Les lettres couvrent vingt ans de sa vie. Si elles nous révèlent moins que nous ne l'espérions, il y a à cela plusieurs motifs. D'abord, elles étaient déjà partiellement connues, Brod les ayant utilisées dans sa biographie et ses autres livres. De plus, elles restent très fragmentaires, de telles publications étant toujours péniblement soumises au hasard qui conserve et détruit sans raison. Ainsi nous n'avons presque rien des lettres échangées avec sa famille. De son adolescence a été sauvée un peu de la correspondance passionnée avec son condisciple, Oskar Pollak, puis un peu plus tard avec une jeune fille, Hedwige W., rencontrée au cours d'un séjour en Moravie en 1907, première ébauche de ses relations tourmentées avec le monde féminin. Plus tard, l'essentiel est constitué par les lettres avec Brod, F. Weltsch, O. Baum, les amis de toute sa vie (des lettres à Werfel, presque rien) ; plus tard encore, avec R. Klopstock, le jeune étudiant en médecine qui auprès de Dora Dymant assista à sa fin. La chance, c'est que les années les plus pauvres du

Journal sont les plus riches en lettres importantes : sur le séjour à Zürau, quand la tuberculose s'est déclarée, sur les séjours à Matliary, à Plana, et les années 1921, 1922, quand il écrit, puis abandonne *Le Château,* nous avons maintenant une relation plus précise ; des allusions s'éclairent, des obscurités s'approfondissent ; nous nous sentons confirmés dans le caractère mystérieux de certains instants. La courbe de cette existence rare se laisse mieux pressentir, le négatif de la révélation nous est plus sensible.

Rien cependant qui, par la force de l'inattendu, puisse se comparer aux lettres à Milena[1]. Rien non plus qui nous donne le sentiment d'être près de franchir le seuil, comme il arrive dans le Journal. C'est que, si proche qu'il soit de ses correspondants, leur livrant ce qu'il a de plus secret, parlant de lui avec une franchise impitoyable, il maintient une insensible distance destinée à ménager et leur vérité et la sienne propre. « Tu ne dois pas dire que tu me comprends », répète-t-il à Brod. Ses amis sont toujours prêts, convaincus de sa personnalité admirable, à lui représenter toutes les raisons qu'il a de ne pas désespérer. Mais c'est précisément en cela qu'ils le désespèrent : non pas qu'il ne soit heureux que d'un parfait malheur, mais parce que toute interprétation trop favorable de ceux qui le connaissent le mieux, montrant le caractère inaccessible du mal (malheur et douleur) qui lui est propre, montre aussi la profondeur de ce mal et la valeur mauvaise des solutions dont on le berce. « *Ce que tu dis sur mon cas est juste ; du dehors, il se présente bien ainsi ; c'est une consolation, mais, le moment venu, aussi un désespoir ; car cela montre que rien ne perce de ces choses effrayantes et que tout demeure en réserve en*

---

[1]. Je rappelle que les *Lettres à Milena* ont été publiées en un volume séparé en 1952.

moi. *Cette obscurité que je suis seul à voir et moi-même pas toujours, déjà le lendemain de ce jour je ne la voyais plus. Mais je sais qu'elle est là et qu'elle m'attend...* »

Il faut ajouter que Kafka a toujours eu un extrême respect de la vérité des autres ; il les garde le plus possible à l'écart de l'expérience sombre où il se tient et, dans les conseils qu'il leur donne, dans les jugements qu'il porte sur eux, comme dans le rayonnement de sa légère gaieté, les persuade d'une ouverture sur l'espérance qu'il récuse aussitôt, dès qu'on veut l'y faire participer. Dans une lettre tardive à Klopstock (juillet 1922), je trouve ces lignes : « *Si nous étions sur le bon chemin, renoncer serait le désespoir sans limites, mais puisque nous sommes sur un chemin qui ne fait que nous conduire à un deuxième, et celui-ci à un troisième, et ainsi de suite ; puisque la vraie voie ne surgira pas avant longtemps, et peut-être jamais, puisque donc nous sommes livrés tout à fait à l'incertitude, mais aussi à une diversité inconcevablement belle, l'accomplissement des espérances... reste le miracle toujours inattendu, mais en compensation toujours possible.* » Nous avons là, rarement décrit par Kafka, l'aspect positif d'une recherche apparemment toute négative (puisque la vraie voie qui est unique, ne nous est pas donnée, il n'y a pas un chemin, mais une infinité, et nous avons quelque chose d'infiniment varié et de scintillant, la scintillation incomparablement belle des reflets qui nous procure la joie esthétique), mais de cette consolation dont il fait part à son ami découragé, je doute qu'il eût accepté qu'on l'appliquât à lui-même [1]. Autre exemple. Brod a toujours mis en valeur,

---

1. Il écrit à Brod : « *La mauvaise opinion que j'ai de moi n'est pas une mauvaise opinion ordinaire. Cette opinion constitue bien plutôt ma seule vertu, elle est ce dont je ne devrais jamais, jamais douter, après lui avoir tracé des limites raisonnables dans le cours de ma vie : elle met de l'ordre en moi, et moi qui en face de ce que je ne puis embrasser m'effondre aussitôt, elle me rend passablement paisible.* » Cette réflexion est de

comme le centre de la foi de Kafka, cet aphorisme :
« Théoriquement, il y a une parfaite possibilité de
bonheur terrestre : croire à l'indestructible en soi et ne
pas s'efforcer de l'atteindre. » Mais nous voyons, par
une lettre, que cette pensée se rapporte à un essai de
Max Brod (*Paganisme, Christianisme, Judaïsme*) :
« Peut-être se rapprocherait-on le plus de ta conception, si l'on disait : " Il y a théoriquement une parfaite
possibilité de bonheur terrestre : croire à ce qui est
décidément divin et ne pas s'efforcer de l'atteindre. "
Cette possibilité de bonheur est aussi impie qu'inaccessible, mais les Grecs s'en sont peut-être rapprochés
plus que tout autre. » Serait-ce donc là la vérité de
Kafka, une vérité propre aux Grecs ? de plus un
« blasphème » ? Ce commentaire suffirait à nous rappeler à une prudence que l'optimisme généreux de
Brod lui a fait quelquefois oublier.

*

La vie de Kafka a été un combat obscur, protégé par
l'obscurité, mais nous en voyons clairement les quatre

1912 : la mauvaise opinion n'est encore que méthodique, de plus
circonscrite et mesurée. « *Ce que j'ai écrit*, dit-il dans la même lettre, *a
été écrit dans un bain tiède, je n'ai pas vécu l'éternel enfer des vrais
écrivains.* » Les lettres confirment ce que nous pressentions : que les
rapports dramatiques avec la vie commencent vers la trentième année,
au moment où d'une part écrire devient l'exigence absolue et où
d'autre part il rencontre sa fiancée. 1912 marque précisément la
rupture. Jusque-là, durant les années dominées par le père, il est certes
déjà « désespéré », mais c'est un désespoir éclairé par l'humour,
scintillant et presque léger, guetté par le plaisir esthétique, dont voici
un exemple : « Car je suis, comme je l'ai vu ce matin avant de faire ma
toilette, désespéré depuis deux ans, et seule la limite plus ou moins
rapprochée de ce désespoir détermine mon humeur du moment. Et me
voici au café, j'ai lu quelques jolies choses, je suis bien, et je ne parle
pas de mon désespoir avec autant de conviction que je l'aurais voulu à
la maison... » (1908). Quoi de commun avec ce cri : « Dans les champs,
hors de la folie de ma tête et de mes nuits. Quel être je suis, quel être je
suis. Je la tourmente, et moi-même, jusqu'à la mort » (1916).

aspects, représentés par les rapports avec son père, avec la littérature, avec le monde féminin, et ces trois formes de lutte se retraduisent plus profondément pour donner forme au combat spirituel. Naturellement, avec chacun de ces rapports, tous les autres sont mis en cause. La crise est toujours totale. Chaque épisode dit tout et retient tout. Le souci de son corps est le souci de tout son être. L'insomnie, cette difficulté dramatique de chacune de ses nuits, exprime toutes ses difficultés. Construire sa biographie autour de ces quatre centres plus ou moins cachés n'aurait donc que l'intérêt de nous la faire apercevoir momentanément selon les clartés plus ou moins grandes que nous avons sur chacune de ces énigmes, qui sont de qualité très différente. Nous constaterions par exemple que le problème du père dont il est occupé d'une manière si visible et bien que se développant avec les trois autres (nous apercevons tout de suite comment il complique extrêmement le problème de son mariage, comment il forme l'un des thèmes obsédants de ses écrits, comment enfin il se trouve impliqué dans toutes les questions du judaïsme), est probablement le moins chargé de secrets et celui qui l'accompagne le moins loin. Le plus étendu est le problème de l'écrivain. Le plus dramatique, qui le provoque aux instants les plus sombres, est celui des relations féminines. Le plus obscur, celui du monde spirituel, nécessairement caché, puisque soustrait à toute saisie directe : « *Je ne puis parler de l'essentiel ; il est, même pour moi, enfermé dans l'obscurité de ma poitrine : c'est là qu'il se tient à côté de la maladie, sur le même lit commun.* »

Sur chacune de ces formes de lui-même, les lettres nous apportent, sinon des clartés, du moins la possibilité d'une compréhension plus prudente et plus nuancée. Surtout, nous pressentons mieux le mouvement de toute cette vie qui, quoique dès la jeunesse enracinée dans des affirmations extrêmes dont il semble ne plus s'écarter, ne cessera de se transformer. C'est ce mouvement dans l'immobile qui la rend riche et énigmatique. Les paroles de l'adolescence, celles de l'âge mûr peuvent paraître se superposer, elles sont les mêmes, elles sont très différentes, et pourtant non pas différentes, mais comme l'écho d'elles-mêmes à des niveaux d'entente plus ou moins profonds; et en même temps le devenir n'est pas purement intérieur, l'histoire compte, une histoire qui d'un côté est son histoire personnelle, sa rencontre avec Felice Bauer, Julie Wohryzek, Milena, Dora Dymant, avec sa famille avec la campagne de Zürau, les livres, la maladie, mais qui est d'autre part l'histoire du monde dont la sourde rumeur, à travers les problèmes tragiques du judaïsme, n'a cessé de le précéder.

Bien entendu, cette histoire et ce mouvement sont comme rassemblés dans le mouvement de la création littéraire qui demeurera toujours la vérité à laquelle il tend. Jusqu'à la fin, il restera un écrivain. Sur son lit de mort, privé de force, de voix, de souffle, il corrige encore les épreuves d'un de ses livres *(Un artiste de la faim)*. Comme il ne peut parler, il note sur un papier à l'adresse de ses compagnons : « Maintenant, je vais les lire. Cela va trop m'agiter peut-être ; il faut pourtant que je vive cela encore une fois. » Et Klopstock rapporte que, la lecture finie, les larmes coulèrent longtemps sur son visage. « C'était la première fois que je voyais Kafka, toujours si maître de lui, se laisser aller à un tel mouvement d'émotion. » La seule lettre sévère et presque dure qui ait pris place dans le recueil, il l'a écrite pour défendre sa solitude d'écrivain. Je la cite pour montrer que, malgré sa merveilleuse attention à autrui, il y a une limite qu'il ne peut laisser franchir. Klopstock, ce jeune étudiant en médecine dont il avait fait la connaissance à Matliary et qu'il aime pourtant, presque avec tendresse, semblait désirer une amitié plus étroite, voulait le voir davantage, trouvait qu'il avait changé depuis les premiers jours de leur rencontre : « Je concède qu'entre Matliary et Prague il y a une différence. Entre-temps, après avoir été tourmenté par des périodes de folie, j'ai commencé à écrire, et cette activité, d'une manière qui la rend très cruelle pour toutes les personnes de mon entourage (indiciblement cruelle, je n'en parle pas), est pour moi ce qu'il y a de plus important sur terre, comme peut l'être son délire pour celui qui est fou (s'il le perdait, il deviendrait " fou ") ou pour une femme sa grossesse. Cela n'a rien à voir avec la valeur de l'écrit, je ne la connais que trop, cette valeur, mais la valeur qu'elle a pour moi. Et c'est pourquoi, dans un tremblement d'angoisse, je préserve l'écriture de tout ce qui pourrait la troubler, et non seulement l'écriture, mais la solitude qui lui appartient. Et quand je vous ai dit hier que vous ne deviez pas venir dimanche soir, mais seulement lundi et qu'à deux reprises vous avez demandé : " Alors, pas le soir ? " et qu'il m'a fallu vous répondre, du moins la deuxième fois : " Reposez-vous donc ", c'était un parfait mensonge, car je ne visais qu'à être seul. »

*

Sur le problème central de la nécessité d'écrire qui est aussi une fatalité et une menace, nous trouvons dans les Lettres deux des textes les plus importants. Ils sont datés de juillet et de septembre 1922. Importants en eux-mêmes, ils le sont aussi, parce qu'ils nous révèlent dans quelles circonstances *Le Château* fut abandonné. Je résume en partie et je cite en partie ces textes qui sont assez longs. Je commence par le plus récent : « Je suis ici (à Plana) depuis une semaine à nouveau ; je ne l'ai pas passée très gaiement, car j'ai dû abandonner, manifestement pour toujours, l'histoire du Château, celle-ci ne pouvait plus être renouée depuis « l'effondrement » qui a commencé une semaine avant le voyage à Prague, bien que ce que j'ai écrit à Plana ne soit pas aussi mauvais que ce que tu connais... » Kafka raconte comment, sa sœur Ottla (qui vivait avec lui) étant obligée de rentrer bientôt et définitivement à Prague, la domestique lui a offert de lui préparer ses repas pour lui permettre de continuer son séjour en cet endroit qu'il aime. Il accepte, tout est décidé. « Je resterai l'hiver, je remercie encore... » *« Aussitôt, à peine étais-je en haut de l'escalier conduisant à ma chambre que se produisit " l'effondrement "... Je ne dois pas décrire le côté extérieur d'un tel état, tu le connais aussi, mais il te faut penser à ce qu'il y a de plus extrême dans ton expérience... Avant tout, je sais que je ne pourrai dormir. La force du sommeil est rongée jusqu'en son centre. J'anticipe déjà sur l'insomnie, je souffre comme si la nuit dernière avait déjà été sans sommeil. Je sors, je ne puis penser à rien d'autre, rien qu'une monstrueuse angoisse m'occupe et, dans de plus clairs instants, l'angoisse de cette angoisse... Qu'est-ce donc ? Autant que je le puisse pénétrer par la pensée, il n'y a qu'une seule chose. Tu dis que je dois chercher à m'éprouver en de plus grands sujets. C'est juste..., mais je puis aussi m'éprouver dans mon trou de souris. Et cette seule chose, c'est : crainte de la solitude complète. Si je restais seul ici, je serais pleinement solitaire. Je ne pourrais parler avec les gens, et le ferais-je, la solitude n'en serait qu'augmentée. Et je connais, du moins d'une manière approchée, les frayeurs de la solitude — non pas tant de la solitude solitaire que de la solitude parmi les hommes, les premiers temps à Matliary ou quelques jours à Spindlermühle, mais je n'en veux pas parler.*

Comment est-ce avec la solitude ? La solitude est mon unique but, ma plus grande tentation, ma possibilité et, en admettant qu'on puisse dire que j'ai " organisé " ma vie, alors elle a été organisée pour que la solitude s'y sente bien. Et, malgré cela, l'angoisse devant ce que j'aime tant... »

Ce désir qui est angoisse, angoisse devant la solitude lorsqu'elle est là, angoisse lorsqu'elle n'est pas là, angoisse encore devant toute solution de compromis, voilà ce qu'il semble que nous comprenions bien, mais ne nous hâtons pas de comprendre. Dans une lettre un peu antérieure, Kafka éclaire, mais d'une manière plus énigmatique, l'enchevêtrement de tous ces rapports. Il s'agit encore d'une crise grave. Il devait se rendre à Georgental, pour un séjour auprès de son ami Baum. Il venait de lui écrire qu'il acceptait. Tout lui plaisait dans ce voyage, ou du moins il ne voyait pas d'objection raisonnable. Et pourtant « l'effondrement », l'angoisse infinie, la nuit sans sommeil. « *Tandis que durant cette nuit sans sommeil ces pensées allaient et venaient entre mes tempes douloureuses, je fus à nouveau conscient de ce que j'avais presque oublié en ces derniers temps assez paisibles : sur quel faible sol, ou même inexistant, je vis, au-dessus de ténèbres d'où sort à son gré la puissance ténébreuse, laquelle sans égard pour mon bégaiement détruit ma vie. Écrire me maintient, mais ne serait-il pas plus juste de dire qu'écrire maintient cette sorte de vie ? Je ne veux naturellement pas prétendre que ma vie est meilleure lorsque je n'écris pas. Elle est bien pire, tout à fait insupportable et ne peut aboutir qu'à la folie. Mais cela, il est vrai, à charge pour moi, même si, comme c'est le cas en ce moment, je n'écris pas, d'être pourtant un écrivain; et un écrivain qui n'écrit pas est tout de même une monstruosité qui appelle la folie. Mais qu'en est-il donc de ceci, être écrivain ? Écrire est une récompense délicieuse et merveilleuse, mais qui nous paie de quoi ? La nuit, avec la netteté des leçons enfantines, j'ai vu clairement que c'était le salaire pour le service du démon. Cette descente vers les puissances obscures, ce déchaînement d'esprits normalement maîtrisés, ces étreintes douteuses et tout ce qui peut se passer en bas, dont on ne sait plus rien en haut lorsqu'on écrit des histoires à la lumière du soleil. Peut-être y a-t-il une autre manière d'écrire, je ne connais que celle-ci ; dans la nuit, lorsque l'angoisse ne me laisse pas dormir, je ne connais que celle-ci. Et ce qu'il y a de diabolique en elle me semble très clair. C'est la vanité et la concupiscence qui ne cessent de tourner autour de ma personne ou autour d'une personne étrangère et d'en jouir, par un mouvement qui ne fait que se multiplier, véritable système solaire de vanité. Le souhait de l'homme naïf : " Je voudrais mourir et voir comment on me pleurera ", un tel écrivain le réalise constamment, il meurt (ou il ne vit pas) et se pleure constamment. De là vient sa terrible angoisse de la mort, qui ne s'exprime pas nécessairement par la peur de mourir, mais se manifeste aussi dans la peur du changement, peur d'aller à Georgental. »*

Mais pourquoi cette peur de mourir ? Kafka distingue deux séries de raisons qui, dit-il, se confondent peut-être. Et, en effet, elles semblent se ramener à cette pensée : l'écrivain a peur de mourir parce qu'il n'a pas encore vécu, et non pas seulement parce que lui a manqué le bonheur de vivre avec une femme, des enfants, la fortune, mais parce qu'au lieu d'entrer dans la maison, il lui faut se contenter de l'admirer du dehors et d'en couronner le faîte, exclu de la jouissance des choses par la contemplation qui n'est pas possession. Voici l'espèce de monologue intérieur de cet écrivain : « *Ce que j'ai joué va arriver réellement. Je ne me suis pas racheté par l'écriture. J'ai passé ma vie à mourir, et en plus je mourrai réellement. Ma vie fut plus douce que celle des autres, ma mort n'en sera que plus terrible. Naturellement, l'écrivain qui est en moi mourra aussitôt, car une telle figure n'a pas de sol, nulle réalité, elle n'est même pas faite de poussière ; elle n'est possible, un peu possible que dans la vie terrestre en ce qu'elle a de plus insensé, et n'est qu'une construction de la concupiscence. Tel est l'écrivain. Mais moi-même je ne puis continuer de vivre, puisque je n'ai pas vécu, je suis resté argile, et l'étincelle que je n'ai pas su transformer en feu, je ne l'ai fait servir qu'à illuminer mon cadavre. »* « *Ce sera un bizarre enterrement,* ajoute Kafka : *l'écrivain, quelque chose qui n'existe pas, transmet le vieux cadavre, le cadavre de toujours, à la fosse. Je suis assez écrivain pour vouloir jouir pleinement de cela dans le plein oubli de moi-même — et non pas avec lucidité, l'oubli de soi est la première condition de l'écrivain — ou, ce qui revient au même, pour vouloir le raconter ; mais cela n'arrivera plus. Et pourquoi ne parler que de la vraie mort ? Dans la vie, c'est la même chose... »* Kafka, un peu après, fait ces deux remarques : « *Je dois ajouter que dans ma peur de voyager la pensée que durant quelques jours je serai écarté de ma table à écrire, joue un rôle. Cette pensée ridicule est en réalité la seule légitime, car l'existence de l'écrivain dépend réellement de sa table, il n'a pas le droit de s'en éloigner s'il veut échapper à la folie, il doit s'y cramponner avec les dents. La définition de l'écrivain, d'un tel écrivain, et l'explication de l'action qu'il exerce (s'il y en a une) : il est le bouc émissaire de l'humanité, il permet aux hommes de jouir d'un péché innocemment, presque innocemment.* »

*

Sans prétendre commenter ces lignes, ce que l'on peut remarquer, c'est que les affirmations qui se suivent ici ne sont pas toutes au même niveau. Il y a des affirmations claires : écrire, c'est se mettre hors de la vie, c'est jouir de sa mort par une imposture qui deviendra l'effrayante réalité ; le pauvre moi réel à qui l'on offre la perspective d'un petit voyage est littéralement roué de coups, tourmenté et moulu par le diable ; désormais, le monde est interdit, la vie impossible, la solitude inévitable : « ... Avec cela, il est décidé que je n'ai plus le droit de sortir de la Bohême, bientôt je devrai me limiter à Prague, puis à ma chambre, puis à mon lit, puis à une certaine position du corps, puis à rien. Peut-être pourrais-je alors renoncer librement au bonheur d'écrire — oui, librement et dans l'allégresse, voilà l'important. » L'angoisse d'être seul est ici presque cernée. Écrire est donc une activité mauvaise, mais non pas seulement pour ces raisons : pour d'autres plus obscures. Car écrire est chose nocturne ; c'est s'abandonner aux puissances sombres, descendre vers les régions d'en bas, se livrer aux étreintes impures. Toutes ces expressions ont pour Kafka une vérité immédiate. Elles évoquent la fascination ténébreuse, l'éclat sombre du désir, la passion de ce qui se déchaîne dans la nuit où tout finit par la mort radicale. Et qu'entend-il par les forces d'en bas ? Nous ne le savons pas. Mais, de plus en plus, il associera les mots et l'usage des mots à l'approche d'une irréalité spectrale, avide des choses vivantes et capable d'exténuer toute vérité. C'est pourquoi, même à ses amis, il cessera la dernière année presque d'écrire et surtout de parler de lui : « C'est vrai, je n'écris rien, mais non parce que j'aurais quelque chose à cacher (pour autant que ce ne soit pas la vocation de ma vie)... Avant tout, comme je m'en suis fait une loi ces dernières années pour des raisons stratégiques, je n'ai pas confiance dans les mots ni dans les lettres, dans mes mots ni dans mes lettres ; je veux bien partager mon cœur avec les hommes, mais non avec les spectres qui jouent avec les mots et lisent les lettres, la langue pendante. »

La conclusion devrait donc être catégoriquement celle-ci : ne plus écrire. Or elle est tout autre (et pendant vingt ans, elle n'a jamais varié) : « *Écrire est pour moi ce qu'il y a de plus nécessaire et de plus important.* » Et de cette nécessité, il n'a pas manqué de nous faire connaître les raisons, et même de nous les répéter dans ses différentes lettres : c'est que s'il n'écrivait pas, il deviendrait fou. Écrire est folie, est sa folie, mais cette folie est sa raison. C'est sa damnation, mais damnation qui est sa seule voie de salut (s'il lui en reste une). Entre les deux certitudes de se perdre — perdu s'il écrit, perdu s'il n'écrit pas —, il essaie de se créer un passage, et par l'écriture encore, mais une écriture qui invoque les spectres dans l'espoir de les conjurer. Dans la lettre à Brod où il parle d'une manière si inquiétante de ses mots livrés aux fantômes[1] il ajoute incidemment ceci, qui nous éclaire peut-être beaucoup sur ses espérances d'écrivain : « *Quelquefois il me semble que l'essence de l'art, l'existence de l'art ne s'explique que par de telles " considérations stratégiques " : pour rendre possible une parole vraie d'homme à homme*[2]. »

---

1. De même dans les dernières lettres à Milena, mais à celle-ci avec plus d'humour.
2. Nous savons aussi par beaucoup d'autres textes que cette vie hors du monde à laquelle son art le voue, il ne l'en rend pas originellement responsable : elle lui a été imposée d'abord par ses rapports avec le père ; c'est par lui qu'il fut exilé de la vie, poussé hors des frontières, condamné à errer dans l'exil. L'art n'a fait que traduire, exploiter et approfondir cette fatalité antérieure. Kafka du reste est loin de parler toujours défavorablement de cette vie hors du monde qu'il a au contraire recherchée avec une force opiniâtre. En juin 1921, à Brod : « *Le premier jour un peu paisible après quinze jours de martyre. Cette vie-hors-de-monde que je mène n'est pas en soi plus mauvaise que l'autre, il n'y a pas de raison de s'en plaindre, mais quand, jusque dans cette vie-hors-du-monde, le monde, violeur de tombe, se met à crier, je sors de mes gonds et je me frappe réellement la tête contre la porte de la folie, qui n'est toujours qu'entrebâillée. La moindre chose suffit à me mettre dans cet état.* »

*

Je voudrais traduire l'impression que laissent les lettres écrites durant la dernière année. Lui que bouleversait le moindre déplacement prit la décision de vivre à Berlin, loin de sa famille et de ses amis, mais auprès de Dora Dymant dont il avait fait la connaissance à Müritz en juillet 1923 (il mourut en juin 1924, il ne vécut donc avec elle que quelques mois). Jusque-là il semble bien que, quoique malade, il ne fût pas encore dangereusement malade. La maladie s'aggravait, mais lentement. C'est le séjour à Berlin qui lui fut fatal. Le rude hiver, le climat défavorable, des conditions d'existence précaires, la disette de cette grande ville, affamée et agitée par la guerre civile, représentaient une menace dont il ne pouvait qu'être très conscient, mais à laquelle, malgré les prières de ses amis, il refusa de se soustraire ; il fallut l'intervention de son oncle, « le médecin de campagne », pour le décider à changer de séjour quelques semaines avant que la laryngite tuberculeuse ne se déclare. Cette indifférence à sa santé est un phénomène nouveau. Elle se marque aussi par ce trait : alors que jusqu'en 1923 ses moindres malaises l'occupent beaucoup, il s'abstient presque d'en parler dès que la situation devient plus grave ; et c'est avec une sobriété, une discrétion remarquables qu'il fait part de son état désormais désastreux : « Si l'on prend son parti de la laryngite tuberculeuse, mon état est supportable, je puis à nouveau avaler, provisoirement... » Et dans la dernière phrase de sa dernière lettre à Brod, après que celui-ci fut venu de Prague le voir une dernière fois, il tient à souligner qu'il y a encore des moments joyeux : « A côté de tous ces sujets de plainte, il y a aussi naturellement quelques minuscules gaietés, mais les raconter est impossible, ou il faut les réserver pour une visite comme celle qui fut si pitoyablement gâtée par ma faute. Adieu. Merci pour tout. » Ce refus de se plaindre, ce silence sur lui-même que rendent sensible, dans leur réticence, presque toutes les lettres de Berlin, est le seul signe du changement qui s'est produit dans sa vie. Silence tendu, surveillé, volontaire. « De moi, il y a peu à raconter, une vie un peu dans l'ombre ; qui ne la voit pas directement n'en peut rien remarquer. » « En réalité, c'est très calme autour de moi, du reste jamais trop calme. » Et à Milena : « Mon état de santé n'est pas essentiellement autre qu'à Prague. C'est tout. Je ne me risque pas à en dire davantage ; ce qui est dit est déjà trop... »

On peut interpréter ce silence[1]. Est-ce qu'il se refuse à parler de soi, parce que son destin est trop proche du destin d'un autre être dont il ne consent pas à parler ? Veut-il désormais lui réserver son secret ? Ou bien, avec plus de force et de cohérence que jusqu'alors, s'est-il refermé sur sa solitude, devenu même pour lui-même cet « *homme enfoui en soi, fermé en soi avec des serrures étrangères* », dont il parle à Klopstock en 1922 ? Se méfie-t-il vraiment des mots écrits et de cette manière fantomatique de communiquer qui use la vérité en la confiant à des messagers trompeurs et infidèles ? Ce dernier point, s'il n'explique pas tout, est sûr. Même au sujet de ses écrits littéraires, il a remarqué que la fiction traçait son chemin à la réalité. Ainsi, dans *Le Médecin de campagne* où il décrit une étrange plaie saignante, il voit l'anticipation de ses hémoptysies, qui se produisirent peu après. Coïnci-

---

[1]. Il faut aussi mentionner ces circonstances : durant cette période, Max Brod est dans une situation sentimentale douloureuse : marié à Prague, il est attaché passionnément à une jeune fille qui vit à Berlin. Kafka voit souvent cette jeune fille, et il sait bien que c'est d'elle qu'il doit parler d'abord à son ami.

dence encore plus impressionnante, quand en mars 1924 la phase terminale de la maladie s'annonça par une extinction de voix, il venait d'achever son récit *Joséphine* où il est parlé de cette souris chantante qui se croit douée d'un don exceptionnel pour pépier et siffler, parce qu'elle n'est plus capable des moyens d'expression en usage dans son peuple. Il dit alors à Klopstock : « Je crois que j'ai entrepris au bon moment ma recherche sur le piaulement animal. » Comment ne pas évoquer ici sa remarque sur l'angoissante découverte de l'écrivain, lorsque celui-ci, au dernier moment, se voit pris au mot par la réalité ? « Ce que j'ai joué va arriver réellement. » En fut-il ainsi pour lui ? Le jeu de la parole prenant visiblement et douloureusement fin, se refusa-t-il à parler encore là-dessus, appliquant désormais toute son attention à accueillir dans le silence l'approche silencieuse de l'événement ? Pourtant cette méfiance pour les mots ne l'empêche pas de poursuivre jusqu'au bout sa tâche d'écriture. Tout au contraire, ne pouvant plus parler, il ne lui fut plus permis que d'écrire, et rarement agonie a été aussi écrite que la sienne. Comme si la mort, avec cet humour qui lui est propre, avait tenu ainsi à l'avertir qu'elle se préparait à le changer tout entier en écrivain — « *quelque chose qui n'existe pas*[1] ».

---

1. Pendant les derniers jours, Kafka se tint strictement à la consigne de ne pas parler, fût-ce en chuchotant. Il s'entretint jusqu'à la fin avec ses amis en écrivant de courtes phrases où s'expriment encore la sensibilité et l'originalité de son langage toujours vivant.

LE TOUT DERNIER MOT

Commentant un jour les lettres de Kafka qui venaient de paraître dans leur texte d'origine, je disais que, le caractère des publications posthumes les destinant à être inépuisables, les Œuvres complètes manqueraient toujours d'un dernier volume : pourquoi ? D'abord, pour des raisons de fait. Faisaient alors défaut les lettres à sa fiancée, Felice Bauer, lettres qu'une négociation difficile écartait momentanément de l'édition. Faisaient aussi et sans doute feraient plus durablement défaut, pour ne pas dire toujours, les indications capables de mieux éclairer la rencontre avec Dora Dymant par laquelle se termina la vie. (J'entends, non pas les témoignages extérieurs qu'on peut encore réunir, mais le jugement de Kafka, sa parole, les notes de son Journal.)

Ce commentaire date approximativement de dix ans[1]. Aujourd'hui (depuis le mois d'octobre 1967), possédant toutes les lettres à Felice B., à peu d'exceptions près, auxquelles on a joint celles à Grete Bloch, l'énigmatique amie des deux fiancés (soit un volume de plus de sept cents pages) ; ayant en main les documents que rassemble lentement et sérieusement Klaus

1. Cf. le texte précédent

Wagenbach (le premier volume de la biographie qu'il élabore a paru en 1958, traduit depuis aux éditions du Mercure de France ; puis le *Kafka-Symposion*, édité par lui, avec plusieurs auteurs et réunissant des documents sur divers points inéclairés, notamment une chronologie des textes, ainsi qu'une lettre, longue et importante, adressée à la sœur de Julie Wohryzeck, la seconde fiancée ; enfin le petit livre des éditions Rowohlt, une sorte de Kafka par lui-même (et par Wagenbach), dont la forme resserrée nous permet de mieux voir ce que l'on sait, ce que l'on ne sait pas ou ce que l'on ne sait pas encore d'une vie désormais trop manifeste), nous sommes plus près, mais aussi presque détournés de poser les vraies questions, n'ayant plus tout à fait la force de les laisser venir à nous dans leur innocence, en les tenant à l'écart de la rumeur biographique qui les attire et les submerge en les nourrissant.

1. Essayons de rassembler quelques traits pour nous en libérer. Après avoir lu comme d'un seul mouvement les lettres, il faudrait peut-être se demander si elles nous apprennent rien de nouveau, sauf le devenir toujours caché de ce qui se dit avec une telle intention d'évidence. D'abord ce qui est confirmé : chaque fois que Kafka entre en rapport avec le monde féminin, c'est une sorte de grâce, de légèreté, une tentation séduisante et séductrice. Ses premières lettres sont portées par un désir de charme et qui charme. Même quand il écrit à Mlle Bloch à laquelle, au moins au début, il ne demande rien qu'une sympathie amicale ou un contact de confidence, il ne manque pas d'écrire de telle manière que cette jeune fille, encore très jeune, en sera visiblement troublée au point, volontairement, involontairement, de contribuer à la rupture des premières fiançailles, puis plus tard d'inventer peut-être un étrange épisode, un enfant imaginaire qu'elle attri-

bue à Kafka. (Disons, au moins, qu'il s'agit là d'un épisode hypothétique que K. Wagenbach a le tort de transformer en certitude, alors qu'il reste à la limite du probable-improbable *.)

Même si les difficultés viennent très vite — et en quelque sorte presque aussitôt —, elles font partie d'abord d'un mouvement de passion jeune auquel ne manque pas un certain bonheur. C'est durant cette période relativement heureuse (avec des moments tout à fait noirs) qu'il écrit *La Métamorphose* (il dit de ce récit à F. : « *Quelle histoire exceptionnellement répugnante je laisse de côté pour me reposer en pensant à toi : elle s'est avancée un peu au-delà de la moitié et, dans l'ensemble, je n'en suis pas mécontent, mais répugnante, elle l'est sans limites et, vois-tu, ce sont de telles choses qui viennent du même cœur où tu résides et que tu supportes comme ta résidence.* »). Il a rencontré celle qui sera doublement sa fiancée en août 1912 (à Prague, chez les parents de son ami Max Brod) ; il lui écrit quelques semaines plus tard (fin septembre) et bientôt, presque chaque jour ou plusieurs fois par jour. C'est au début de 1913 que les rapports deviennent tout à coup plus sombres. A plusieurs reprises, Kafka confirme ce changement : « *Je suis autre que je n'étais dans les premiers mois de notre correspondance ; ce n'est pas une transformation nouvelle, mais plutôt un retour en arrière et qui risque de durer... J'étais autrement au début, tu le concèdes, ce ne serait rien d'irréparable, seulement ce n'est pas un développement humain qui m'a conduit d'ici à là, mais au contraire c'est sur mon ancienne voie que j'ai été tout entier transporté, et entre les chemins il n'y a pas de liaison directe, pas même une relation en zigzag, mais à travers les airs un triste*

---

* Voir en fin de texte.

chemin que suivent les spectres... » Pourquoi ? A cette question, nous ne pouvons faire que des réponses indécises.

C'est à peu près à cette époque que, porté par son sentiment et sans doute sollicité par son amie, Kafka pense se rendre à Berlin, après avoir déjà éludé une rencontre pour Noël : voyage qui l'attire, le repousse et qui cependant aura lieu le 23 mars. Presque toutes les rencontres seront décevantes. A lire les lettres (nous ne connaissons pas celles de la jeune fille, sauf indirectement), nous avons le sentiment que Felice se montre plus réservée qu'affectueuse et, autant elle fait preuve de vivacité sociale quand elle est avec d'autres, autant elle semble terne, désemparée ou fatiguée, lorsqu'il leur arrive, et rarement, d'être seuls. C'est du moins l'impression de Kafka, telle qu'il la lui formule (mais qu'il ne faut pas accueillir trop facilement, de même que, lorsqu'il se déclare incapable de relations de société, il contredit le témoignage de ses amis qui l'ont vu aimable, aisé et souvent chaleureux, parfois il est vrai fermé et étrangement absent). Sur Felice, il s'est toujours exprimé en lui reconnaissant les qualités qu'il pense ne pas avoir : c'est une jeune fille sûre d'elle-même, active, courageuse, entendue en affaires ; d'où il serait trop facile, et sans doute trompeur, de conclure qu'elle l'attire par ce qui lui manque ; physiquement, elle est loin de lui plaire d'emblée ; dans son Journal, il la décrit en termes d'une objectivité presque cruelle et, pis encore, il parlera d'elle à Mlle Bloch avec une certaine répulsion (ses dents gâtées, sa peau tachée et rugueuse, son squelette osseux). Et en même temps il l'aime — passionnément, désespérément. En même temps : *dans le même temps ;* c'est tout ce qu'on en peut dire sans tomber dans la futilité psychologique. Faudrait-il ajouter qu'elle représente la vie, la chance de vivre ? la possibilité d'une réconciliation avec le monde ? C'est vrai, mais de quelle vérité ? Je dirai plutôt — et c'est là son trait commun avec Milena et peut-être avec Julie Wohrizeck et aussi bien avec l'inconnue de Zuckmantel et l'adolescente de Riva — qu'elle porte, à la manière d'un souvenir, la trace de l'absence de trace, c'est-à-dire d'une non-culpabilité, ce qui ne signifie pas tout à fait l'innocence. Lorsqu'au premier jour de la première rencontre, il notera dans son Journal : « Mlle F. B..., *visage osseux et vide et portant ouvertement son vide* », le mot vide, ici non seulement répété, mais dégagé, non pas comme un trait d'insignifiance, mais comme la découverte d'une possibilité énigmatique, lui fait pressentir cet attrait d'un défaut qui est comme l'absence de faute, cet « en dehors de la faute » dont le monde féminin incarne l'évidence, mais, aussi, par sa présence, déjà la séparation équivoque. De ce monde viennent en effet toutes les tentations (qu'il ne faut pas cependant entendre en un sens naïvement chrétien, séductions de la chair, encore que Kafka ait, là aussi, nous le savons, ses difficultés[1]). C'est bien plutôt la tentation d'une vie qui l'attire parce qu'elle semble à ce point étrange qu'elle reste étrangère à la culpabilité, mais telle que l'attrait fait aussitôt de celui qui le subit à jamais un coupable en le détournant de lui-même, voué désormais à la tromperie du détour et promis à l'enchantement de l'oubli : ce sera l'un des sens du *Procès* et, pour une part aussi, du *Château*, œuvres l'une et l'autre écrites sous la provocation de l'étrangeté féminine.

(Dans une lettre à Weltsch, à un moment particulièrement malheureux, Kafka s'explique avec sa lucidité inaltérable sur ce que son ami, lui aussi très lucide, nomme son heureux sentiment de culpabilité : « *Tu*

---

1. Je renvoie à la lettre que Kafka écrivit à Milena et où il raconte avec son implacable franchise « sa première nuit » (*L'échec de Milena*).

crois que mon sentiment de culpabilité est pour moi une aide, une solution, non, je n'ai un sentiment de culpabilité que parce que pour mon être c'est la forme la plus belle du remords, mais il n'est pas besoin d'y regarder de très près pour voir que le sentiment de culpabilité n'est rien que l'exigence de revenir en arrière. Mais aussitôt, bien plus redoutable que le remords et bien au-dessus de tout remords, s'élève déjà le sentiment de la liberté, de la délivrance, du contentement mesuré... » Se sentir coupable, c'est être innocent, puisque c'est, par le remords, prétendre effacer l'œuvre du temps, se libérer de la faute, mais, par là, se rendre deux fois coupable, puisque c'est se vouer au désœuvrement de l'absence de temps, là où plus rien n'arrive, l'enfer donc ou, comme le dit encore Kafka dans cette lettre, le préau de l'enfer.)

2. Pourquoi, cependant, après les premiers mois d'une entente qui se cherche passionnément, tout devient-il plus malheureux ? J'ai parlé du voyage à Berlin ; rien n'est expliqué par là. Qu'en dit-il lui-même (car notre tâche n'est que de le répéter) ? Au cours de la même période, alors qu'il écrivait avec un élan tourmenté, mais impétueux, et une régularité presque intemporelle (chaque nuit, dans l'infini de la nuit : *Le Verdict*, juste un mois après avoir rencontré F. B. et deux jours après lui avoir adressé la première lettre ; puis la suite de son roman, *Amerika ;* en même temps, *La Métamorphose*), voici que l'écriture tout à coup s'arrête et non seulement elle prend fin, mais, relisant les « cahiers du roman », il se persuade que, à l'exception du premier chapitre qui ne s'éloigne pas d'une vérité intérieure, « tout le reste n'a été écrit qu'en souvenir d'un grand sentiment radicalement absent et qu'il faut le mettre au rebut, c'est-à-dire que, sur plus

de 400 pages, seules 56 auraient le droit de rester ».
C'est un lieu commun de montrer Kafka luttant pour la solitude de l'écriture et Kafka luttant pour l'exigence de la vie, qui passe par les relations nécessaires avec les hommes, qui passe donc par le mariage ou le salut dans le monde. De nombreux passages de la correspondance — nombreux : disons-les, presque innombrables — le confirmeraient. A peine a-t-il commencé d'écrire à celle qu'il ne tutoie pas encore, il se confie sans réserve : « *Ma vie consiste et a consisté au fond depuis toujours à essayer d'écrire et le plus souvent à échouer. Mais si je n'écrivais pas, je resterais étendu par terre, digne tout au plus d'être jeté dehors... Si maigre que je sois..., il n'y a rien en moi qui en regard de l'écriture ne soit déjà superflu et superflu au bon sens... Même la pensée de vous est en rapport avec l'écriture, seul le mouvement de vagues de l'écriture me détermine, et sûrement dans une période d'écriture fatiguée, jamais je n'aurais eu le courage de me tourner vers vous...* » Felice s'effraie bientôt d'un tel emportement et lui conseille, en personne raisonnable, plus de mesure : « *Mon cœur* (répond-il) *est relativement tout à fait sain, mais ce n'est pas facile pour un cœur humain de résister à la mélancolie de la mauvaise écriture comme au bonheur de la bonne écriture... Si vous considériez mon rapport au fait d'écrire, vous cesseriez de me conseiller* « Mass und Ziel », *mesure et limite : la faiblesse humaine n'est que trop portée à mettre des limites à tout. Ne dois-je pas m'engager avec tout ce que j'ai en l'unique point où je puisse me tenir ?... Il se peut que mon écriture ne soit rien, mais c'est qu'alors et certainement je ne suis vraiment rien*[1]. » Puis viendra l'étonnante lettre du

---

1. Un jour, Felice ayant évoqué son « penchant à écrire » : « *Pas un penchant, nul penchant, mais écrire, c'est moi-même. Un penchant, on pourrait le supprimer ou le diminuer. Mais c'est moi-même. Certainement, on pourrait bien me supprimer, mais que te resterait-il ?* »

15 janvier 1913 où, à celle qu'il considère déjà comme sa compagne de vie, il décrit l'idéal d'existence qu'il lui propose : « *Un jour tu as écrit que tu voudrais être assise auprès de moi, tandis que j'écrirais ; mais penses-y donc, alors je ne pourrais plus écrire (autrement, déjà, je ne le puis guère), mais alors je ne le pourrais plus du tout. Écrire signifie s'ouvrir jusqu'à la démesure ; l'extrême ouverture où un être croit déjà se perdre dans les rapports humains et devant laquelle, toujours, s'il est de raison, il cherchera à se retirer, effarouché, — car chacun veut vivre aussi longtemps qu'il vit —, cette ouverture et ce don du cœur ne suffisent pas, et de loin, à l'écriture. Ce qui de cette surface est repris en bas par l'écriture — à moins qu'il n'en aille autrement et que les profondes sources ne se taisent — n'est rien et s'effondre, à l'instant où un vrai sentiment vient à ébranler ce sol situé au-dessus. C'est pourquoi, on ne saurait être assez seul, quand on écrit ; c'est pourquoi, jamais assez de silence autour de soi, quand on écrit ; la nuit est encore trop peu la nuit... Souvent j'ai pensé que pour moi la meilleure manière de vivre serait de m'établir, avec mon matériel d'écriture et une lampe, dans l'espace le plus intérieur d'une cave étendue et fermée. On m'apporterait de quoi manger, mais toujours loin de l'endroit où je me tiendrais, derrière la porte la plus extérieure de la cave. Mon unique promenade serait d'aller chercher, en robe de chambre, cette nourriture en passant sous toutes les voûtes de la cave. Puis je reviendrais à la table, je mangerais lentement et avec componction, et tout aussitôt je recommencerais à écrire. Qu'est-ce que j'écrirais alors ! De quelles profondeurs je l'arracherais ! Sans effort ! Car l'extrême concentration ne connaît pas l'effort. Avec cette réserve que je ne pourrais pas continuer longtemps et que je sombrerais dans une grandiose folie, au premier échec, peut-être impossible à éviter même*

dans ces conditions. Qu'en penses-tu, chérie, ne te retire pas de l'habitant des caves ! »

Ce récit (car c'en est un) est impressionnant, mais, à cette date, encore éclairé par les illusions de la jeunesse : d'abord Kafka semble croire (le croit-il ?) que Felice, comprenant la nécessité de la vie souterraine, en sera heureuse, heureuse de la cave, car la cave lui appartiendra, à elle aussi (« *une cave,* dira-t-il un peu après, *tout de même une triste possession pour toi* »), puis il semble croire (mais le croit-il ?) que la cave pourrait suffire à son isolement et lui apporter de l'aide : la cave, le vide d'une présence pleine en son retrait, habitable et confortable ; autrement dit, la folie même, mais bien aménagée et comme protégée (dans les années 1915-1916, cherchant dans la ville une chambre pour y travailler, il ne pourra même pas supporter qu'elle soit privée d'horizon, mais c'est qu'alors il sera dans la vérité de la solitude, non plus dans sa rêverie). Il est bien vrai que presque toute sa conduite avec Felice semble s'expliquer par la seule volonté de protéger son travail et par le désir de ne pas tromper sa fiancée sur les conditions de leur avenir commun, s'il y a jamais un avenir : à peine, dit-il, se verront-ils une heure par jour. Plus tard, lorsque, après la rupture du 12 juillet 1914 (sa mise en jugement), il reprendra, en novembre, son explication avec la jeune fille, c'est cette vérité qu'il lui proposera avec une autorité et une austérité nouvelles : « *Tu ne pouvais pas voir la puissance qu'a le travail sur moi, tu l'as vue, mais incomplètement, très incomplètement... Tu n'as pas été seulement la plus grande amie, tu as été en même temps la plus grande ennemie de mon travail, du moins les choses étant considérées du point de vue du travail, et comme celui-ci t'aimait en son centre au-delà de toutes limites, il a dû se défendre contre toi de toutes ses forces pour se conserver... Tu veux que j'explique pourquoi je* me suis conduit ainsi[1], *et cette explication consiste en ceci : j'ai vu constamment devant moi ta peur, ta répugnance. J'avais le devoir de veiller sur mon travail qui seul me donne le droit de vivre, et ta peur me montrait ou me laissait craindre (avec une crainte beaucoup plus insupportable) qu'il n'y eût là pour mon travail le plus grand danger... C'est alors que j'ai écrit la lettre à M*^{lle} *Bloch... Maintenant, tu peux bien retourner le tout et dire que tu n'étais pas moins menacée dans ton essence que moi et que ta peur n'était pas moins justifiée que la mienne. Je ne crois pas qu'il en ait été ainsi. Je t'ai aimée dans ton être réel et c'est seulement quand il touchait avec hostilité à mon travail que je le redoutais... N'importe, ce n'est pas tout à fait vrai. Tu étais menacée. Mais ne voulais-tu pas l'être ? Jamais ? En aucune façon ?* » (Interrogation où passe le mouvement de la souveraineté qui fut aussi la part — la moins visible, la moins contestable — de Kafka : de l'écrivain en lui.)

3. Le conflit de l'écriture et de la vie, réduit à une telle simplicité, ne peut offrir aucun principe sûr d'explication, même si expliquer n'est ici que le déploiement d'affirmations qui s'appellent les unes les autres pour se mettre à l'épreuve sans se limiter. Écrire, vivre : comment pourrait-on s'en tenir à cet affrontement de termes précisément si mal déterminés ? Écrire détruit la vie, préserve la vie, exige la vie, ignore la vie,

---

[1]. En particulier le jour du jugement où il renonça à se justifier et aussi quand il en vint à écrire à Mlle Bloch une lettre où, quoique récent fiancé, il parlait de son horreur du mariage, lettre que sa correspondante eut le tort de montrer à Felice, de sorte que celle-ci eut le sentiment d'une pénible duplicité, car la vérité dont elle avait été tant de fois avertie directement par Kafka, s'immobilisa en une puissance d'objectivité meurtrière (comme il arrive toujours), dès qu'elle lui eut été communiquée par quelqu'un d'autre.

et réciproquement. Écrire n'a finalement nul rapport avec la vie, si ce n'est par l'insécurité nécessaire que l'écriture reçoit de la vie, comme la vie la reçoit de l'écriture : une absence de rapport telle que l'écriture, pour autant qu'elle s'y rassemble en s'y dispersant, ne s'y rapporte jamais à elle-même, mais à l'*autre qu*'elle, qui la ruine ou, pis, la dérange. De cet « *autre que* » — l'autre au neutre — qui appartient à écrire, dans la mesure où écrire ne saurait s'appartenir, désigner une appartenance, Kafka fait l'apprentissage dans l'essai obstiné, interrompu, jamais rompu, jamais démenti, de s'unir à Felice, de la rejoindre (rejoindre la disjonction). Ses relations avec la jeune fille s'établissent d'abord et principalement au niveau des mots écrits, par conséquent dans le lieu que les mots détiennent et sous la vérité d'illusion qu'ils provoquent nécessairement. Quand il lui dit (et avant qu'ils ne se retrouvent pour la première fois à Berlin) : « *Il me semble parfois que ce commerce par lettres, que j'aspire presque constamment à dépasser pour en venir à la réalité, est l'unique commerce qui réponde à ma misère (ma misère que naturellement je ne sens pas toujours comme misère) et qu'à franchir cette limite qui m'est imposée, nous irions à un commun malheur* », il n'exprime encore que l'appréhension d'une rencontre à tous égards effrayante, mais il pressent aussi la contradiction à laquelle il s'expose : par les lettres — cette communication mixte qui n'est ni directe ni indirecte, ni de présence ni d'absence (il la désigne comme hybride ou bâtarde, *Zwitter*) — il se montre, mais à quelqu'un qui ne le voit pas (une nuit, il rêvera que Felice est aveugle) et s'il conquiert ainsi la jeune fille, c'est sur le mode de la non-possession et aussi de la non-manifestation, c'est-à-dire de la non-vérité (« *Je vais à Berlin sans autre but que de dire et de montrer, à toi qu'ont égarée mes lettres, qui je suis réellement* »).

D'une certaine manière, du moins dans le cours dramatique de l'année 1913 qui aboutira, avant même les fiançailles officielles, à une première rupture, son seul enjeu est la vérité : la vérité sur lui ou, plus précisément, la possibilité d'être vrai. Comment éviter de tromper la jeune fille ? Comment la convaincre de ce qu'il est, tel qu'il l'est à cette profondeur de solitude où il ne parvient que dans les nuits de l'écriture ? Comment se dévoiler de manière à se laisser voir tel qu'il se cherche par l'invisibilité, c'est-à-dire hors de tout voilement et de tout dévoilement ? « *Ma lettre d'aujourd'hui t'arrivera déchirée, je l'avais déchirée en allant à la gare par un mouvement d'impuissante colère de ne pas parvenir à être vrai et précis lorsque je t'écris, de sorte que je ne parviens même pas en t'écrivant à te tenir fermement ni à te communiquer le battement de mon cœur, n'ayant rien dès lors à attendre de l'écriture.* » Et quelque temps auparavant, d'une manière plus frappante : « *Naturellement, je ne saurais t'oublier quand je t'écris, puisque je ne puis t'oublier d'aucune façon, mais je voudrais en quelque sorte, de ce vertige de rêverie sans lequel je ne puis t'écrire, ne pas m'éveiller par l'appel de ton nom.* » Pratiquement, ce mouvement se traduit ainsi : tout dire (et non seulement à elle, mais au père de la jeune fille comme à l'instance supérieure), ce qui signifie : dire combien il la rendra malheureuse ou plus justement à quelle impossibilité de vie commune il va la condamner, et cela sans contrepartie, afin qu'elle puisse l'accepter et le reconnaître précisément en tant qu'impossible, d'où il s'ensuivra qu'aucune des réponses qu'elle lui fait ne saurait le satisfaire, car si elle lui dit, peut-être par légèreté, par affection, peut-être aussi par un juste souci des nuances : « tu t'exprimes sur toi d'une manière trop abrupte », ou bien : « cela est peut-être ainsi que tu le dis, mais tu ne peux pas savoir si les choses ne changeront pas quand nous serons ensemble », cette espérance qu'elle réserve le désespère : « *Que dois-je faire ? Comment te faire croire l'incroyable ?* » « *Il y a des empêchements que tu connais à peu près, mais que tu ne prends pas assez au sérieux et que tu ne prendrais même pas assez sérieusement, les connaîtrais-tu tout à fait. Personne autour de moi ne les prend assez sérieusement ou on les néglige par amitié pour moi... Lorsque je vois combien tu es changée quand tu es auprès de moi et quelle indifférence fatiguée te saisit alors, toi, cette jeune fille habituellement sûre d'elle-même, à la pensée rapide et fière... De cela, il résulte : je ne puis pas porter la responsabilité, car je la vois trop grande, tu ne peux pas la porter, car tu ne la vois qu'à peine.* »

Cela d'une part. Mais d'autre part, si, convaincue ou à la longue blessée, elle s'éloigne, devient réticente, formule des doutes, écrit moins, alors il se désespère encore plus, car il a le sentiment qu'elle le méconnaît précisément en cela qu'elle le connaît, se décidant alors selon cette connaissance qu'il lui donne de lui-même, au lieu de se décider non pas à l'aveugle, ni non plus en pesant les raisons, mais en toute clarté sous l'attrait de l'impossible. Il y a, dit-il, trois réponses ; il n'en est pas d'autres qu'elle puisse faire : « C'est impossible, et donc je ne le veux pas. » « C'est impossible, et provisoirement je ne le veux pas. » « C'est impossible, et donc je le veux. » Cette troisième réponse, la seule juste (qui pourrait, inspirée de Luther, prendre cette forme : « Je ne le puis autrement, en dépit de tout »), Kafka, lui aussi par lassitude, estimera un jour l'avoir reçue de celle qu'il nomme alors sa « chère fiancée », non sans ajouter : « *Je dirai pour la dernière fois que j'ai une peur insensée de notre avenir et du malheur qui peut se développer par suite de ma nature et de mes fautes à partir de notre vie commune et qui doit d'abord t'atteindre, car je suis au fond un être froid, égoïste et insensible, en dépit de toute faiblesse qui dissimule tout cela mais ne l'atténue pas.* » Là où parle l'impossible, s'introduit un rapport d'étrangeté (de transcendance ?) qui ne peut se désigner comme tel, auquel il serait mensonger de prêter aucun trait sublime (à la manière romantique), mais que cependant Kafka n'accepte pas d'apprécier en termes de raison pratique. Quand Felice, excédée et peut-être à bon droit, lui écrira : « Le mariage nous conduirait à renoncer l'un et l'autre à beaucoup de choses ; nous ne voulons pas peser de quel côté se trouverait le poids le plus lourd ; pour tous deux, ce serait beaucoup », il est intimement blessé, précisément parce qu'elle réduit ici l'impossible à une somme de possibles, pouvant donner lieu à une sorte de marchandage comptable. « *Tu as raison, il faut faire des comptes ; à moins que cela ne soit, non pas injuste, mais privé de sens... C'est là, en définitive, mon opinion.* » Et finalement toujours revient l'exigence de vérité : « *Une vie commune durable est pour moi impossible sans mensonge, de même qu'elle serait impossible sans vérité. Le premier regard que j'adresserais à tes parents serait mensonger*[1]. »

---

1. Sur le rapport avec la « vérité », il faudrait citer la lettre du 20 septembre 1917 — l'avant-dernière, je crois —, déjà partiellement publiée dans le Journal : « Sur le cours du combat, tu as, durant cinq ans, par mot et silence et par le mélange des deux, été tenue au courant, le plus souvent pour ton tourment. Si tu demandes si cela a toujours été conforme à la vérité, je puis seulement dire que, vis-à-vis de personne comme de toi, je ne me suis tenu plus fortement à l'écart de mensonges conscients. Il y a eu certaines atténuations (Verschleierungen), très peu de mensonges, à supposer qu'il puisse, en fait de mensonges, y en avoir « très peu » Je suis pétri de mensonges. Je ne pourrais autrement garder mon équilibre. Ma barque est très fragile. » La suite peut se lire dans le Journal, avec, pour finir et en forme de sentence, ceci : « *En résumé, c'est le tribunal des hommes qui seul m'importe et c'est ce tribunal que par surcroît je veux tromper, tout de même sans tromperie.* »

4. Avant de poursuivre, je voudrais citer deux ou trois textes parmi les plus graves. Je les cite comme entre parenthèses, non parce qu'ils sont épisodiques, mais à cause de leur gravité. Ils disent pourquoi (ce n'est pas la seule raison, c'est même une raison que Kafka ne s'est exprimée à lui-même qu'à des moments très critiques), s'il croit perdre cette jeune femme apparemment si peu proche de lui, il a aussitôt la certitude de se perdre. « *Dans mes lettres, mon éternel souci, c'est de te libérer de moi et à peine ai-je l'apparence d'y être parvenu, je deviens fou.* » Ce n'est pas la folie d'un amoureux partagé entre des mouvements de passion contraires, c'est la folie même dont elle, Felice, et elle seule, parce qu'elle forme son unique et essentielle liaison humaine, peut encore le préserver, étant encore capable, lorsqu'il n'écrit pas et parfois lorsqu'il écrit, de le tenir à l'écart de ce monde monstrueux qu'il porte dans sa tête et avec lequel il n'ose se mesurer que dans les nuits de l'écriture. « *Traverser les nuits dans le déchaînement de l'écriture, je le veux. Et sombrer là ou devenir fou, je le veux aussi, puisque c'en est la conséquence depuis longtemps pressentie.* » Mais aussitôt l'autre affirmation, le désir de trouver en elle, contre cette menace, un recours, une protection, un avenir : « *C'est une angoisse justifiée qui me retient de souhaiter que tu viennes à Prague ; mais, plus justifiée encore et allant bien au-delà, l'angoisse monstrueuse qui me fait craindre de périr, si nous ne sommes pas bientôt ensemble. Car si nous ne sommes pas bientôt ensemble, mon amour pour toi qui en moi ne supporte aucune autre pensée, se dirigerait sur une idée, sur un esprit, sur quelque chose de tout à fait inaccessible, de tout à fait et à jamais nécessaire et qui serait à la vérité capable de m'arracher au monde. En l'écrivant, je tremble.* » Ce que je me permettrais de traduire ainsi : je tremble d'écri-

ture. Mais quelle écriture ? « *Tu ne sais pas, Felice, ce qu'est une certaine littérature dans certaines têtes. Cela chasse constamment comme des singes au sommet des arbres, au lieu de marcher sur le sol. C'est perdu et ne saurait être autrement. Que doit-on faire ?* » D'où, à nouveau, non plus le désir ou l'espoir d'être par Felice protégé, mais la crainte d'être en cette protection exposé à une menace plus grave et la crainte pire de l'exposer, elle aussi, à un danger qu'il ne peut nommer : « *A présent, je ne te tourmente que dans mes lettres, mais aussitôt que nous serons ensemble, je deviendrai un fou dangereux qu'on devrait brûler... Ce qui me tient est en quelque sorte un commandement du ciel, une angoisse que l'on ne saurait apaiser ; tout ce qui me semblait le plus important, ma santé, mes faibles ressources, mon être misérable, tout cela qui a certes une certaine justification disparaît auprès de cette angoisse, n'est rien à côté d'elle et n'est pris par elle que comme un prétexte... C'cst, pour être tout à fait franc et pour que tu reconnaisses mon degré de déraison, la peur d'être lié à l'être que j'aime le plus et précisément avec lui... J'ai le sentiment sûr d'être exposé à sombrer par le mariage, par cette liaison, par la dissolution de ce néant que je suis, et non pas moi seul, mais avec ma femme, et plus je l'aime, plus ce sera rapide et plus effroyable*[1]. »

---

[1]. Sur la « littérature » et le danger qu'elle représente, répondant à Felice qui se jugeait, en tout, moins que lui : « *Je serais '' en tout plus que toi ''? Juger un peu des hommes et m'introduire en eux par sympathie, je m'y entends... Je n'ai pas de mémoire, ni pour les choses apprises, ni lues, ni vécues, ni entendues ; c'est comme si je n'avais l'expérience de rien ; je sais de la plupart des choses moins que le plus petit écolier. Je ne puis penser ; dans ma pensée, je me heurte constamment à des limites, d'emblée, je puis encore saisir tel ou tel point isolé, mais une pensée cohérente, capable de développement, m'est impossible. Je ne sais même pas raconter réellement, et pas même parler... L'unique chose que j'aie, ce sont certaines forces qui se concentrent en vue de la littérature à une profondeur que l'état normal ne laisse pas reconnaître et auxquelles je n'ose me confier dans mes relations actuelles professionnelles et physiques, car face aux sommations intérieures de ces forces, il n'y*

Le tout dernier mot

5. Lorsque à Berlin pour la première fois il verra celle dont il ne s'était approché que par le détour des lettres, il sera comme repoussé de tout rapport vivant. Et, à son retour, il lui écrira : « *Ma vraie crainte — rien de plus grave ne saurait être dit ni entendu — : jamais je ne pourrai te posséder. Dans le cas le plus favorable, je devrais me borner, à la manière d'un chien follement fou, à baiser ta main qui me serait négligemment abandonnée, ce qui ne sera pas un signe d'amour, mais du désespoir que tu éprouverais pour l'animal condamné au mutisme et à l'éternel éloignement... Bref, je resterai à jamais exclu de toi, en viendrais-tu à t'incliner si profondément vers moi que tu serais en danger.* » A Brod, il confiera le lendemain : « *Hier, j'ai envoyé le grand aveu.* » C'est donc un aveu. Ne lui donnons pas cependant un sens trop simple, en contradiction avec ce que nous savons de ses diverses liaisons passagères dont parlent ses amis. Quand en 1916, à Marienbad, il reconnut en Felice un être qu'il pouvait aimer, mieux que de loin, il écrivit de nouveau à Brod. Des réflexions si maîtrisées qu'il rédige alors à l'intention de son ami, je retiendrai trois traits. « *Je ne la connaissais pas du tout* (jusqu'à ces derniers jours où il établit avec elle des rapports d'intimité[1]) ; *ce qui me gênait* (m'empêchait), *avec tout de même d'autres scrupules, c'était, et essentiellement, la peur d'avoir à tenir pour réelle celle qui écrivait les lettres.* » Ici, donc, et très précisément, s'exprime le recul devant la réalité de la présence, non pas comme telle, mais à cause de la relation d'écriture

---

pas moins d'avertissements intérieurs. S'il m'était permis de me confier à elles, elles m'emporteraient d'un coup, je le crois vraiment, hors de toute cette désolation intérieure » (doit-on le préciser ? hors de la vie).

1. Sur ces rapports nouveaux, il y a dans le Journal une note, très brève, que Max Brod ne s'était pas jugé autorisé à publier, mais que Wagenbach a lue dans le manuscrit.

(la non-présence d'écriture), soit le refus du passage de l'une à l'autre, l'impossibilité de ce passage. Deuxième indication : « *Lorsque* (au moment de la cérémonie officielle des fiançailles) *elle traversa la grande pièce et vint à ma rencontre pour recevoir le baiser de fiançailles, je fus parcouru d'un horrible frémissement ; l'expédition des fiançailles avec mes parents ne cessa d'être pour moi et à chaque pas une torture.* » D'où il faut retenir, cependant, que ce qui lui est pénible jusqu'à l'horreur, ce n'est pas le contact d'un visage féminin, mais plutôt, par lui, l'approche de la conjugalité, le mensonge de ses obligations institutionnelles et aussi assurément tout ce que le mot mariage évoque en lui et d'abord l'intimité conjugale qui, chez ses parents, lui inspira toujours du dégoût, parce qu'elle lui rappelait qu'il était né de là et avait toujours encore à naître dans la dépendance de ces « choses répugnantes »[1]. C'est l'idée même du mariage, autrement dit la loi, à la fois solennelle, souveraine, mais souverainement impure (et souveraine parce qu'impure) qui, tandis que Felice traverse le grand espace du salon pour se diriger vers lui, espace infini non franchissable, se dresse et lui impose sa sanction qui est comme par avance un châtiment[2]. Enfin, et tel est le troisième trait, le plus fort peut-être, il dit à Brod, évoquant sa nouvelle familiarité avec Felice : « *Maintenant, j'ai vu l'intimité confiante dans le regard d'une femme, et je n'ai pu m'y fermer. Déchirement par lequel se trouvent portées au jour* (aufgerissen, me sont arrachées) *beaucoup de*

---

1. Je renvoie à la lettre (sur ses rapports avec sa famille) dont un extrait important est publié dans le Journal (18 octobre 1916).
2. Selon les conventions — les conventions ! — c'est évidemment Kafka qui, traversant le grand espace, aurait dû se porter à la rencontre de sa fiancée, mais Kafka « est ligoté comme un criminel ; si on m'avait mis dans un coin, avec de vraies chaînes..., ce n'aurait pas été pire » (Journal, juin 1914).

choses que je voulais conserver à jamais (il ne s'agit de rien en particulier, mais d'un ensemble) et, par cette déchirure (Riss), *surgira aussi, cela je le sais, assez de malheur pour que toute une vie d'homme ne puisse y suffire, mais ce malheur, je ne l'ai pas appelé, il m'a été imposé.* » Je crois ce passage important. Il dit non seulement le sens de ce qui est arrivé à Marienbad en 1916[1] (cela finalement ne changera rien à la difficulté de leurs rapports, ce qui confirme que cette difficulté avait encore une autre origine), mais peut-être le sens de toute l'histoire avec la jeune fille, histoire dont Kafka, en dehors même de ses sentiments, ne méconnut jamais le caractère décisif, car il sut qu'elle aida à le changer presque radicalement, en ce sens qu'elle le dévoila à ses propres yeux et constitua un avertissement qu'il eut le devoir de ne jamais oublier. Par elle, en effet, il fut mis à l'épreuve de « la déchirure »; le cercle dans lequel il avait cru pouvoir se garder pur, aussi bien par la contrainte de l'isolement que par la pression d'écrire — pur, cela veut dire : sans mensonge, ce qui ne veut pas dire : vrai (cela, il ne le pensa jamais, mais plutôt hors du mensonge, comme hors de la vérité) — fut rompu et par une rupture qui n'eut pas lieu à tel moment ou à cause de telles péripéties, mais qui se révéla avoir toujours eu lieu, comme préalablement, avant tout lieu et avant tout événement. Révélation qui à son tour ne se produisit pas à un moment déterminé, ni progressivement, pas plus qu'elle ne fut

---

1. Sur le séjour de Marienbad, Kafka écrit encore dans le Journal, le 29 janvier 1922, alors qu'il s'effraie à la pensée que Milena pourrait venir : « *Reste à résoudre cette seule énigme : pourquoi durant quinze jours j'ai été heureux à Marienbad et pourquoi, par conséquent, je pourrais peut-être l'être encore ici avec Milena, tout de même après la plus douloureuse rupture et percée de frontières. Mais ce serait beaucoup plus difficile qu'à Marienbad, l'idéologie est plus ferme, les expériences sont plus étendues. Ce qui était alors un lien de séparation, est maintenant un mur ou une montagne ou plus justement : un tombeau.* »

empiriquement ou intérieurement éprouvée, mais impliquée, mise à l'œuvre dans son travail et dans ses rapports avec le travail.

6. Ce fut là le grand « avertissement ». Les lettres à Felice ne font que le confirmer, à mon avis, de deux manières.

A) Durant toute sa jeunesse d'écrivain, jeunesse qui prit fin (il faut bien des repères, aussi indécis et aussi trompeurs qu'ils soient) avec « l'échec » de son roman juvénile *(Amerika),* il eut confiance dans l'écriture, une confiance tourmentée, le plus souvent malheureuse, mais toujours à nouveau intacte ; il eut la pensée qu'écrire — si jamais il pouvait écrire — le sauverait, ce mot entendu non pas en un sens positif, mais négativement, c'est-à-dire différerait ou retarderait la sentence, lui donnerait une possibilité et, qui sait ? ouvrirait une issue : qui sait ? qui sait ? Vivre dans la cave, y écrire sans fin et sans autre fin qu'écrire, être l'habitant de la cave et donc n'habiter (vivre, mourir) nulle part que dans le dehors de l'écriture (mais, à cet instant, pour Kafka, ce dehors est encore un dedans, une intimité, une « chaleur », comme il l'écrit en cette phrase si révélatrice : « *On ne peut me jeter hors de l'écriture, puisque j'ai déjà pensé parfois être installé dans son centre, dans sa meilleure chaleur* »). « *Ah, si je pouvais écrire. Ce désir me consume. Si avant tout j'avais assez de liberté et de santé pour cela. Je crois que tu n'as pas compris qu'écrire est mon unique possibilité d'existence. Ce n'est pas surprenant, je m'exprime si mal, je ne commence à m'éveiller que dans l'espace de mes figures intérieures...* » D'où il faut conclure que, dans cet espace, il garde l'espoir de pouvoir atteindre un certain éveil. Or, peu à peu et toujours tout à coup, sans jamais renoncer à l'exigence d'écrire, il lui faudra renoncer à l'espoir que semblait porter cette exigence :

non seulement l'écriture est essentiellement incertaine, mais écrire, ce n'est plus se maintenir intact dans la pureté du cercle fermé, c'est attirer vers le haut les puissances obscures, se donner à leur étrangeté perverse et peut-être se lier à ce qui détruit. Je ne dis pas qu'il lui fallut l'échec interminable de son histoire avec Felice (il lui fallut assurément bien davantage, beaucoup moins aussi) pour en venir à cette clarté, du reste toujours dérobée, sur son avenir d'écrivain, mais les deux mouvements s'indiquent l'un par l'autre, non parce qu'ils sont directement liés, mais parce qu'ils répètent, à des niveaux différents, la condition d'absence — d'altérité — (la rupture, mais, dans la rupture, l'impossibilité de rompre) qui précède et ruine et soutient toute possibilité de rapport, fût-ce le rapport même engagé dans le mouvement, soustrait à toute affirmation de présence, qu'est le mouvement d'écrire.

B) A peine a-t-il commencé de correspondre avec Felice, il lui fait cette confidence essentielle : « *C'est une de mes souffrances que, de ce qui s'est rassemblé en moi selon un ordre préalable, je ne puisse rien écrire plus tard dans le flux d'un seul mouvement continu. Ma mémoire est certes mauvaise, mais la meilleure mémoire ne pourrait m'aider à écrire exactement, fût-ce une partie de ce qui a été prémédité* (pensé préalablement) *et simplement marqué, car à l'intérieur de chaque phrase, il y a des transitions qui avant l'écriture doivent rester suspendues* (être en suspens). » A la vérité, s'il se confie ainsi à celle qu'il n'appelle pas encore Felice, c'est que six jours auparavant il a fait l'épreuve victorieuse d'une écriture ininterrompue, ayant achevé *Le Verdict* en huit heures d'affilée, d'un seul trait nocturne, expérience pour lui décisive, qui lui donna la certitude d'un contact possible avec l'inapprochable espace, et il nota dans son Journal aussitôt : « *Ma certitude est confirmée, ce n'est qu'ainsi que l'on peut écrire, avec une telle suite de cohérence, avec une aussi parfaite ouverture du corps et de l'âme.* » Recherche d'une continuité absolue — l'ininterrompu en tous sens : comment maintenir le dehors de l'écriture, ce manque où rien ne manque que son défaut, autrement que par une perpétuité sans dissidence, une transparence en quelque sorte compacte ou une compacité, en tant que telle, transparente, donnée dans le temps comme en dehors du temps, donnée en une seule fois comme répétition infinie ? « *J'ai besoin pour écrire d'isolement, non pas comme un " ermite ", mais comme un mort. Écrire en ce sens est un plus profond sommeil, donc une mort, et de même qu'on ne tirera pas un mort de sa tombe, on ne pourra la nuit me retirer de ma table. Cela n'a rien immédiatement à voir avec les rapports que j'entretiens avec les hommes, mais ce n'est que de cette manière rigoureuse, continue et systématique que je puis écrire et donc aussi vivre.* » Or, le trait d'un tel mouvement — l'interminable selon toutes dimensions — dont il lui sembla d'abord que seule sa manière de vivre (le travail du bureau) le tenait à l'écart, mais avec lequel il lui fallut bien reconnaître que cet écart était en rapport d' « essence », toujours différé parce que continuel et, par cette continuité, uni à la différence, Kafka ne se persuada que lentement et eut toujours à se persuader qu'il ne le détiendrait jamais que comme manque (rupture ou défaut) et que c'est à partir de ce mouvement comme manque qu'il pourrait aussi — peut-être — lui être donné d'écrire : non plus alors l'ininterrompu dans son devenir, mais devenir d'interruption. Ce fut là son éternel combat. Toutes ses œuvres inachevées, et d'abord le premier roman dont l'inachèvement fut comme sa condamnation d'écrivain et donc aussi sa condamnation d'homme vivant, inapte à vivre avec Felice[1], lui mirent en quelque sorte sous les yeux leur accomplissement propre, cette manière nouvelle de s'accomplir dans et par l'interruption (sous l'attrait du fragmentaire), mais, ne pouvant être qu'*aveugle* à ce qui se lisait là, ne pouvant y atteindre que par une exigence à laquelle il se heurtait pour s'y détruire et non pour s'y confirmer, il dut (et il en est chaque fois ainsi pour l'écrivain sans complaisance) accepter de se voir retirer le pouvoir de se lire, ignorant que les livres qu'il croyait n'avoir pas écrits et qu'il destina dès lors à une destruction définitive, avaient reçu ce don d'être presque délivrés d'eux-mêmes et, effaçant toute idée de chef-d'œuvre et toute idée d'œuvre, de s'identifier à *l'absence de livre*, ainsi tout à coup un instant offerte à notre propre impuissance de lecture, *absence de livre* bientôt à son tour destituée d'elle-même, renversée et finalement — redevenue œuvre — rétablie dans l'inébranlable assurance de notre admiration et de nos jugements de culture.

7. Kafka — la correspondance le confirme — ne fit rien (sauf à certains moments où les forces lui manquèrent) pour rompre, par une initiative délibérée, avec Felice : contrairement à certaines affirmations biographiques, lorsqu'il est mis en jugement à Berlin dans l'*Askanischer Hof*, face au tribunal constitué par sa fiancée, la sœur de sa fiancée (Erna), l'amie de sa fiancée (Grete Bloch) et son seul allié et ami Ernst Weiss (mais hostile à Felice et à ce mariage), il n'a nullement le dessein d'en finir avec une histoire par laquelle il se voit condamné, quelle qu'en soit l'issue. Avant de partir pour Berlin, il écrit à sa sœur Ottla :

---

1. Je rappelle qu'il abandonna *Amerika* un soir et sans esprit de reprise (sauf pour en écrire en octobre 1914 le dernier chapitre et peut-être aussi, à la même date, l'épisode de Brunelda) quand, ayant relu les 400 pages déjà écrites, il ne put en ressaisir la *vérité d'ensemble*.

« *Je t'écrirai naturellement de Berlin ; pour l'instant on ne peut rien dire de certain sur la chose ni sur moi-même. J'écris autrement que je ne parle, je parle autrement que je ne pense, je pense autrement que je ne devrais penser, et ainsi de suite jusqu'au plus profond de l'obscurité.* » Rien ne peut s'interrompre, rien ne peut se rompre **. La maladie même (qui intervint un mois à peine après ses secondes fiançailles, les fiançailles officielles ne durèrent jamais plus que quelques semaines) à laquelle il donna le sens trop clair d'un symptôme spirituel, pouvait ne rien décider : tout dépendait encore de la jeune femme (« *Ne me demande pas pourquoi je tire une barre. Ne m'humilie pas ainsi. Un tel mot, et je suis de nouveau à tes pieds* »). La tuberculose n'est qu'une arme dans ce combat, une arme ni plus ni moins efficace que toutes celles « *innombrables* » qu'il a utilisées jusqu'ici et qu'il énumère dans l'avant-dernière lettre de la correspondance, résumant toutes les péripéties de ces cinq années : les noms par lesquels il les désigne, non sans une certaine ironie, mentionnent « *l'incapacité physique* », « *le travail* », « *l'avarice* », désignations qui tendent toutes vers ce qui ne se désigne pas, même lorsqu'il ajoute : « *Au reste, je te dis un secret auquel momentanément je ne crois pas (encore que pourrait m'en convaincre l'obscurité qui tombe autour de moi tandis que j'essaie de travailler et de penser), mais qui doit être vrai : jamais plus je ne serai bien portant. Précisément parce que ce n'est plus la tuberculose qu'on étend sur une chaise longue et qu'on soigne, mais une arme dont la nécessité extérieure subsistera aussi longtemps que je resterai en vie. Et les deux ne peuvent ensemble rester en vie.* »

Cependant il dit aussi : le plus vraisemblable serait : *éternel combat ;* soit, impossibilité d'en finir. Quand, un

---

** Voir en fin de texte

Le tout dernier mot

an plus tard, il rencontre dans la pension Stüdl, à Schelesen, Julie Wohryzeck avec laquelle, la saison suivante, il se lie dans des conditions d'extrême dénuement physique et moral, par de nouvelles fiançailles aussitôt dénouées ; quand, presque à la même date, s'abandonnant à la passion de Milena et à sa passion pour elle, il voudrait amener la jeune femme à défaire son mariage dans la perspective d'une union très incertaine ; quand enfin avec Dora Dymant il sollicitera du ciel même, par l'intervention d'un rabbi très révéré (Gerer Rebbe, ami du père de la jeune fille), l'autorisation d'un mariage et qu'il en recevra, par un hochement de tête d'absolue dénégation, un refus silencieux, réponse ultime et en quelque sorte consacrée (par là, tout de même une réponse qui indiquait, fût-ce négativement, sous la forme d'une récusation, une sorte de reconnaissance d'en haut), c'est toujours à la même rupture qu'il s'expose, l'éprouvant chaque fois, à la limite, comme l'impossibilité de rompre ou, plus profondément, comme l'exigence d'exclusion, laquelle, ayant toujours déjà été prononcée, a toujours besoin d'être à nouveau sollicitée, répétée et, par la répétition, effacée, afin de, se perpétuant, se reproduire dans l'impuissance infinie, et toujours nouvelle, de son manque. Est-ce donc le monde ou la vie avec lesquels il voudrait alors se réconcilier par ces tentatives de mariage dont il fait tout pour épuiser par avance le caractère réel ? C'est bien plutôt avec la loi qu'il poursuit le jeu tragique (provocation et interrogation), la loi dont son obstination — douce, c'est-à-dire intraitable — attend qu'elle se prononce, non pas en l'autorisant ni même en le frappant, mais en se désignant comme inassignable, de telle sorte qu'il puisse pressentir pourquoi écrire — ce mouvement dont il a espéré une sorte de salut — l'a, depuis toujours et comme à jamais, mis *hors* la loi ou, plus justement, l'a conduit à occuper cet espace du *dehors*, extériorité radicale (aorgique), au sujet de laquelle il ne peut savoir — sauf en écrivant et en écrivant jusqu'à la non-écriture — si, extérieure à la loi, elle en indique la limite ou s'indique elle-même en cette limite ou encore, provocation des provocations, se dénonce comme dérangeant ou devançant toute loi. Il reste frappant que, avant même que le mariage avec Dora Dymant ne soit récusé par le plus haut conseil, Kafka passe outre et, en opposition avec les convenances sociales, arrange avec l'adolescente une sorte de vie commune. Dora a dix-neuf ans, il en a quarante : presque sa fille ou sa très jeune sœur (précisément, il n'a jamais caché sa préférence pour la jeune Ottla dont il lui est arrivé de dire, en toute innocence de langage, qu'elle était sa sœur, sa mère et son épouse). Comme toujours, la transgression — la décision de manquer à ce qui ne saurait exister — précède la promulgation de l'interdit, la rendant alors possible, comme si la limite ne devait être franchie que pour autant qu'elle est impossible à franchir et se révèle alors infranchissable par le franchissement même. Le « Non » du rabbi précède de peu la mort. Enfin, il était permis à Kafka de rompre ? Enfin, il pouvait, libéré, écrire, c'est-à-dire mourir ? Enfin. Mais déjà l'éternité commençait : l'enfer posthume, la gloire sarcastique, l'exégèse d'admiration et de prétention, le grand renfermement de la culture et, ici même, encore une fois ce dernier mot qui ne se propose que pour simuler et dissimuler l'attente du tout dernier.

---

* Histoire obscure et malheureuse. Voici ce que l'on en sait, du moins ce que j'en sais. Grete Bloch, âgée alors de vingt-deux ans et amie récente de Felice, vint de sa part à Prague et rencontra Kafka en octobre 1913. Elle habitait et travaillait à Vienne. Kafka commence de lui écrire et il en résulte une correspondance qui comprend environ soixante-dix lettres publiées, allant du 29 octobre 1913 au 3 juillet

Le tout dernier mot

1914. Le 12 juillet eut lieu la rupture des fiançailles. Au mois d'octobre 1914, la jeune fille écrivit à Kafka pour tenter de rétablir entre les anciens fiancés des rapports qu'elle avait contribué à ruiner ; Kafka répond le 15 octobre ; c'est la dernière lettre (à G. B.) que nous possédions. D'après les éditeurs, Erich Heller, Jürgen Born, il n'y a aucune preuve que Kafka ait continué de lui écrire. (Je relève, dans le Journal à la date du 8 octobre 1917, lorsque, étant tombé malade, il lui fallut rendre « sa parole » à sa fiancée : « lettres accusatrices de F., G. B. menace de m'écrire ».) Il parle quelquefois d'elle à Felice, soit pour demander des nouvelles, soit pour lui transmettre des saluts, voire des conseils et aussi, à un moment douloureux, des signes de vive sympathie. Nous savons que Felice, Grete Bloch et Kafka firent ensemble le 23 et le 24 mai 1915 un voyage de vacances en Bohême. Ajoutons que les lettres, aujourd'hui publiées, tout en étant marquées par un désir de plaire, avec souvent des mots très affectueux, presque séducteurs, restent en même temps assez cérémonieuses : « Chère Mademoiselle Grete » est l'interpellation la plus tendre. Que sait-on de plus ? Ceci. Max Brod a publié des parties d'une lettre que Grete Bloch, le 21 avril 1940, adressa de Florence à un ami en Palestine. Elle lui révélait qu'elle avait eu jadis un fils, mort subitement à Munich en 1921 à l'âge de sept ans : enfant « illégitime » dont le père n'était pas nommé, mais le destinataire de la lettre (le seul garant de Brod en cette histoire) assura que Grete Bloch voyait en Kafka le père de l'enfant. Qu'en peut-on dire ? D'une certaine manière, évidemment rien. Indiquons les raisons de douter, elles-mêmes douteuses. Wagenbach affirme qu'à partir de l'automne 1914 une correspondance suivie et intime s'établit entre Grete B. et Kafka ; il se trompe sans doute ; la seule correspondance connue a duré de l'automne 1913 à l'été 1914 et ne fut jamais telle qu'elle permette de conclure à une liaison entre les deux correspondants. Naturellement, nous ne savons pas tout. Si l'on se rappelle la règle d'absolue franchise qui fut toujours celle de Kafka (quand, ayant rompu une première fois avec Felice, il passe à Riva quelques jours d'intimité avec la jeune Suissesse, il ne manque pas, dès que les relations sont rétablies, de tout dire à celle qui n'est cependant plus sa fiancée), il paraît très improbable qu'il ait pu garder le silence sur une telle liaison qui eût été aussi une double trahison. Toutefois, on peut imaginer qu'il se soit tu pour ne pas compromettre G. B. Quelle situation étrangement équivoque. Il faut aussi mentionner ce témoignage : des amis de Grete Bloch ont dit que la jeune femme, au cours de son séjour à Florence (au moment donc où elle révéla l'histoire de l'enfant), donna des signes de profonde mélancolie ou de détresse délirante. Mais que vaut une telle affirmation ? Elle est aussi vague qu'elle est grave. Imaginaire ou non, l'enfant ignoré de Kafka eut cette existence spectrale, réelle-irréelle, qui ne permet pas, pour l'instant, de le faire vivre hors des songes. Grete Bloch et Felice restèrent liées, jusqu'à la fin, par l'amitié. Lorsqu'elle dut quitter l'Allemagne, Grete confia à son amie une partie (à peu près la moitié) des lettres qu'elle avait reçues de Kafka. Le reste, elle le déposa à Florence chez un notaire, lequel, plus tard, en mit une photocopie à la disposition de Max Brod. Douze de ces lettres avaient été déchirées en deux d'une « manière assez bizarre », mais, à l'exception d'une seule, elles purent être rétablies, parce que l'une des moitiés se trouvait entre les mains de Felice, l'autre chez le notaire de Florence. Grete Bloch qui, depuis qu'elle avait quitté l'Allemagne, résidait en Palestine, eut le malheur de revenir en Italie et lorsque ce pays tomba sous l'occupation nazie, elle fut emmenée avec beaucoup d'autres Juifs et mourut durant la déportation ou dans un camp : une enquête de la Croix-Rouge n'a pas permis de le savoir avec certitude. Felice échappa à un tel sort : mariée, elle vécut d'abord en Suisse, puis aux États-Unis où elle mourut en 1960. J'ajouterai encore : dans le Journal de Kafka, en janvier et en février 1922, pendant le séjour solitaire et si tragique de Spindelmühle — il est encore lié à Milena, mais sans espoir —, on peut lire certaines notations où apparaît l'initiale G; ainsi le 18 janvier : « *Un peu de paix; en revanche, G. arrive. Délivrance ou aggravation, comme on voudra.* » Le 10 février : « *Nouvelle attaque de G. Attaqué de droite et de gauche par des ennemis extrêmement puissants, je ne puis prendre la fuite...* » Et le 29 janvier, sans qu'aucun nom intervienne et d'une manière énigmatique qui m'avait conduit jadis, peut-être témérairement, à lire ces passages dans une lumière d'obscurité presque « mystique » : « *Attaque sur le chemin, le soir, dans la neige.* » « *Je leur ai échappé...* », et plus tard, le 24 mars : « *Comme cela épie : par exemple sur le chemin pour aller chez le docteur, là-bas constamment.* » Textes d'une étrangeté oppressante. Wagenbach qui a eu connaissance du manuscrit du Journal semble avoir lu : « *Nouvelle attaque de Grete.* »Je signale cette indication, sans en savoir plus.

** Pour mieux m'en convaincre, je voudrais établir une petite chronologie des ruptures, au moins au cours des deux premières années. Elles commencent presque avec la correspondance qui débute, je le rappelle, le 20 septembre 1912. Dès la mi-novembre, Kafka écrit (la jeune fille ayant sans malice remarqué qu'elle ne le comprenait pas toujours ou que par certains traits il lui était étranger) : « *Finissons-en, si notre vie nous est chère.* » Désemparée, l'infortunée Felice s'adresse alors à Brod qui lui répond : « *Je vous prie de passer beaucoup de choses à Franz en tenant compte de sa sensibilité maladive, il obéit à la disposition* (Stimmung) *de l'instant. C'est un être qui veut l'absolu en tout... Jamais il n'accepte de compromis.* » Le 20 novembre, Kafka écrit encore : « *Mais je n'ai plus de tes nouvelles. Je dois donc ouvertement répéter l'adieu que tu m'as dit silencieusement.* » Puis les relations écrites reprennent leur cours passionné.

Au début de janvier 1913 commence en Kafka le changement qui n'est plus de circonstance ou d'humeur, mais ne cessera de s'aggraver, sans du reste atténuer les relations, les approfondissant plutôt. Le 23 mars, rencontre à Berlin. Après quoi, la lettre d'aveu : « *Ma vraie crainte : jamais je ne pourrai te posséder...* », ce qui pour lui ne signifie nullement qu'il s'éloigne de son amie, mais celle-ci semble le prendre autrement : elle espace les lettres, profite d'un voyage à Francfort pour les interrompre, avec une désinvolture qui rend Kafka presque fou. Le 11 mai, nouvelle rencontre à Berlin durant le congé de Pentecôte. Cette rencontre lui donne un peu d'espoir, l'espoir au moins qu'un jour il « *pourra avec elle* (sur leur avenir) *discuter à fond un certain nombre de choses effroyables et ainsi parvenir peu à peu à l'air libre* » Tout de même, il ajoute : « *Lorsque, à Berlin, je faisais ma valise, j'avais dans la tête un tout autre texte : " Sans elle, je ne puis vivre, et pas même avec elle. "* » Vient le tourment de la vérité et, en même temps, dans une lettre commencée le 10 juin, interrompue, puis courageusement achevée le 16 : « *Veux-tu réfléchir pour savoir si tu veux devenir ma femme ? le veux-tu ?* » D'où suit un débat qui prendra fin le 1ᵉʳ juillet (1913) par ces mots : « *Tu veux donc, en dépit de tout, prendre la croix sur toi, Felice ? tenter l'impossible ?* » Alors va survenir la première rupture grave. Les deux fiancés — fiancés par sentiment intime, non officiellement — ne se rejoignent pas pour passer ensemble leurs vacances. Felice séjourne assez gaiement à Westerland (« *Ce qui t'attend, ce n'est pas la vie de ces heureux tels que tu les vois à Westerland, non pas un joyeux bavardage bras dessus bras dessous, mais une vie claustrale aux côtés d'un être chagrin, triste, silencieux, mécontent, susceptible, lié à la littérature par d'invisibles chaînes...* ») Kafka s'en va à Vienne sous prétexte d'un congrès, puis en Italie d'où il écrit qu'il va cesser de lui écrire : « *Je ne puis plus aller de l'avant, je suis comme entravé de liens. Nous devons nous séparer* » (16 septembre 1913). Il demeure quelque temps à Riva, se liant avec la très jeune G. W., la « Suissesse ».

Revenu à Prague, il recevra la visite de Grete Bloch, envoyée par Felice pour tenter d'éclaircir les malentendus. La correspondance est loin de reprendre avec le même élan. Le 8 novembre, il se rend à Berlin pour une entrevue où il ne fait que l'entrevoir en effet, F. se dérobant par intention ou négligence, on ne le sait. Au début de mars 1914, toujours à Berlin, une explication le laisse tout à fait découragé et il constate que Felice le supporte difficilement. Entre-temps, la correspondance avec Mˡˡᵉ Bloch continue toujours plus cordiale : « *Vous êtes pour moi trop importante... Votre petite carte m'a plus réjoui que tout ce que j'ai reçu de Berlin... Chère Mademoiselle Grete, j'ai de vous voir un ardent désir et comme une nostalgie manifeste... Qui, à Berlin, pour l'amour du ciel, a d'autres désirs touchant votre tête que de la caresser ?* » Et quand Felice lui dit : « *Tu sembles tenir beaucoup à Grete* », il ne s'en défend pas. Cependant les 12 et 13 mai a lieu la rencontre au cours de laquelle les fiançailles officielles sont décidées. (La cérémonie d'apparat, avec faire-part, baiser et félicitations, sera célébrée le 1ᵉʳ juin.) Kafka commente pour Grete l'événement : « *Cela ne s'est passé à Berlin ni bien ni mal, mais en tout cas ainsi qu'il est nécessaire à mon sentiment indubitable.* » Et pour Felice : « *En esprit, je suis uni à toi d'une manière si indissoluble qu'aucune bénédiction de rabbin ne saurait y atteindre.* » Mais Kafka continue d'écrire à Grete, lui faisant part de son désenchantement, voire de sa répulsion : « *Parfois — vous êtes seule à le savoir momentanément — je ne sais réellement pas comment je puis assumer une telle responsabilité, ni comment j'en suis à me marier.* » C'est une de ces lettres que Grete (dans quelle intention ?) va communiquer à Felice, comme on l'apprend le 3 juillet 1914, lorsqu'il écrit à Mˡˡᵉ Bloch, rompant par la même, ou à peu près, avec elle : « *Vous n'auriez pas dû citer de lettres... Eh bien, je vous ai donc convaincue et vous commencez à voir en moi, non pas le fiancé de Felice, mais le danger de Felice.* » Il y a aussi des débats pénibles sur les conditions matérielles de leur avenir, Felice désirant un appartement a sa convenance et confortablement meublé (l'appartement du reste sera loué), de même qu'elle ne souhaite pas renoncer à une vie sociale normale. Finalement, Kafka est mis en jugement à l'*Askanischer Hof* le 12 juillet 1914, et la rupture officielle des fiançailles officielles survient au grand effroi des deux familles étonnées.

J'arrête là cette petite histoire des ruptures. La correspondance reprend en novembre 1914, à nouveau par l'entremise de Grete Bloch (dans le Journal, le 15 octobre : « *aujourd'hui jeudi..., lettre de Mlle Bloch, je ne sais qu'en faire, je sais qu'il est bien sûr que je resterai seul..., je ne sais pas non plus si j'aime F. (je pense à la répugnance que j'ai éprouvée à la voir quand elle dansait...), mais en dépit de tout revient l'infinie tentation...* »), mais jamais à aucun moment l'échange de lettres ne retrouvera le cours des premiers temps. Kafka a changé et est changé ; depuis le 29 juillet (quinze jours donc après sa condamnation) il a commencé *Le Procès*, écrivant chaque soir, chaque nuit, durant trois mois. En janvier 1915, il reverra Felice à Bodenbach, sans rapprochement intérieur véritable. Il faudra l'heureuse réunion de Marienbad en juillet 1916 pour qu'à nouveau il soit question de fiançailles et, avec les fiançailles, question aussi de nouvelles ruptures

La littérature et le droit à la mort (1947)	11
La lecture de Kafka (1943)	62
Kafka et la littérature (1949)	75
Kafka et l'exigence de l'œuvre (1958)	94
La mort contente (1952)	132
Kafka et Brod (1954)	140
L'échec de Milena (1954)	155
La voix narrative (1964)	171
Le pont de bois (1964)	185
Le dernier mot (1959)	202
Le tout dernier mot (1968)	219

DU MÊME AUTEUR

Aux Éditions Gallimard

THOMAS L'OBSCUR

AMINADAB, *roman*

FAUX PAS

L'ARRÊT DE MORT

LE TRÈS-HAUT, *roman*

LA PART DU FEU

THOMAS L'OBSCUR (nouvelle version)

AU MOMENT VOULU, *récit*

CELUI QUI NE M'ACCOMPAGNAIT PAS

LE DERNIER HOMME

LE LIVRE À VENIR

L'ATTENTE L'OUBLI

L'ENTRETIEN INFINI

L'AMITIÉ

LE PAS AU-DELÀ

L'ÉCRITURE DU DÉSASTRE

DE KAFKA À KAFKA

*Impression S.E.P.C. à Saint-Amand (Cher),
le 14 mars 1994.
Dépôt légal : mars 1994.
Numéro d'imprimeur : 349.*
ISBN 2-07-032843-0./Imprimé en France.

67849